康樂主編　新　　　橋　　　譯　　　叢

新橋譯叢　29

民主與獨裁的社會起源 II

著者／摩　爾

譯者／蕭純美

總主編／康樂

編輯
委員　石守謙・吳乃德・梁其姿
　　　／章英華・張彬村・黃應貴
　　　葉新雲・錢永祥

責任編輯／羅麗芳

發行人／王榮文
出版／遠流出版事業股份有限公司
台北市10714汀州路三段184號7樓之5
郵撥／0189456-1
電話／(02)365-3707
傳眞／3657979

總策劃／吳東昇
策劃／允晨文化實業股份有限公司
台北市南京東路三段21號11樓
電話／(02)507-2606

發行代理／信報股份有限公司
電話／(02)365-1212
傳眞／(02)365-8989

電腦排版／正豐電腦排版公司
台北市敦化南路一段270巷29號2樓
電話／(02)741-4749

1992(民81)年5月1日　初版一刷
行政院新聞局局版台業字第1295號

售價260元
缺頁或破損的書，請寄回更換
版權所有・翻印必究
ISBN 957-32-1584-5(套)
ISBN 957-32-1586-1(冊)

新橋譯叢　　民主與獨裁的社會起源 II

29

著者／摩　爾　　　　　　　　譯者／蕭純美

SOCIAL ORIGINS OF
DICTATORSHIP AND DEMOCRACY
Lord and Peasant in the
Making of the Modern World
(Beacon Paperback, 1967)

總　序

　　這一套《新橋譯叢》是在臺灣新光吳氏基金會獨力支持下進行編譯的。其範圍廣及人文社會科學的幾個最重要的部門，包括哲學、思想史、歷史學、社會學、人類學、政治學、經濟學等。我細審本叢書的書目和編譯計劃，發現其中有三點特色，值得介紹給讀者：

　　第一、選擇的精審　這裏所選的書籍大致可分爲三類：第一類是學術史上的經典作品，如章伯(M. Weber, 1864—1920)和涂爾幹(E. Durkheim, 1858-1916)的社會學著作。經典著作是經得起時間的考驗的；作者雖已是幾十年甚至百年以前的人物，但是他們所建立的典範和著作的豐富内涵仍然繼續在散發著光芒，對今天的讀者還有深刻的啓示作用。第二類是影響深遠，而且也在逐漸取得經典地位的當代著作，如紀爾兹(C. Geertz)的《文化詮釋》(*The Interpretation of Cultures*)、孔恩(T. Kuhn)的《科學革命的結構》(*The Structure of Scientific Revolutions*)等。這些作品是注意今天西方思想和學術之發展動向的中國人所不能不讀的。第三類是深入淺出的綜合性著作，如帕森思(T. Parsons)的《社會演進》(*The Evolution of Societies*)、契波拉(Carlo M. Cipolla)主編的《歐洲經濟史論叢》(*The Fontana Economic History of Europe*)。這些書的作者都是本行中的傑出學人，他們鈎玄提要式的敍述則可以對讀者有指引的功用。

　　第二、編譯的愼重　各書的編譯都有一篇詳盡的導言，說明這部書的價值和它在本行中的歷史脈絡，在必要的地方，譯者並加上註釋，使讀者可以不必依靠任何參考工具卽能完整地瞭解全書的意義。

第三、譯者的出色當行　每一部專門著作都是由本行中受有嚴格訓練的學人翻譯的。所以譯者對原著的基本理解沒有偏差的危險，對專技名詞的中譯也能夠斟酌盡善。尤其值得稱道的是譯者全是年輕一代的學人。這一事實充分地顯示了中國在吸收西方學術方面的新希望。

中國需要有系統地、全面地、深入地瞭解西方的人文學和社會科學，這個道理已毋需乎再有所申說了。瞭解之道必自信、達、雅的翻譯著手，這也早已是不證自明的真理了。民國以來，先後曾有不少次的大規模的譯書計劃、如商務印書館的編譯研究所、國立編譯館和中華教育文化基金會等都曾作過重要的貢獻。但是由於戰亂的緣故，往往不能照預定計劃進行。像本叢書這樣有眼光、有組織、有能力的翻譯計劃，是近數十年來所少見的。我十分佩服新光吳氏基金會的深心和魄力，也十分欣賞《新橋叢書》編輯委員會的熱忱和努力。我希望這套叢書的翻譯只是一個新的開始，從初編、二編、三編，不斷地繼續下去。持之以恆，人文學和社會科學在中國的發展一定會從翻譯進入創造的階段。是爲序。

余英時

1984 年 9 月 5 日

目　　錄

（Ｉ）

第 **6** 章

民主制度在亞洲：印度與和平變革的代價

第一節　印度經驗的含義

　　印度屬於兩個不同世界的說法，是有事實根據且為大眾所熟知的老生常談。經濟上，它還是停留在前工業的時代。它既沒有遭受到我們直到目前所討論到的兩種資本主義形式中的任何一種工業的革命，也沒有經驗到共產主義的革命。沒有中產階級革命，沒有由上而下的保守革命、沒有農民革命。不過，就政治類型而言，它確實是屬於現代世界。當尼赫魯(Nehru)於 1964 年去世時，政治上的民主已經存在了十七年。就算它並不是十分完美，但民主制度卻真正存在過。自從1947 年獨立之後，曾經有過一個可行的議會制度，一個獨立的司法，以及標準的自由主義的自由：一個在位黨在國內重要地區也遭遇挫敗的自由普選，文官控制軍隊，一個有限制行使正式且廣大權力的國家元首 ❶。這裡存在著一個矛盾，不過這只是一個表面的現象而已。民主政治在亞洲的環境下和在一個沒有工業革命背景的地方出現，可能會顯得有點奇怪，除非我們能夠意識到印度政府所面臨的可怕問題，正是因為這些事實所引起。誠然，這正是我在這一章中，試圖盡力解釋的：爲什麼近代世界的來臨在印度沒有導致政治或經濟的動亂。更簡短地說，這個過程給今日印度社會留下了什麼遺產。

由於它本身所具有的啓發性，這段歷史對這本書中所提出的理論以及其他地方所見到的理論，都是一種挑戰和檢驗，特別是針對西歐和美國非常不同的歷史經驗而做出反響的民主理論。因爲走向近代化途徑的阻礙，在印度特別地強大，因此我們對於使得其他國家得以克服它們的因素，就有更多的瞭解。然而，再次說明，我們必須強調爲了要完全正確地瞭解這段歷史，我們必須要意識到它尚未完結。只有將來才可以看得出來印度的社會是不是可能予以近代化，以及獲得或伸展民主的自由。

以這樣開場白的方式，或許能幫助讀者瞭解我將要進行的工作。在伊莉沙白一世時期，征服印度的伊斯蘭人，就在這片次大陸的許多地方，樹立了老一輩且較開放的學者們稱之爲東方專制政體(Orien-tal Despotism)的制度。這種制度，今天的學者稱之爲農業的官僚制度，或亞洲式的君主專制，它比中國君主專制還原始，它是一種不利於政治民主制和商人階級成長的政治制度。貴族或中產階級的特權和自由，都無法震撼蒙兀兒人的統治(Mogul Rule)。農民之中，也沒有任何運作中的力量，在經濟上或政治上可能造成與現行社會的分裂。大部分地區，土地耕作既缺乏效率又十分懶散，部分原因是由於蒙兀兒王朝的包稅制，部分則是因農民社會中有種姓制度的特殊結構。地方級的村莊組織中，一切的社會活動都納入了種姓制度的框架裡，使得中央政府徒有其表。因此，農民的反抗，就不可能像中國一樣，以農民群衆暴動的形式出現。社會內的革新或反抗契機，也被以新種姓制的形成或種姓的細分化形式吸收到原有的體制中。由於缺乏發生質變所需的強大動力，蒙兀兒體制就在包稅制所造成的日益的剝削中垮台。這個崩潰，給了歐洲人在十八世紀期間，建立領土據點的機會。

　　之後，在被英國征服之前，有著強大的近代化的阻礙存在於印度社會的特性中。而其他的阻礙，則隨征服之後紛紛出現。十八世紀晚期以及十九世紀初，英國人引進了新的稅收和土地使用制，以及可能危及手工業種姓制的紡織品。英國人更進一步地引進了對傳統僧侶特權構成威脅的整套西方科學文化。結果，終於引起 1857 年的叛變（Mutiny），但並不能把英國人驅逐出印度。而另一方面，法律、秩序及稅制的引進，以及人口的增加，更深遠的影響，在於寄生地主制的興起。儘管農業生產性很低，但農村確實產生了經濟剩餘。可是，在英國的統治下，以及叛變的失敗，從而是印度社會的固有性格條件下，使得印度不可能像日本那樣去克服落後狀態。也就是說，印度無法像日本那樣，由本國的新興民族精英來統治，而將這些經濟剩餘作爲發展工業的基礎。相反的，在印度，這些剩餘被外國征服者、地主和放債人所榨取和揮霍了。結果，印度的經濟，在英人所統治期間，甚至一直到今天，都一直處於停滯的情況下。

　　另一方面，英國人的出現，在她的文化影響力下，對於印度的民主政治發展作出了重要的貢獻。因爲有英國的出現，所以土地貴族與軟弱的資產階級之間，並無法形成反動的聯盟。英國的政治權威相當依賴上層地主階級。另一方面，土著的資產階級，特別是產業資本家深覺受制於英國的政策，特別是在自由貿易方面的束縛，因而，他們試圖找尋一個被保護的印度市場。當民族主義的運動成長起來，並找尋大眾基礎時，甘地以非暴力、託管、以及對印度村社共同體的頌揚，將中產階級中強有力的部分與農民結合起來。由於這個以及其他的理由，雖然市民的不服從運動，迫使逐漸衰微的大英帝國撤退，不過，民族主義的運動並沒有以革命的型式出現。這些力量的結果確實在政治上造成民主制度，不過，這是一個並沒有做出太多使得印度社會結構近代化的民主制。因此，飢荒仍然隱約的存在。

我把複雜和相互矛盾的史實省略不提，以上是印度的歷史概略。那些比我研究印度造詣更深的人，或許不太贊成我這樣粗淺的描述歷史。我希望，或許只是一種奢望，透過下面的實證過程，而提出更能使人信服的歷史事實。

第二節　蒙兀兒帝國時代的印度：民主制度的絆脚石

在西方的衝擊進入印度之前，征服這個國家中的最後一個是蒙兀兒人（Moguls），他們是屬於蒙古大領袖成吉思汗的追隨者中的一大部分。十六世紀早期，他們領袖中的第一位先入侵印度。雖然其他的統治者，在他們的治理下也擴展了領地，不過，他們的霸權是在與伊莉沙白一世同一時期的阿卡巴（Akbar）時，達到高峯。很適合做爲我們研究起點的十六世紀末期的伊斯蘭王朝，控制了大部分的印度，領地大約及於印度半島孟買（Bombay）北面東西橫貫的界限。南部的印度王國仍然維持獨立。當蒙兀兒人把他們的治理方法應用到印度的環境時，就好的一方面而言，除了蒙兀兒人所統轄的領地治理得較好的事實之外，它們之間是很少有差別的❷。

如衆所周知，傳統印度政體的基本特徵是君主統治，軍隊支持王室，以及維持上述兩者之生計的農民❸。爲了更確切地了解印度社會，除了上述三者之外，我們還必須加入種姓制度（Caste）的觀念。這裡，我們可以將種姓制度描述爲具有世襲和同族聯姻的群體組織。在其中，男子執行著諸如僧侶、戰士、工匠、墾殖者等等同一類型的社會功能。宗敎上的褻瀆觀念，強化了這種社會分工，至少在理論上，使得社會的階層制度嚴密得滴水不漏❹。種姓制度曾經用來而且現在仍然用來組織村落共同體的生活，這個村落共同體是印度社會的基本細胞，而且也是不論何時何地，當強有力的統治者缺乏時，就傾向於分裂的基本單位。

以他們的稅收來支持作爲統治者主要支柱的軍隊，並由種姓制度所組織起來的村落共同體所形成的制度上的複雜體，被證明是十分牢固的。在英國人佔領期間，它表現了印度的政治體制特色。甚至於在取得獨立後的尼赫魯時代，蒙兀兒的許多制度，仍然完整地保留下來。

基本上，蒙兀兒人統治期間的政治和社會制度，是一種加諸於資源和權力都非常不同的由土著領袖所形成的異類集合體(Heterogeneous Collection)之上的農業官僚制。正當十八世紀蒙兀兒人的權力衰微時，它又重返回較鬆弛的形式。在阿卡巴和繼任的強大統治者時期，並沒有獨立於王室的全國性土地貴族存在，至少理論上沒有，而且事實上確實也出乎意料的不存在。雖然蒙兀兒的統治者在將他們納入蒙兀兒官僚制度中時，至少有些許的成功，不過，土著領袖們確實也擁有了實際上的獨立。土著領袖的地位，等一下還需要更詳細地加以討論。一般而言，一如摩爾蘭(Moreland)所言，「獨立和叛變是同義詞，而且貴族如果不是統治者的僕役，就是它的敵人」❺。一如在其他國家，全國貴族制的衰弱，是十七世紀印度的重要特徵，它阻止了議會民主制從本土的成長。議會制度是一個遲的外來的進口品。

就理論上和大部分的實際情況而言，統治者隨意支配著土地。除了蓋房子所需要用到的小塊土地之外，土地甚至於是無法購買的❻。
在蒙兀兒帝國文官制度裡，通常的作法是分配一個村子、一群村落或
更大一點的區域給一位官吏當薪俸。阿卡巴不喜歡這種安排，因爲它
對包稅制(Tax Farming)不利，取得分配地的官員，是處在剝削農民
的誘惑之下，而且也可能由此發展出他的權力基地。因此，阿卡巴試
圖以定期的付現方式取代分配的制度。這個努力卻是失敗的。其中的
理由容後述❼。

　　理論上，這兒也沒有官位的世襲，每一代都必須各自重新開始。
官員一去逝，他的財富轉歸國庫。被蒙兀兒人所征服，但卻保留他們
原有的權力以換取他們對新王朝忠誠的印度土著首領，則屬一個重要
的例外。不少貴族家庭，也在幾個征服者之中維持了下來。不過，逝
世後財產的充公，是一個時常發生的現象，以至於財富的累積，只是
一件危險的事❽。

　　除了阻止文官人員財產權利的成長所做的努力之外，印度的政治
制度也呈現了其他官僚制度的特徵。工作是分等級的，服務的條件，
很詳細地由皇帝評定。在受命服務帝國公職後，這個人接著接受軍階
的任命。然後，他就必須加入合乎他的職級的一些騎兵團和礮兵團❾。
此外，蒙兀兒的官僚制度，並沒有成功地發展出在近代社會中，非常
普通的官僚權威的安全保障。沒有昇遷的規定，沒有優良與否的考試，
也沒有就特殊職務必備資格、能力的觀念。在晉昇，降級及解官員職
位時，很顯然地，阿卡巴事實上全部憑藉著他對性格的直覺判斷。那
時代有傑出的文人，卻擔任軍事操作，表現極好，而另一個卻在朝廷
服幾年公職之後，於前線帶兵時犧牲❿。與中國的滿清文官制度相比，
阿卡巴的制度就顯得較原始。誠然，在中國，很明顯地亦排斥任何極

端專業化的觀念，而且由中國歷史中，吾人很容易就可以發現剛剛所提到的不同的境遇。不過，中國的科舉考試制度，比阿卡巴在招新人和晉昇方面所用的偶然方法，確定是比較接近現代的官僚制度。一個更具意義的不同點——阻止財產權利於官僚制度的職位中成長——在中國是達成了實質上的成功。我們慢慢就會看到，蒙兀兒人在這點上並沒有成功。

財富累積不能以遺囑的形式傳給後代，使得奢侈揮霍風行。當時最大的特色不是儲蓄而是花費。正因如此，印度的靡華建立在卑陋的基礎上，到今天，這些還令訪客們驚奇，而且在蒙兀兒時期，歐洲旅遊人士對之亦存有深刻印象。隨從模仿皇帝的舖張排場 ⓫。雖然，一如我們即將看到的，就統治者的立場而言，它也有不幸的結果，不過，這個朝廷內的富麗堂皇是有助於阻止不希望有的財富累積於他的隨從手中，隨從們在畜舍方面的花費，除了珠寶的可能例外之外，比家中的其他部門還多。運動和賭博極盛行 ⓬。人力的豐富導致使用家臣方面的無度，這是直到今天還存在的。一隻普通的象，有四個僕役，而若選給皇帝用的動物，指派給從英國當成禮物送給他的每一條狗則有四個僕役 ⓭。

蒙兀兒的統治者在拿走下層階級人民所生產出來的大部分的經濟剩餘，並把它們用於舖張顯耀之上時，有一段時期也避免了貴族對他們權力的攻擊所引起的危險。同時，如此地使用剩餘，嚴重地限制了經濟發展的可能性，或者，更仔細地說，這種經濟發展是指能打破農業秩序並且建立新式社會的那種 ⓮。這一點特別值得強調，因為馬克思主義者和印度民族主義者，通常都認為當英國帝國主義的來臨破壞並歪曲了經這個方向的潛在發展時，印度的社會正處在衝破農業制度的桎梏中。這種結論在以證據爲基礎的情況下，似乎是站不住脚的，因爲證據很強烈地支持相反的論調：如果沒有外來的幫助，資本主義或議會制的民主制度，都不可能出現於十七世紀的印度社會中。

當我們把注意力轉向城市，並且看到在那兒所萌芽的，都是屬於印度資產階級的時，這個結論就更被加強了。那兒所萌芽的，以及甚至於有看來類似被議論紛紛的社會歷史造物主的外形，就是新敎徒的倫理。法國十七世紀的旅行家塔維尼（Tavernier）在提及銀行家和經紀人階級的印度商人時，曾說：

> 這個階級的成員，在貿易方面是如此的狡猾且熟練因而……他們可以教訓教訓狡猾的猶太人。他們很早就讓小孩習慣不怠惰，並且教他們算術，以避免像我們一樣讓小孩在街上玩耍而浪費時光……小孩總是和教他們貿易的父親在一起，在做事情時，同時也解釋給他們聽……假如某人生他們的氣，他們會很有耐心地聽，並且在預測他的怒氣未消時，四、五天內不去看他❶。

不過，當時印度的社會，並不是一個這些美德可以有足夠力量以推翻現行生產制度的社會。

那兒也有城市。當時歐洲的旅遊人士視阿卡（Agra）、拉荷（Lahore）、德里（Delhi）以及維亞亞納傑（Vijayanager）一如當時歐洲的大城羅馬、巴黎和康士坦丁堡❶。然而，這些城市的存在，原先並不是由於貿易和商業。它們主要是政治的，或在某些程度內，是宗教中心。商人和貿易家並不甚重要。在德里，法國的旅行家伯尼爾（Bernier）提及，「在那兒沒有中間階級的存在。一個人不是屬於最高階層就是屬於生活貧困的階級」❶。當然，商人是存在的，而且也從事對外貿易，雖然在此時期，葡萄牙人在這個國度內，佔有大部分的利益❶。
這兒有個事實，可以支持認為歐洲帝國主義抑制住走向近代化的本土
衝擊的論調，雖然對我而言，它還不是一個具決定性的證據。那兒也
有主要為富人生產奢侈品的工匠存在❶。

　　商業最主要的障礙是來自政治和社會方面。某些方面，可能不比
同一時期在歐洲的還壞，當時的歐洲，也存在著搶刼、煩惱和昂貴的
過境費用❷。其他的則更壞。蒙兀兒人的立法制度落後於歐洲。一個
希望履行契約或取回債務的商人，不能把他的案件交給職業律師辦理，
因為這種行業並不存在。他必須本人在充滿個人和專斷特徵的司法系
統之下，為自己的案件辯護。賄賂幾乎普遍存在❷。更重要的，則是
皇帝對富商以及對去逝官吏的地產所主張的權利。摩爾蘭（More
land）從旅行家伯尼爾所保存的大蒙兀兒時代的最後一位皇帝奧蘭傑
博（Aurangzeb）的一封信中，摘錄了如下一段：

　　「我們已經習慣於當一位貴族或富商已停止呼吸，甚或有時不等到
他們最後一點生命的餘燼完全熄滅時，就將他的櫃子加封，鞭打或拘
禁他的家僕和管家，直到他們把所有的財產清點出來，包括最微不足
道的珠寶類。這種作法無疑的是很有利的，不過我們可以否認它的不
公正性和殘忍性嗎？❷」

　　這種情形很可能不是在每一個個案中都發生。然而，一如摩爾蘭
不加渲染的研究成果所示，因為財產所有人的全部財產死後，有被抄
沒的危險，所以，商業貿易必然受到損害❷，我們也不知道皇帝是否
總是有意識地避免去加強人類衰退的自然過程，而這種過程的最後結
果，對他而言將是一件無比快樂的事。所有的這些考慮必定在商業圈
子裡流傳著，而也因此阻止了商業的成長。

　　一般而言，印度政治當局對商人的態度，似乎較接近於類似蜘蛛對蒼蠅，而不似當代普遍存在於歐洲的牧牛人對牛的態度。甚至於蒙兀兒人中最開明的阿卡巴，也沒有一位像柯爾伯那樣的人物。在印度人統治的地區，情況可能還要更壞。地方當局，例如一個城市的總督，雖然他們在快速累積和消耗財富方面承受了壓力，不過他們有時候也有不同的看法。總之，我確信我們可以毫無疑問的做如下的一個結論，(某一種形式的)和平和秩序的建立，並不會創造出一種一如在日本所發生的商業影響的昇起，毀壞了農業秩序的情形。對這種現象而言，蒙兀兒人的制度是太具掠奪性了：這不是因為它的統治者和官吏，就人性而言，必然較為惡劣，(雖然最後的幾位統治者之中也許由於厭煩和無望，有些是無可言喻的愚蠢，殘暴)；而是因為它的制度使得統治者和他的臣僕處在一種時常只有貪婪的行為才有意義的境界中。

　　當時的這種掠奪性的特徵，很嚴重地削弱了蒙兀兒的體制。十八世紀期間，蒙兀兒政權在弱小的歐洲勢力(主要是因他們彼此攻伐)面前，崩潰到大蒙兀兒王朝成為領英國薪俸的地步。以下，試就蒙兀兒官僚制度和農民之間的關係探討，說其中緣由。

　　在蒙兀兒人征服印度之前，印度的制度是，農民把他的一部分生產，交給國王，而國王按習俗、法律和交通情況等條件來決定設定的課稅的數量和徵收方法。蒙兀兒人在幾乎很少將之變動的情況下，由印度王國接下這個制度，其中的一部分原因是這套制度終歸與他們的傳統並不衝突❷。蒙兀兒的行政理想，特別是在阿卡巴治下，是主張農民和國家之間的直接關係。理想的是，歲入的評估和徵收，是由居中的官吏們來控制，而他們必須詳細的將所有的收入列出報告❷。除了在很短暫的期間或極少地區之外，蒙兀兒的統治者從未達成這個理想。若要將這種作法付諸實行，就必須要有龐大的直接由皇帝控制的支薪官吏。這種作法似乎超出了這個農業社會的物質和人力資源之外，即使是也未必能辦得到。

不以由皇家國庫直接付現給文官的方式，而以在一個特定的地區，指定皇室在生產物上的分配量的廣泛作法以代之。這種指派包含著得以衡量和收集所需數量的行政權力的認可。地區的大小必須是整個省或者不大於一個村，而所徵收的量，則需足夠維持軍隊的開支或一些其他服務的開銷。在蒙兀兒統治時期，帝國的大部分地區，都在這些被指派的人手中，有時候，這地區高達帝國統治部分的 7/8 ㉖。除了徵稅之外，這種安排還可用來當成軍隊補充新兵的方法。有單純的一班文官人員執行這兩種蒙兀兒官僚制度的基本任務，並且也負責維持和平和秩序㉗。

在這個基本的模式上，有許多因地方而異的不同版本，我們可以不去考慮其中的細節。摩爾蘭認為，阿卡巴的政體非常實用。「一個首領或土王，若同意付出合理的歲入，通常都被允許保有他們的權力地位：而不服從或反叛的，就被殺掉、監禁或被驅逐，並把他的土地置於直接控制之下」。然而，有一方面因為它隨後的重要性，所以值得注意。雖然不是完全如此，不過很普遍的是蒙兀兒皇帝發現必須經由土著政權來統治和課稅。對這個中間人的一般稱呼是 Zamindars。

這個名詞的用法和實際上的情形，因為變化太大以致引起不小的混淆情況。就算實際情形和名詞的用法之間的區別間或模糊不清，不過，我們根據他們面對中央權力的獨立程度，也可能將他們分成兩大典型。在印度的許多農村地區，一連串的征服，使得征服者的成員，能在某一特定地區建立起他們自己的政權來徵收賦稅。屬於有著他們

自己武裝家臣的地方貴族的古堡，星散地滿佈農村。雖然這些中間人
(Zamindars)在蒙兀兒的歲收機構中，並未得到官方所承認的地位，
不過，他們自己的領土，通常也要繳交稅收給歸。因此，他們徵稅權，
是與蒙兀兒的官僚制度並存的。實際上，Zamindar 的權利，是可以出
售、分割以及繼承的方式轉移的，這其中的方式極像以契約和股票形
式，向一個現代的公司要求所得一般。當然，蒙兀兒當局也反對這種
對他們的權威的潛在挑戰，並且儘量將這個中間人(Zamindar)納入
他們的制度之中。蒙兀兒人的原則是帝國的政府可以隨己意取回或賜
與中間人權利。至於這個原則實際上被應用了多少，就不清楚了。其
他的中間人，則幾乎等於是獨立的土王。只要他們付稅，他們就不受
干擾。雖然最富有和人口最稠密的地區(包括那些多多少少很成功地被
納入帝國制度的中間人)，都在帝國的直接控制之下，首領和土王的領
地亦不能忽視❷。

　　此後，帝國就由領地大小和獨立程度非常不同的地方專制政府組
成的，而他們全部都負有向帝國國庫納稅的義務 ❷。比較小規模的
Zamindar，則形成一系列的地方貴族。由於他們是被征服者，與接近
皇室家族的貴族有所區別，此外，這些中間人因為太過於分散，而且
太依附於他們的地方性，因而無法像英國的貴族一樣，在對抗與取代
君主專制主義的挑戰，扮演一個足以倫比的角色，不過，這些小規模
的 Zamindar，還是扮演了決定性的政治角色❸。當帝國的制度走下坡
並且變得更具鎮壓性的時候，大小的 Zamindar 就變成農民暴動的集
合點。雖然，土著的社會精英和農民，不能獨立地把印度變成一個統
一能生存的政治單元。不過，他們可以制裁外來統治者的錯誤並危及
他們的統治地位。農民在蒙兀兒治下曾經如此做，而且在英國人治下

也與新的聯盟如此做過；甚至於在二十世紀七十年代，同樣的傾向也很明顯地存在著。

　　關於印度社會是否存在土地私人占有制，中間人(Zamindar)這個名詞就是問題的核心。這個問題最終可以歸結：那些使用物質手段把全體人民組織起來，爲自己提供食物，房屋及各種文明設施的人們，他們之間的關係是怎樣的？關於土地方面，至少就大體來講，問題不難回答。在當時，土地是很多的，通常只要有能力耕種，就能擁有。因而，從統治者的立場來看，問題的重點是在於如何使得農民耕種。假如一個帝國的子民佔領了土地，那他就必須付出他總產量的一部分以換取保護。蒙兀兒的行政理論和實踐，是強調耕種的責任的。摩爾蘭提及一個地方總督，因爲村長無法耕耘他的土地，而親手將他斬成兩塊的案例❸。雖然這個例子有點極端，不過它也顯示出基本的問題所在。所有權的私有權利，很明顯地是附屬於且源自於耕種的公共責任。這個事實影響了土地上的社會關係，甚至於直到今天，在完全不同的條件之下，亦如是。

　　蒙兀兒的政策，給行政制度帶來了嚴重的財政壓力。正當阿卡巴的繼承人加罕吉爾(Jahangir, 1605～1628)熱衷於撫慰他的印度子民而不試圖擴展帝國領土時，加汗國王(Shah Jahan, 1627～1658)則從事於舖張豪華的政策，搭蓋許多建築物，包括泰馬哈(Taj Mahal)及孔雀王座(Peacock Throne)，這個建築花費了七年的時間，所用的物料，據估計，超過一百萬英磅。他也開始以緩和的方式採取反對印度人的隔離政策❸。奧蘭傑博(Aurangzeb, 1658～1707)同時大舉迫害印度人，並且以耗費大量物資及毀滅性的戰爭，來擴展帝國的疆域。結果卻招至蒙兀兒王朝的潰亡。由於擁有更大的土地面積，正

意味著稅收的增加，所以耗費財力與擴張領土的政策互有關聯。不過
這種政策卻使帝國固有結構的脆弱性表面化了。

　　假如皇帝把他所指派的人，在某一段時期內，讓他負責單一地區
的事，那麼他可能會因這個被指派的人，發展出獨立的稅收來源和權
力基礎，而有喪失控制屬下的危險。此外，若統治者時常把他的指派
人從一地調到另一地，那麼他的屬下在任期內，就很可能會儘量的從
農民處，刮取更多。如此一來，耕種就走下坡，最後，帝國的稅收亦
因而減少。因此，最後中央權力的力量來源也因而鬆弛，皇帝也會失
去他原先經由不斷的轉變所想維持住的控制權。不管皇帝選擇哪種路
線，就長遠來看，他似乎是輸定了。剛剛所描述的兩種可能性中的第
二種，與真正所發生過的極其相似。

　　早在加罕吉爾時，我們已經聽到由於不斷地更換指派人選，而造
成的農業的不穩定 ㉝。十七世紀中葉的旅行家伯尼爾，提到如下他很
熟悉的官吏所說的話：

　　　這些土地不被重視的情況，為什麼必須要在我們心中產生不安呢？
我們何必花費時間和金錢來使土地有結果？可能一轉眼之間，我們會
被剝奪，而且一切努力的成果，我們自己和我們的小孩都無法享有。儘
管農民必須餓死或逃亡，讓我們儘可能地由這片土地上取得所有的錢
財，而當我們受命必須離開時，它們將成淒涼的荒地㉞。

　　也許伯尼爾的描述有點誇張，不過，證據顯示他已經接觸到蒙兀
兒政體的主要缺失。

　　伯尼爾的證據，以及其他旅行家的，與我們由奧蘭傑博的諭令中
所得知的情況，非常相近。它們都描繪出農民負擔沉重並被置於嚴格

的控制之下。同時，農民的數目，一部分卻因逃出蒙兀兒管轄區而減少 ㉟。當農民逃亡時，被指派人的收入必然減少。一個只有收入短缺且來源不穩定的被指派人，一定會試著對其餘留下來的農民，施加更大的壓力，用以彌補他的大部分損失。如此，情況呈現加速度惡化的趨向。蒙兀兒制度將農民驅趕到多少具有一定獨立性土王的懷抱中。伯尼爾認爲農民覺得這些地區壓迫性較少的觀點，在不少獨立的資料來源中都可以找到肯定。那些小規模的中間人 Zamindar，在與蒙兀兒的官僚制度做不平等的競爭時，也發現善待農民是對他們自己有利的。因此，蒙兀兒人沒有能夠予以消滅的獨立權威的中心點，就給了農民暴動提供了一個集合點。叛變的事件，在蒙兀兒人的勢力達到頂點時也時常發生 ㊱。當蒙兀兒的官僚制度變得更具鎮壓性及更腐敗時，反叛事件就更爲嚴重。在廣大的地區內，農民拒絕繳納稅收，他們武裝自己，並搶劫。帶領農民的土王們，也沒有改善他們子民的生活條件的意思。有一個人提到一般人民時，大概說道，「金錢對他們而言是不方便的，給他們食品，及打他們的屁股，這就夠了」㊲。然而，也許由於完全的絕望以及家長式和階級性的忠誠的組合，農民也心甘情願地跟隨他們。誠然，在他們家長式的忠誠，宗教宗派的革新以及反抗現行秩序不公正和流血報仇的行動及搶刼的率直抗議等互爲矛盾的混合中，農民運動在沒落的蒙兀兒制度下，所表現出來的行爲與在其他社會中，處在類似非常原始的，並侵入受壓迫的農業秩序中的商業關係，所造成的同樣一般性情況下的農民是相同的㊳。

　　十八世紀中葉，蒙兀兒官僚制的領導權，已經沒落到變成許多彼此時常爭戰的小王國的局面。這是當英國人開始很熱心地介入印度農村時所遇到的情形。

當我們回顧這段歷史時，很容易就可以得到如下結論——也許過於簡單的結論——蒙兀兒制度的運作，是不利於任何類似西方模式的政治民主制或經濟成長的發展。土地貴族在反抗王室並維持政治團結的情形下，並沒有成功地達成獨立和取得特權。假如我們可以稱之為獨立的話，那麼就是無政府的狀態取代了他們的獨立。所有類似的資產階級，也缺乏獨立的基礎。這兩個特徵都與掠奪性的官僚制度相互關聯，而且當權力衰弱時，官僚也變得越貪婪，並且掠奪農民，迫使他們走向暴動，從而使得整個印度亞大陸回復到以前四分五裂，彼此征伐的狀態中，成為下一個外國勢力所欲征服的目標。

第三節　村落社會：反亂的絆腳石

印度為何沒有十六世紀到十八世紀期間歐洲所呈現出來的走向資本主義和政治民主制度的那種經濟和政治運動？此中的一些理由，可從上層階級和政治制度的特性中看出。對印度社會中的農民地位，做更進一步的考察，將有助於解釋另外兩個具有最大重要性的特徵：一個是遍及各處的貧瘠耕種，與中國和日本園藝業形成鮮明對比，另一個是印度農民明顯的政治溫馴性。當然也有例外，這點讓另一節來更詳細討論。不過，農民反亂在印度從來沒有與在中國所發生的肩負著一樣的重要性。

在大部分的印度，農作物和播種的方式，在阿卡巴時代和今天，都非常類似。稻米在孟加拉為主產。北印度一般而言種植穀類、粟、和豆類。德干高原生產蘆粟（gowa，亦拼成 jovár 和 juar，是小米或高粱的一種）、棉花，而稻米及粟類在南部又是主產❸。好的收成，在

過去和現在都依賴每年的季風雨。有關印度的一個時常在標準作品中
被反覆的敍述是，在大部分的印度地區，農業在雨中是一項冒險。甚
至於在前英人統治時期在某一個程度之內，灌溉可以抵消這個冒險性，
不過，這對整個國家來講，則幾乎不可能。季風的不足，偶而也導致
嚴重的飢荒。它們不只在早期發生過，甚至於在英國人統治期間也發
生若干次。最後一次很嚴重的一個，發生在 1945 年。古人時常主張自
然力的不可預知性，使得印度的農民變得被動、無力感，並且阻礙了
農業走向集約化耕作的轉變。我很懷疑這個論點。中國與印度同樣有
間歇性的飢荒，而中國的農民從很早以來，就因爲他們的勤奮和細心
耕耘而廣受讚揚。

　　就算我們對於早期英國記載中，所存在的民族優越感的偏見，採
取最大程度的原諒態度，印度的作法卻呈尖銳對比地呈現出不經濟和
無效率。技術也似乎停滯不前。農業的工具和技術在阿卡巴時代和二
十世紀早期之間，並沒有什麼重大的改變❿。由小公牛所拖的輕型耕
犂，曾是而且今天仍是最重要的農具。因此，牛成爲動力，食物（當然
不是指牛的肉）以及燃料和宗教崇拜物的來源❶。水稻插秧的優點，至
少在某些地區，在十九世紀早期，或可能更早，已爲人所知。不過，
在與日本對比之下，工作的組織非常差，因而耕種者只能獲得的利潤
極有限。「大約所有收成的一半，都在季節的第一個月插秧完畢」，1809
年～1810 年，布哈南（Buchanan）爲孟加拉東北角的一個行政區所做
的報告指出：「而且產量特別豐富；剩下的部分，有 5/8 在第二個月插
秧，收成並沒有什麼不同；剩下的 3/8 在第三個月插秧，結果收成很
差」。這種習慣，不是不經濟，就是農民怠惰❷。

　　對於當時農業實踐方面，有詳細研究的少數人之一的布哈南，也

告訴我們，在這一區的耕種者不用輪耕，而時常在同一塊耕地上，混種幾種不同的作物。這是安全保障的最原始形式：雖然這些作物之中沒有一種生長得很好，不過，它們也不會全部無成 ❹。與日本也成強烈對比的是，在恆河河岸的另一個區，普通的作法是把大量的種子撒在沒有經過事前準備的廣濶的乾地上，這也是在他剛剛所提到的地區的作法 ❹。布哈南的報告中，從頭到尾也充滿著早期法國人對蒙兀兒治下的情況的敍述中所提到的無效的耕作和低的生產量。

在英國人統治之前的大部分印度歷史中，土地的不匱乏，很可能是形成貧困的種植以及農民反抗性格的重要原因。在許多地方，土地是過多的，只等待有財源的人來開墾。一如我們所看到的，農民時常只以集體逃亡的方式來面對壓榨性的統治者。引用近代權威的話，逃亡是「對飢荒和人類高壓手段的第一個回覆」❹。高壓政治和過多的土地以這種方式彼此互相作用著，據此很能正確地解釋為何蒙兀兒晚期和英國人統治初期，大批土地經常荒廢掉。雖然，這種解釋很重要，不過，卻不夠充分。印度的一些地區，例如西部恒河平原，在阿卡巴時代以及二十世紀早期的幾十年間，可能都同樣住滿了人。此外，在土地變得稀少之後，整個印度和廣大地區，農耕仍然貧弱如舊。這些事實，使得我們懷疑到，在土地之上所做的社會性安排，是不是也應該在解釋之中扮演一個重要的角色。

這其中的一項，我們已經提到過，它就是印度的稅收制度。與日本一樣，對統治階級而言，印度的農民是主要歲收的供應者。我們知道日本的土地稅價值是固定，勤奮的農民可以保有剩餘。而蒙兀兒和印度的稅收，主要是對收成的作物課以一定的比率。因此，在印度，農民生產越多，他就要繳越多稅。另外，蒙兀兒的農業稅收制，內含有大量地榨取農民的內在誘惑。很可能這種不同，對於在這兩個國家之中的農民的特性，具有決定性的影響。我們知道這種情形在印度盛行了好一段長的時間。通常頭人或者在某些地區由村中名人所組成的會議，扮演收稅人的角色，他們在居民之中，比例分配該徵收的數量和該耕種的土地。雖然頭人和名人會議，在政府當局和鄉村之間所扮演的緩衝角色的方式，與日本的制度類似，不過，在印度，領主並不太傾向於監督鄉村中所發生的事。只要歲收的徵收沒有問題，和平和秩序的維持，幾乎全部由村中名人和頭人負責㊻。

　　在印度農村共同體中勞力的組織方式，也與日本有所不同，這有助於解釋爲什麼印度的耕作水平較低的原因。在這裡我們就直接遇到了種姓制度，等一會我們更會仔細地討論。目前我們只需要記住，在德川晚期，日本制度開始改變之前，它主要是基於擬似血緣的關係。而印度的制度，卻是基於擁有土地的種姓，以及地少或無地種姓之間，爲獲取食物而建立的交換勞力與服務的制度。雖然與近代的僱傭勞動制度相近，但印度的制度卻受到習慣，以及我們通常所謂的傳統情感所支配著。它看來像是具有一些基於情感忠心和近代的習慣制度兩者的缺點而沒有它們個別所擁有的優點，而且也阻礙著勞動分工的發展與特定工作的集約化。關於種姓制度在實際應用上具有可塑性，而趨勢似乎很清楚，但是過分強調這點似乎是不明智的。以近代的方式進行嚴密的監督是困難的。因此，在許多密切相關的傳統工作群體中，存在著合作的現象。大部分的印度勞動者，是居於種姓制度的最基層，而且大半是所謂的"不可觸民(Untouchable)"，是村落共同體所驅逐出來的。近代意義的罷工，對這些階級最低的人，幾乎是不可知的，其中的原因，一部分是因爲勞工被分化到不同的種姓中。然而，一如一位現代的權威研究者所言:「他們卻了解所謂的勞動稀釋(Dilution of Labor)」❼。這是爲什麼造成懶散耕作的一個原因。另一個原因是,上層的種姓階級人士,不願花費力氣去監視人與驅使他們改變生產方式,他們寧可甘於目前的蠅頭小利。

在我們更深入研究種姓的問題和它的政治含意之前,有必要舉出幾點應注意的事項。至少就它的整個的分類而言,種姓制度是印度文明的獨特產物。因此,使我們很容易對於印度社會中任何具有獨特意味的事物,都用種姓來加以解釋。顯然,這是行不通的。例如,在較以前的研究中,種姓制度被用來解釋印度爲什麼欠缺明顯的宗教戰爭。然而,在現代——早期印度教徒抵抗回教徒的強制改宗之事,固不待言——宗教戰爭已以可怕的規模爆發出來,但種姓制度卻仍存在。種姓制度以及形成種姓制度教條中重要部分的「輪迴來世觀念」,也同樣被用來解釋印度農民明顯的政治順從性,以及在現代期間,革命高潮的脆弱性。不過,我們也知道這種革命高潮在拖垮蒙兀兒制度的力量中,是一個重要的成份。這種力量到後來依然存在。不過,從整體來看,順服的跡象,仍然佔優勢。我認爲不應該否認在創造和支持這種行爲時,種姓制度扮演了一部分的角色。不過,去了解產生這種被動接受的運作過程,才是重要的問題所在。

標準的解釋大約如下述。根據「輪迴來世」的理論,一個在這一生中服從種姓規範的人,在來世中,就會轉生到較高的種姓級。今生的順服,將被以在來世中提升社會地位的方式,作爲報答。這種解釋的前題是我們要相信一般的印度農民,會接受由都市僧侶階級所做的這類推理。也許婆羅門在某個程度內也如此地成功過。不過,這只能是全部事實中的一部分。只要我們重新研究農民對婆羅門的態度,就可

十分清楚知道農民不會被動地、全心地把婆羅門奉爲所有好的和所慾
求的典型。他們對於超自然權力的專斷者所具有的態度，似乎是一種
羨慕、害怕、敵視的混合體，與許多法國農民對天主敎敎士的態度很
像。北印度有句諺語，「在這世上有三種吸血鬼，跳蚤、臭蟲和婆羅門」
❹。由於婆羅門對村子的服務是收取費用的，所以這種敵視性，是有足
夠的理由的。沒有付錢給婆羅門以舉行某些儀式的話，農民是不能收
割的；貿易商不付婆羅門費用，就不能開業，漁夫沒有舉行儀式或付
費用……就不能建造新船或開始打漁」❹。世俗的制裁顯然也是種姓制
度的一部分。一般而言，我們知道，如果再生產這些的環境與制裁未
能繼續存在，或更粗雜而言，如果人們不能從中得到一些東西，那麼
人類的態度和信仰就無法續存。若要了解種姓制度，我們就必須轉向
這些具體的支持者。

　　這些問題中，第一點是擁有土地所有權。婆羅門普遍的優越只是
一個僧侶所杜撰出來的神話，它與現在種姓制度的運作不符合，而且
也可能長期以來已經如此。在現代的村落裡，經濟上佔優勢的群體，
也是佔優勢的階級。在一個村子裡可能是婆羅門，而在另一個村子，
則可能是農民階級。甚至於在婆羅門佔上風的地方，也是歸因於他們
的經濟功能而不是僧侶功能 ❺。因此，我們知道種姓制度曾有而且現
在仍然有經濟的基礎以及宗敎的解釋，而且這兩者之間的關聯，長久
以來，就不是非常圓滿的。在一個特別地區擁有土地的階級，就是最
高的階級──種姓制度只是一個存在於地方層面上的事實。當然，依
據現代的情形追溯既往，並不是十分安全的。當人們普遍地感覺到英
國人的影響力之前，以及當土地以目前的標準來衡量是過多時，經濟
的基礎很可能就較不明顯。然而，它確是存在的。證據很清楚的指出，

較高階級的人，時常擁有最好的土地，而且也能夠使喚較低種姓的勞動者，甚至於在較早時期亦如是❺❶。

在強化階級制度的規範方面，主要的合法工具在過去是而且現在仍是種姓會議，這個會議由選自居於某一個地區的所有村落中，每一種姓的領袖人物所組成的小群體而組成。在印度的一些地區，我們可以找到這些會議所組成的種姓制度。會議只控制它自己種姓成員的行為。由於交通方面所受的限制，因而過去每個種姓會議所轄有的地理區域，可能比現在小。每個種姓都有一個會議的情況，也不全是真的；在這點上，依照地方情況的不同，各地都大異其趣。就整個印度而言，我們必須知道並沒有一個全國性的種姓會議❺❷。嚴格而言，種姓只存在於地方上。就算在村子裡，事實上也沒有一個負責監督種姓制度得以有效存在的中心組織機構。也就是說，監督低階級的成員要對高階級的成員表示出適當尊敬的機構，並不存在。低階級的成員自我管制。低層種姓的成員必須要學習接受他們在社會秩序中的地位。在這一點上，低層種姓的領導人物顯然扮演重要的角色。能做到這點，他們就可以得到具體的獎勵。有時候，他們可以在該種姓的勞動者工資中收取手續費，或對違背種姓規範的行為，課以罰金❺❸。

對於嚴重違反種姓規則的處罰就是抵制（boycott），這就是否定他使用鄉村社區的設備。在一個個人幾乎完全要依賴這些設備，也就是在他的伙伴之間合作的組織模式時，這種處罰的確很可怕。慢慢地我們將會看到現代世界的來臨，如何部分地緩和了這種制裁的衝擊。

這個制度，到底真正強化了什麼？顯然是地方上的勞力分工以及權威和權力相對性的分配。不過這個制度顯然做得比這個更多。在英國人統治之前的印度社會，以及直到今天仍然存在於大部分的農村，

生在一個特定種姓的事實，對個人而言，決定了他個人的一生，或者
更確切地說，是決定了他的前世與來生。種姓制度規定他父母的婚姻
選擇範圍、撫養子女以及爲之擇偶的方式，或決定人們應從事的合法
工作、適當的宗教儀式、食物、衣著，以及大小便的規矩(這點非常重
要)，所有的這些生活大小細節，都是在以令人厭惡的觀念之下所組織
起來的❻。

　　如果沒有這個普遍性的監督和教化，我們就很難想像在沒有較爲
中心化的制裁下，較低層的種姓的人如何以及爲什麼能夠接受種姓制
度。我以爲，似乎是由於種姓制的廣泛存在，亦即從西方人的眼光來
看，它甚至是超越了廣義的經濟和政治領域，這事實，正是種姓制的
本質。在各式各樣的文明中，人們有人爲地製造差別的傾向。也就是
說，這些差別不是源出於合理的勞動分工或權力理性的組織，這裡所
用的理性的字眼，僅限於爲了使得群體能續存而在達成一個立即下達
的任務之下，提供有效的社會運作的意義而言。在西方的社會，小孩
們所有的時間都在處心積慮地創造人爲差別。而貴族們在免去了統治
的需要時，亦正如是。誠然，要了達成特殊的任務，可能會破壞了人
爲的差別：在戰場上的軍隊的成規，一般而言都較在總部的不考究。
這種崇尚擺架子(Snobbishness)的趨勢的理由——在一些最"原始"
的社會中非常發達的情況——是不容易察覺的 ❺。雖然我無法證明，
不過我認爲人類滿足感的少數持久且可靠的來源之一，是使得其他人
受苦，這也就構成了最終動因。

　　不管原因如何，我將強調，印度的種姓組織得以組織起範圍這麼
廣大的人類活動的事實，就有著深遠的政治結果。以在一個特定地點
有效安排生活的制度而言，種姓組織對國家政治並不關心。位居村落

之上的政府，一般而言是由外來者所加的多餘物，它不是必需的；它是一種必需忍受的事務，他不是當世界顯然很紛亂時，必須加以改變的東西。因為它在種姓組織負一切責任的村落中，是真正地無事可做，因而政府似乎就會特別具有掠奪性。政府不一定要維持秩序。它在灌溉系統的維持上所扮演的角色，是非常微小的，對不起馬克思先生，在這點上我們的觀點不同 ❺。這個又是屬於非常具地方性的事務。與中國在結構上的對比是極其驚人的。在中國，帝國的官僚制度給了社會團結力，而正當農村遭受到長期的災難時，該改變的就是這個制度。儘管如此，只是這樣將兩國作比較，仍然太過於表面現象。在中國，地方鄉紳需要官僚制度做為向農民榨取經濟剩餘，以支持他們地方性及全國性地位的運作裝置。就地方層面而言，印度並不需要這種安排。種姓的規範取代了它。在有中間人（Zamindar）的地方，在事務的地方性藍圖內，他就有他的地位。他不需要中央政府來幫他由農民處汲取特權。如是，這兩個制度的特徵就意味著農民的反對，在這兩個國度之內，會以不同的型態出現。在中國，主要的動力是以一個本質相同的"好"政府，來取代"壞"政府；在印度，就比較傾向於把政府擯于村落之外而不去理它。而且在印度，就大部分情況而言，我們幾乎不能說有任何意義的強大動力存在，而勿寧說在社會本質的強制下，有事務進行的一般性方向。總而言之，雖然偶而抗禦的事件也會發生，不過政府的存在事實上是多餘的。

因為種姓制度涵蓋了如此廣泛的人類行為，因而在印度的社會中，反對現存秩序的力量也有如取得另一個種姓形式的強烈傾向存在。犯罪種姓的例子非常的明顯，在十九世紀的上半期這個種姓給英國人帶來許多麻煩，而這個犯罪種姓的名稱即是英語"Thugs"（意即暗殺團）

一詞的來源❺❼。同樣地，由於種姓制度在宗教儀式中也很濃厚地被表現出來，因而，反對種姓制度壓迫性特徵的力量，也很可能以另一個種姓的形式被吸收入這個系統中。這其中有一部分是眞的。因爲沒有足以與羅馬天主教相比擬的宗教階級制度，也確實沒有可以成爲反抗目標的特定、正統觀念存在。因此，種姓制度的持續性很強，而且可塑性也極大，它的具體表象是，以產生另一個細胞來容忍新事物的具地方性協調的社會細胞所組成的巨大個體。這是等待外來征服者的命運，一如在伊斯蘭的階級制和甚至於歐洲人的一般。實際上，他們也變成另外一個階級，雖然他們在厭惡分級的等級上，與他們在政治權力分級的等級上是相反的。我曾在某書讀過如下一則故事，在英國人統治的早期，好的印度人，在與英國人磋商完後，總是習慣於洗全浴以去除身上的污染。

　　不過，如上述對階級制度的反對，甚至於在隱蔽的形式下，亦不多見。在英人統治的時期以及很可能更早時，整個種姓以說服成員從事婆羅門節食、忙碌和婚姻實踐上來提昇自己在貴賤分級上的等級的作法，則是較爲常見的。能夠燒掉寡婦是一個階級社會能達成的決定性徵象。在提供需要由較高階級設定的模式的忠誠和嚴格的紀律運作的集體向上流動的形式之下，印度的社會更限制了政治反對的可能性。因此，這個制度是強調個人對階級的責任，而不是個人對社會的權利。對社會的權利，傾向於屬於對群體的權利，對階級的權利❺❽。它的犧牲者對個人降級的心甘情願的接受以及特定敵對目標的不存在，爲悲慘困境負責任的特定點，這些特點，使得印度階級制度以一種如卡夫卡(Kafka)所描寫的世界，而更爲怪誕與諷刺，令現代西方人吃驚。在某個程度之內，這些反面的特徵可能是由於英國人的佔領而帶入印度社會的變形所造成的結果。就算如此，它也是一種在英國人出現之前就已存在的特徵變形，而且它們的本質，在繼起的悲慘境況形成的原因中，佔了不少的份量。

　　暫時要而言之，我認爲，作爲勞動的一種組織，種姓制度是在農村造成耕耘不良的一個原因，雖然它並不是唯一的一個。此外，作爲地方共同體的權力組織，種姓組織似乎更明顯地阻止了政治的聯合。正由於它的伸縮性，印度的社會似乎使得基本的改變非常困難。然而，它並非不可能。誠然，取代蒙兀兒人的新征服者，已種下了他們及他人都猜不出結的是什麼果的種子。

第四節　1857 年之前英國人所造成的變動

　　英國對印度社會的衝擊，並不是在三個世紀以上的期間，而是由一個不變的原因繼續運作所產生的結果。英國的社會和去印度的英國人的特徵，在伊莉沙白時代和二十世紀之間，有極大的變化。一些最重要的變化，大約發生在 1750 年～1850 年這一世紀之間。十八世紀中葉，藉着東印度公司，英國人仍然以商業和搶刼爲目標而組織起來，所控制的地區不超過印度領土的一小部分。十九世紀中葉之際，他們變成印度實際上的統治者，他們以公正和公平交易的傳統而驕傲地組織在它的官僚制度之中。以現代官僚制度的社會學理論的觀點來看，由於第一手的歷史資料極不明確，因而幾乎很難斷定這種改變如何能發生；一方面有一夥不太容易與海盜分開來看的商人，另一方面有一連串處在沒落中的東方專制制度。吾人還可以很合法地把這個社會和歷史的矛盾推得更遠；從這個同樣屬於毫無希望的混合，最後卻出現了對民主制度有著正確主張的國家：

在這個奇怪混合的英國方面，發展的路線概括說來有如下述。伊麗沙白時代，英國人是爲了冒險、國家的生存、商業以及搶刼的綜合目標而來到印度：由於傳統基督教中世紀文明的沒落以及一個新的且更世俗的文明之興起，而在整個歐洲造成了能力爆炸的情況下，這些動機和原因眞正是不容易被看出來的。雖然在印度可以發大財，不過很顯然地他們不久就意識到，要達到這個目的，領土基地是必須的。假如一個人想購買胡椒或靛青染料，要想以合理的價格得到它們的唯一的方法就是，必須留下一人駐留當地，在收割時節價格下跌時去議價，並且囤積起來等船。從爲了這些原因而蓋的倉庫和古堡爲起點，英人漸漸進入農村，購買靛青染料、鴉片、黃麻，並且爲了貿易而控制住價格。由於地方當局的行爲似乎不穩定且不可預知，故而抓住更多眞正權力因素的趨勢就很強烈：當然，同樣地，驅逐其他歐洲對手的趨勢亦如是。同時，一如我們所看到的，蒙兀兒體制已經走下坡。1751 年克萊武將軍(Clive)在亞寇特(Arcot)的勝利之後，大蒙兀兒只剩驅殼；1757 年克萊武將軍在布萊塞(Plassey)的勝利，結束了法國霸權的奢望。縱使不是無意識的，英國之取得這個帝國，是有它自衛因素的一面：法葡兩國人士與當地統治者勾結，試圖驅逐英國人。英國人就反攻。在擴展他們的領土據點時，他們取得被征服的領土的歲收，如此就強迫印度人大幅度地爲它們的征服而付出代價。在取得更大的領土之後，他們慢慢地把他們自己由商業性的搶刼者轉變成與可用的小勢力之間，尋求建立和平以及秩序的較和平的統治者。基本上，領土責任的取得是整個過程以及他們走入得歸因於英國人正義觀念的官僚制度之改變的關鍵，而這個官僚制度也呈現出與阿卡巴的政治安排驚人的類似之❸。直到今天，這些類似點也絕沒有消失。

　　大略而言，這就是英國人從海盜走入官僚制度的演變。對印度社會的三個相關的結果跟著產生：經由在農村的法律、秩序、正規稅收和財產的樹立而開始農業商品化，但這種作法失敗了；第二、部分農村手工業的被破壞，以及最後在 1857 年的叛變中，掙脫英人桎梏的失敗企圖。反過來，這三個過程為直到今天所發生的事塑造了基本的架構。

　　讓我們先由稅收開始分析其中的關聯。十八世紀末期，儘可能的快速累積財富打道回府的舊式觀念，在負任務的英國官員中，已不存在。在他們致力於建立穩固的政府形式中，並沒有任何徵兆顯示他們有儘可能地榨取這個國家的企圖。然而，他們最初的興趣與阿卡巴的正好相同，都希望在不激起危險的不安的情況下，取得支持他們的政府的歲收來源。短時間之後，有人認為印度可能在短期內變成另外一個英國以及為英國貨物而存在的巨大市場。不過，在印度的英國人之中，卻認為這是極其小的趨勢。當英國人一旦取得重要的據點之後，以商業的動機為英國人駐留印度的主要解釋，就行不通了。真正的原因可能更為簡單。離開印度就等於是在沒有被打敗的情況下，承認失敗，這點是在我所知道的範圍內，還不曾被嚴肅考慮過的。而上，假如他們要留下來的話，那他們就必須找出能允許他們這麼做的可行基礎，這就意味著徵稅。

　　關於稅收如何估計及徵收的決定，對研究印度事務的學者而言，就是名為"清帳"（Settlements）的，這是一個乍看之下似乎非常奇怪的用語。然而這種用語卻是非常適當的，因爲如何徵收稅收的決定，確實是想用使得當地居民都能很安穩地處理他們的事務的方法，來"清理"一連串複雜的問題，現實中的清帳是英國的政策偏見以及印度社會的結構，和在一個特殊地區緊急的政治情況的綜合結果。所有這些因素因時因地而有很大的不同 ❻。由於十九世紀最後幾年以及二十世紀上半期期間，當較深的經濟和社會潮流逐漸形成時，在英國佔領的聯合衝擊之下，一些主要的相異點已變得越來越不重要，因而不需對它們詳加分析。對這個研究重要的是，它們在印度社會發展的一般路線中所佔的位置。簡而言之，清帳是整個農村改變過程的起點，由這兒開始，法律、秩序與財產附帶的權利的引用，大大地強化了寄生地主的問題。而更重要的是他們組成了一個外國人地主以高利貸者向農民榨取經濟剩餘的政治和經濟制度的基礎，而他們卻沒有成功地把這個經濟剩餘投資到工業的成長上，也因此排除了重覆日本一樣邁入現代紀元之路的可能性。當然，其他的障礙也存在，而且甚至可能有其他印度人也可以找到的進入現代紀元的途徑。不過由英國的行政制度和印度的農村社會的混合體中所產生的農業制度，也足夠決定性地去除日本的選擇方式。

　　第一個而且是歷史上最重要的清帳是 1793 年在孟加拉實施的永久清帳(亦名"中間人解決方案"〔Zamindari Settlement〕)。就英國人而言，這是一種避開管理一個他們幾乎完全不懂的複雜的本土稅收制度的難題而能取得收入的企圖。它同時也是一個致力於在印度的社會舞臺上，引進經營地主的奇怪作法，而這種地主，在英國農村，就"進步"的影響而言，他是達到了他的重要性的高峯。就印度而言，重要的特徵是運用蒙兀兒行政作風，這個中間人就是我們所知的處於統治者和農民之間的本地收稅官員。當蒙兀兒制度正常運作的時候，中間人至少形式上不是財產的所有人。而當蒙兀兒制度沒落時，他事實上就與二十世紀的中國軍閥一般，取得財產所有權。英國總督克倫威爾爵士(Lord Cornwallis)認為，中間人是一個極可能變成企業化的英國地主的社會人，假如他取得一個將來他不會因被徵太多稅而破產的保證，這種中間人將會開墾農村土地，並且創造高生產性的耕作。這是英國堅持永久清帳的原因。在新政府治下，中間人取得被承諾具穩定性的財產權。同時，他仍舊一如在蒙兀兒人治下，是一位收稅人。依永久清帳的條文，中間人由佃農處收取的歲收中，十分之九交給英國人，十分之一作為中間人的"辛勞費"(troubled responsibility)❻。雖然永久清帳方案證明比其他大部分的人類發明還更符其名——它持續到 1951 年——它的結果對創立者而言，卻是極端失望的。首先，英國人把估價訂得太高，並驅逐沒有能賺入歲收的中間人。結果是許多中間人失去了他們的土地，而由我們現在應稱為合作者(collaborators)的人所取代。英國人稱他們為"可敬的當地人"(respectable natives)。十九世紀中葉之際，也就是在色坡叛變(Sepoy Mutiny)之前不久，在大部分已經永久清帳的地區，約有 40% 的土地是在這種方式下轉移的❻。這個叛變的重要動因之一就是這些被剝奪了地產的中間人，而新近得勢的這些人，對英國當局而言是暴雨中的堡壘。反過來，正當十九世紀期間，在個人稅負不變而人口的增加使得稅收增加的情況下新近得勢的這些人之中，大部分變成寄生性的地主。

在孟加拉和永久清帳的地區內，英國的政策只是加速和強化了走向寄生地主的趨勢，認識到這點是很重要的。也就是說，英國的政策並未創造出這個新的社會階層。1794 年關於孟加拉的一份最具啟發性的報告很清楚的指出，印度農業社會中的主要病根(這種病根在二十世紀的報告中，也常受到強調)，早在英國人統治之前就已經存在❸。這些病根，指的就是懶惰的地主，租佃權的多重化，以及一群毫無財產的勞工。市場經濟使得這些問題在人口過度密集的河谷變得較為劇烈。在遠離市場的內陸地區，它們就比較不嚴重。在這些地區，地主尚未由收稅的官員中產生。在布哈南的三本馬德拉斯省旅行報告中，我沒有找到任何表示出在當地人和英國人的眼裡，地主已經變成寄生性的跡象。所有的只不過是一個輕微的債務問題。雖然農業勞工和甚至奴隸確實存在於某些地區，不過，我們幾乎很難將它們冠以農業無產階級的稱號❹。

　　南印度是這個國家另一種清帳方式廣泛盛行的地區。它就是"Ryotwari"制度(此字源自"ryot"，雖然也有其他的拼音，但意指開墾者)，因為這個地區的歲收是直接向農民徵收而不假手中間人。在其他一些地區，蒙兀兒王朝早就這樣作了。永久清帳的失敗經驗，當地盛行家長制以及英國人關於需要勤勉的農民和寄生性地主的經濟觀點(這是李嘉圖地租理論所清楚敍述的)，這些原因，終於促成了免於地租率永久固定化的"Ryotwari"制度的產生。我以為，更重要的是，1812年使用這種方法的馬德拉斯省地區，已沒有執行清帳的中間人存在的事實。此中原因在於，在這一地區的地方王族，由於犯了與英人作對之過，英國人於是消滅了他們，僅留下少數，從英國那裡領取年金❺。就目前的研究觀點來看，"Ryotwari"清帳的主要意義是消極的：它並沒有阻止寄生性地主的出現，在一般適當的時間之後，這個問題在南印度的許多地區也與北印度一樣嚴重。一如所已提到過的，根據當代文獻和較近的歷史記載，不同型式的清帳稅收制之間的相異點還是很

大，不過，不久之後，在財產所有權的保障以及人口增加的影響下，
這些相異點，就有趨於消失的傾向。

　　廣義而言，和平以及財產是英國人佔領期間，使得在這個次大陸
的農村中，處於醞釀時期的變動，慢慢付諸行動的第一個禮物。第二
個禮物是英國工業革命的產品：由大約 1814 年到 1830 年，淹沒了許
多印度農村並破壞了一部分本土手工業的紡織業。首當其衝地遭受到
這個困境的是生產高品質貨物的城市織工，或者特別是馬德拉斯省地
區爲了市場而以紡織業爲主的鄉村。爲了地區性消費而生產粗糙貨品
的普通鄉村織工，比較沒受到影響。在迫使城市織工返回耕地並減少
城市僱工機會的情況下，就產生了間接的影響❻。雖然對印度社會的
衝擊似乎在 1830 年代最爲嚴重，不過，紡織品的輸入在十九世紀期間，
仍繼續著。負責印度事務的英國官員極力的維護印度的利益，不過，
並沒有成功❻。極具諷刺性的是，被收集在印度官員和學者羅墨旭‧
杜德(Romesh Dutt)作品中的英國官員的陳述，似乎也是印度民族主
義者和馬克思主義者所贊同的論點的來源，這個論點認爲印度是英國
人由於自私的帝國主義的原因而將之降低爲農業國家的製造業的國
家。這個論點，在這種毫無掩飾的形式之下，是一種無稽之談。手工
業被破壞了，它不是現代意義的製造業，而且在手工業蓬勃發展的時
期，印度仍然是一個農業佔優勢的國家。而且，這種破壞遠在現代獨
佔資本主義發展之前，已經發生。不過，隨隨便便地放棄這個論點也
是不行的。就算錯誤的理論性類推由它而來，困境事實上依舊存在。
而且我們慢慢也會看到，在某個程度之內，英國反對印度工業的發展
也是一個事實。

　　稅收和紡織業，對印度農村社會——當然，印度社會大部分是農

村——帶來了巨大的衝擊，以致於對現代的歷史學者而言，叛變似乎是可理解的。這種衝擊並不僅是上述所簡短描述的而已。某些具有深遠影響的衝突繼續起作用，從而成為引發暴動的重要原因。在印度北部和西部，一種介於"中間人"(Zamindar)和"Ryotwari"之間的土地解決方案，在 1833 年之際被實行。只要在有可能實行的地方，這種制度與其說是庇護地主，不如說是偏向全體村民，村中的各個集團共同分擔政府的稅收❻❽。同樣的事件亦產生於烏德省(Oudh)。在這些地方，英國人驅逐了當地的土地貴族，這些土地貴族是由村子中收集歲收，並且靠他們所收和所繳交給當地政府之間的差額以維生的包稅人的一種。烏德省也是孟加拉軍隊補充兵源的重要中心，它們在得知英國人吞併了他們的國家之後，着實遭到嚴重的一擊❻❾。這個暴動最後而且最直接的原因是那個有名的有關油脂彈藥筒的謠言，這個謠言提到新的槍隻需要士兵咬住故意用豬油或牛油塗髒了的彈藥筒。

　　烏德省土地貴族的被驅逐，與其他的事實一起使得許多史家認為土地貴族的懷恨是叛變的主要動因，而且也將叛變之前英國人改革性利於農民的政策與叛變後，利於土地貴族的較保守政策做了對比❼⓿。這個似乎是一個稍微誇張的且蒙蔽了一個較重要且較廣的真理的部分真理。對於英國政策的原因和所導致的效果，兩者而言似乎有比這個詮釋所呈現出來的還更多的連續性。英國統治印度的期間，對農民的態度是家長式的，因為他們認為強悍、樸素的人民，正是統治權力的根源和正當化的基礎，這種浪漫、自利的觀念，是英國政策中強有力的主題，雖然這種政策究竟可在農民身上獲得多少利潤還是有疑問的。

　　雖然農村階級關係非常重要，不過，要把它放在更大的背景下來考察，才會顯得有意義。特別是印度，農村的狀況與種姓和宗教的關係難分難解。因爲它們一起形成單一的制度複合體。叛變的事件在印度社會中所揭示出來的裂痕，乃是特定物質利益所支持的被嚴重侵犯的正統派，與或因英國政策得利或不太受其干擾的人的溫和態度之間的裂痕。這個裂痕，橫過宗教的界線以及在某個程度內，也橫過物質利害的界線。在裂痕的兩邊，都有大量的印度徒和伊斯蘭教徒 ❼。而且在烏德省農民與他們以前的主人，一起對抗英國人的入侵。因此，我們似乎可以很公平地總結道，不論英國人做了什麼或試圖做什麼──如我們所知，他們在不同的地方及不同的時間，都做了非常不同的事──他們很可能都在挑動黃蜂的巢。總而言之，由於只有有限可供使用的小力量，征服者所作的似乎只屬絕對需要的。叛變之前的時代"改革"，是非常稀少的。

在一個更深的因果關係的層面上，叛變揭示了西方人的入侵，是如何對印度的社會構成基本的威脅，而這個西方人的入侵是具有強調商業和工業，對物理世界抱持入世的及科學的態度，以及強調對工作所具有的可見的能力而不強調出身的。不管一起或分開來看，這些特徵與一個具有種姓制度和宗教制裁的農業文明，是不能並存的。英國人的腳步是謹慎小心的。在印度本地的英國人也不想自找麻煩的將他們自己整批的社會架構運用到印度、或只爲了商業上的平靜而引用改革，爲了自己的存在而提供物質支援、或者在印度習俗大大地侵犯英國人的意識之處，給自己找麻煩。

後者之中的一個，就是燒寡婦(Sati 或 Suttee)，在丈夫去逝時，燒死或殺死寡婦的習俗。這個習俗激怒了許多英國人。在孟加拉，一般而言，寡婦「通常被綁在通常已腐爛的屍體上；人們拿着棍子站在旁邊，並且在繩索被燒斷後，用棍子把她推回去，而這個被燒焦以及燒殘的犧牲者，爲自由而掙扎着」⓱。至少在十八和十九世紀，絕大部分的情況下，這些女人都帶着驚恐和害怕進入火焰中。許多人都知道1840年代，有名的英國軍官面對着主張燒寡婦是印度的民族習俗的婆羅門回答道：「我的民族也有一個習俗。當人們活活地燒死女人，我們就吊死他……。讓我們都按民族習俗來做吧！」⓳這樣的一個習俗，對於那些堅信所有文化都具有同等價值的人，無疑是個嚴峻的考驗。有一段很長時間內，爲了害怕引起全國的敵意，英國人在反對燒寡婦上所採取的僅限於單獨的行動。直到1829年，在英國控制之下的主要地區，才正式取消這個習俗⓴。然而，這還不是整個故事的結尾；它也還未完全結束。認識印度的人告訴我，燒寡婦的零星事件仍然發生。

英國對宗教的官方政策，已足夠使得本質互相矛盾的印度敎和伊斯蘭敎兩種正敎發生警戒。(就這點而言，我們必須記得，甚至只是一點的經驗科學，對於僧侶來說都是一種威脅，因爲僧侶是本地文化的創造者和捍衛者，並且也是藉此而獲得錢財者。)一方面，英國政府每年花費一大筆錢，來維護回敎寺院和寺廟。另一方面，他們允許而且甚至於在一些地方上，亦鼓勵基督敎的傳敎。傳敎士聲稱在1852年，他們有22個團體及313個據點，雖然只有443個傳敎士⓵。由傳敎士所創立的本地語學校，敎女孩們如何讀書和寫字，這種情形激起了人們恐懼這些技藝將有助於引起女性陰謀以及任何學習讀書寫字的女性將變成寡婦⓶。這個事實與燒寡婦的反應一般，暗示了印度人懷恨英國人的重要原因之一。也就是歐洲人用各種方法干涉了印度文明中，極端被強調的男性性別及個人特權。這點事實，並不排除在許多家庭生活上，較年長的女人所具有的控制權。另外，軍隊、監獄以及在叛變之前才啓用的鐵路等英國人的日常生活中之行動，引起印度人恐懼英國人企圖破壞印度社會骨幹的種姓制度。印度人在這一點上，過去和現在所具有的敏感度如何，是很難下判斷的。有一些種姓之間混合之後而沒有引起困擾的當代事例，可讓我們看出西方人可能過高地估計了這種情感的重要性❼。然而，毫無疑問的，英國人的入侵，就整體而言，已經激發了足夠的可燃物，一旦火柴將它點燃之後，就可以引發一場大火。

一部分是因為叛變有一連串自燃的特性，因而英國人在這場大火中，還能倖存。在許多地區，特別是印度中部，人民似乎已經準備好叛亂，但是卻被地方當局監視著。以當地王公型態出現的舊土財主和在英國保護之下成長的新貴的混合，似乎是幫助英國人的主要社會力量。主要是西北省份和烏德省，農民和統治階級感情的結合，產生了大眾的暴動❼。基本上，叛變是一種恢復被假設存在於英國人征服之前的理想化現狀的企圖。就這個意義而言，它是一個十足保守的暴動。它廣泛受到人民支持的事實，似乎與這種評估相抵觸，不過，在當時的情況下，卻強化了它❼。由於英國人以征服者以及新文明的主要媒介人的姿態出現，我們就很難看出叛變如何會是其他的東西。叛變的失敗，使得印度循著日本路線發展的遠景消失。無論如何，這種遠景是如此的遙遠以至於根本不需考慮。這不是因為外國人有強大的據點。英國人可能被趕出去似乎也不是愚蠢的看法。關鍵性的問題是，在印度的情形之下，外國人的出現，造成了保守的解決方式。印度太分裂，太無組織而且也太大，以至於無法像日本一樣，由少數農民的協助就能統一於分歧的貴族之下。幾世紀以來，一個使得中央權力在實質上是多餘的社會已經成長，也許它與生俱來就是掠奪性和寄生性的。十九世紀中葉，印度的情形是，分歧的貴族和農民，只有在對現代化激烈的憤恨之下才能合作。他們不能像日本，利用近代化來驅逐外國人。
等到英國人被趕走的時刻到來，還必須要 90 年的時間。雖然新的因素
同時也進入了當時的情況中，不過，在趕走英國人的努力中，保守的
力量仍然是非常強大的，它足以使得走入工業社會的繼起奮力嚴重地
癱瘓。

第五節　1857～1947 年英國強制下的和平：地主的樂園？

　　在平定了叛變之後，英國人在印度執行了將近一世紀的法律、秩
序，以及達成了十分像樣的政治統一體。第一次世界大戰之後，存在
著在數量上和程度上都增加的政治性騷動，但最後並沒有達成完整的
統一體。雖然有著上述的限制，不過印度在 1857 年～1947 年間的和
平，還是可以與世界其他地區動蕩的歷史過程，形成鮮明對比的。

　　它所付出的代價是另一回事。法律和秩序的政策，有利於已具有
特權的人，其中包括一些沒有太多特權的人。這就是英國在印度的政
策所造成的結果，雖然這個政策也慢慢地在推動其他更深刻的力量。
英國人的統治主要是植基於鄉村的印度高階層，以及國內許多地區而
不是全部地區的土王和較大的地主們之上。在一些較重要的土王宮廷
內，都有一位英國進駐該地的顧問，他控制"對外"關係，並且儘可能
不干涉內務。在他們控制的地區，英國人主要是與叛變之後正在上昇
的勢力合作❽。

　　依賴農村高階層傾向而造成的一些主要的政治結果，值得我們馬
上去注意，雖然等一下我們還需要更詳細的解釋。十九世紀期間當這

個傾向慢慢出現時，它把印度新興中產階級中的商業和職業階級疏離
了。以把高階層地主階級與微弱的新興都市領袖隔開的方式，英國人
的統治阻止了具保守特徵的日本和德國模式之聯盟的形成。這個可以
被認為是走向議會民主制在印度的土地上最後被樹立起來的決定性貢
獻，它至少與印度職業階級緩慢吸收英國觀念的現象同等重要。如果
沒有至少在組織結構上的有利條件，這些觀念也僅止於文字玩物。最
後，英國人的統治迫使印度的中產階級為了獲得大眾的基礎而去適應
農民。這種有點奇怪的情況是如何達成的以及它所帶來的一些結果，
將在下一章中討論。

　　除了法律和秩序之外，十九世紀期間英國人還將鐵路和不少灌溉
系統引進印度的社會。商業化農業和工業成長之所需，似乎都已具備。
然而，所有的成長，似乎都失敗且微弱不堪。為什麼呢？我認為答案
的關鍵是在於英國強制下的和平(Pax Britannica)使得地主以及甚
至於放利者，得以把在農村中所產生的經濟剩餘放入自己的口袋中，
而在日本，卻把這個經濟剩餘用來支付工業化的第一個艱苦時期。英
國人以外來征服者的身份，在印度不是要引發一場工業革命。他們不
是以模仿日本或俄國的方式在鄉村徵稅的人。因而，在盎格魯薩克遜
法律之下的公正(justice under law)的保護傘之下，寄生的地主比在
日本還更糟。把責難的箭頭全部對準英國人也是荒謬的。由前面一章
中所討論到的許多證據顯示，在印度本身的社會結構和傳統中，已經
與生俱來地存在著這個導致毀滅的種因。英國人兩個世紀的佔領，只
讓它在印度的社會中更廣泛地擴張及更往深處植根而已。更特別地是，
英國強制下的和平使得人口上升，且為了土地的競爭，使得租稅漲高。
雖然在英國法庭內可強行的財產權的新立法和政治架構，在提供地主

新武器方面，扮演了一部分的角色，不過，至少直到最近，地主在增加稅收方面，越來越不依賴這些，而越來越依賴經由種姓制度和傳統制裁的農村組織。

我以爲，這種特殊的從農村地區搾取經濟剩餘的方法，以及隨之而來的國家不能直接把這些剩餘投資於工業發展的情形，比起其他的一般解釋——諸如種姓制度的作用，與此相關的文化傳統惰性、企業家缺乏潛力等等——更爲重要，應該是成爲解釋印度長期落後這一複雜歷史因果關係中的重要關鍵。雖然這些因素都各自扮演了它們的角色，我們也有理由認爲它們是從出於由上面所討論到的搾取剩餘的方法。甚至於在種姓制度更爲強烈的農村地區，階級的障礙，也在那些由於地方情況的不同，而有走向更徹底的市場經濟的一些動力存在的地方，呈現出崩潰的徵象。大體而言，種姓制度似乎是由農村地主的上層階級，爲了自身的利益以及上面所陳述的理由而被維護著。我將慢慢地說明這些。

這種解釋，從大致上來看，似乎有一定的說服力。然而，當我人試著在矛盾和瑣碎的證據中考察時，下列兩者中的一種情況，可能發生。一種是確定的事實可能變成亂七八糟的一團事件；另一種或者所有的證據可能被經過一番選擇之後以產生出一個太過流暢以至於不能成眞的論證。任何作者面對這種狀況，要想說服一個道地的懷疑論者，似乎是一籌莫展的。然而，或許可以這麼說，在研究這一段印度歷史時，我曾懷疑寄生地主可能是一個由印度民族主義及半馬克思主義的作家所創造出來的傳奇性社會人種。但是，有許多證據使我相信他是眞實的，其中最重要的，我現在將敍述如下。

對於印度未經歷農業轉化爲商業的一般論點，我們列舉一些例外來討論，或許是值得的。雖然印度沒有變成一個爲出口到經濟更先進的國家而生產原料的農業殖民地，不過在十九世紀期間及更早一點，已經有少數有限的朝這個方向進展的開端。自很早以來，印度人就生產棉花、黃麻只爲地區性的用途而種植，並且在十九世紀中期變成商品作物。隨後接着而來的有茶（主要產地在阿薩姆）、胡椒及靛青染料。生產這些作物的栽培方法，從接近單純的大規模種植到借貸給零細耕作者的農村放債制度❸。

從地區和人口數來看，這種半農場式的經濟仍然很小。否則，政治民主制度的建立，可能會一下子面臨所有無法克服的障礙。在我們對美國南方做過研究之後，這點即無需再深思。面對着地理和社會因素之組合的外來競爭，給予農場制度無法在印度取得有力的地位，提供了一個差強人意的解釋。印度的棉花是無法與美國的競爭的；雖然還很可疑，不過很可能在美國內戰之前，本土紡織業的抑止導致了這種結果。人工染料的發明，破壞了靛青染料的貿易。黃麻只種植在孟加拉和阿薩姆區，雖然也有可能種植在其他地區。主要的限制似乎是社會學上的。因爲很難控制衆多小耕農的作業，因而放利制度的農業方式並不是非常有效的。此外，一個很率直的僱用奴隸或半奴隸勞工的農場制度，可能需要一個有效的壓制性機關。要大規模的創造這麼一個機關，就超出了英國人或印度人的資源能力之外的，而時間越往前移，這方面的困難就越增加。

當英國人的權力鞏固之後，與世界上在同樣條件下的其他地方一樣，土地漸漸具有與工業製品一樣的特性。雖然土地不能像壺或鍋一樣地再生產並在市場銷售，至少它能被買賣。它具有可以金錢衡量的價值，而且在財產很安全的情況下，人口壓力的增加，這個價值也相對地直線上升。對於能幹的觀察家而言，這個上升，在叛變之後變得非常明顯。有許多徵象顯示這個過程很早即已開始。1880 年的飢荒委員會肯定，已有證據顯示，在先前的二十年中，印度各地的地價都上升❷。馬耳康・達林爵士(Sir Malcoln Darling)提出一些驚人的數字說明這點，主要是從旁遮普(Punjab)開始，雖然這個過程是發生在印度所有地方。1866 年值 10 盧比一英畝的土地，在 1921 年～1926 年之間，賣價平均每英畝 238 盧比。在不景氣時，則有一段停頓的時期：1940 年，只達到 241 盧比，1862 年～1863 年政府慶幸土地的售價一如七年的土地歲收價值。1930 年，相對的數字則為 261 ❸。

　　市場經濟的局部入侵以及土地價值的上升，改變了放債者的角色，這個放債者是農村中一個重要的人物，現在也需要讓我們來認識他一下。他的存在已經很久了，他並不是英國統治下的新人物。有徵象證明在英人統治之前的農村，經濟上的交易很少或甚至不用現金。到今天，許多地區的工匠階級，仍然以分穀物的方式獲得他的服務給付。但另一方面，甚至於在阿卡巴時代以及毫無疑問地遠在這之前，稅收廣泛地以現金支付。在這裡，放債者就進入了農村經濟之中。雖然不可一概而論，不過他時常是屬於特殊的一個階級。農民抱怨收成時以低價賣掉產物，而日後在應急和高價的條件下買回一部分的情形，在蒙兀兒時代是很平常的❹。在傳統的經濟中，他執行了兩個有用的功能。第一個是在豐收和飢荒時期，他扮演了予以大約平衡的角色。除了嚴重的飢荒時期之外，農民自己若短缺穀物，可以到放債者之處貸穀。第二個是當農民需要錢付稅時，他通常是現金的來源❺。他當然不是在毫不獲利的情況下執行這二個功能。此外，傳統的農村共同體似乎也限制在往後的情況下，變得較沒效力的勒索的界限❻。同時，一個緊密結合的共同體所具有的傳統制裁方式，有助於債務的保證，並且使得放債者以最少的形式上的安全，換取可觀的數額 ❼。整個情形似乎對所有相關的人至少大約可以接受：值得一提的是印度法律缺少西方對利息的收取所具有的敵視態度。

在英國人來臨之前，放債者一般的目標是：

> 農民的作物，而不是沒有人耕種的多且無價值的土地。這種情形一直持續到十九世紀後半期，也就是說直到土地價值開始上昇以及英國經由法庭對財產的保護開始廣泛地具有效力時，而後者是一個被叛變以及接着而來的對農村中有財富有地位的人漸增的依賴所強化的傾向 ❽。這個時候，放債者就開始改變他的策略，並且試圖取得土地的所有權——不過他們仍然把農民留在土地上為他工作並創造出穩定的收入 ❾。

這種情況在 1860 年和 1880 年之間達到高峰。1879 年德干農業救助法案（Deccan Agricultural Relief Act）才開始試圖限制移轉的權利並保護農民。在十九世紀的其餘幾年中，同樣的法案在印度的其他地區也通過了。主要的條款是禁止土地轉移給不耕種的階級，換句話說，指的是放債者。由此產生的主要結果是使得農民已經有限的貸款緊縮，並且鼓勵了可以借錢給他們窮苦鄰居的耕種階級中之富農階級的成長 ❿。雖然，關於土地正式由耕種者手中轉移到放債者或富農手中的情形，並沒有統計數字來算出比例，不過由 1880 年的飢荒報告（Famine Report）中，已經很清楚的顯示出這個問題已經很嚴重，而且有長期發展到後期的傾向 ⓫。大部分地區，放債人屬於不耕種的階級，而且，在旁遮普，是屬於印度敎而不屬回敎。有很長的一段時間，典型的代表人物一直是農村中的零售商。因而，合法的轉移，對耕種本身，並沒有造成制度上的眞正不同。從前的耕種者仍然擁有他的土地所有權——在某些地區，以高租金總額而不以他所負的債務之利息來回收他的剩餘❷。這種趨勢一直持續到最近。雖然沒有具體的數字，不過能幹的觀察家認爲土地由耕種者手中轉移的趨勢，在不景氣時還持續著，直到第二次世界大戰的繁盛時，才至少暫時地停頓下來❸。

　　因而，有限的現代化的主要結果之一，就是將由農業榨取來的經濟剩餘，導引入新的所有人手中。在旁遮普，1920 年代晚期債務利息對每一個農業人口每年爲 104 盧比，而土地稅收比率爲 4 盧比❹。這些債務並不是全部屬於放債者所有；其中的一大部分歸屬較爲富有的農民。雖然在 1920 年代 4 個納薪資稅者中有一個是屬於放債者，不過他們也不全都生活在奢侈豪華中❺。這些數字雖然只是約略的，不過它們卻顯示出印度農民確實生產中一個可觀的剩餘，而這個剩餘卻不歸入國庫。印度農民在原始資本累積的許多痛苦中受難，而印度的社會卻並沒有因此蒙利。

　　土地轉移到放債者手中的情形並沒有帶來強化耕種單位的效力。印度沒有經歷過眞正的圈地運動。它也沒有引起任何耕種技術方面的改進。直到今天，耕種的方法和工具還是非常落後的。根據第二次世界大戰之後不久的印度官方記錄，當地所使用的犁（*Deshi*）和其他的工具，基本上與一千年前所使用的沒有兩樣❻。與世界上其他國家比較之下，印度農業的特徵仍然是大部分的主要作物平均英畝都是一貫性的低產。最重要的作物仍是稻米和麥類，且前者比後者重要。1945年時，這兩種作物大約佔食糧作物種植地區的一半，但若以產量計比例則更高❼。在缺少任何本質性的技術革命之下，雖然大部分的農耕者至少賣掉他們生產中的一部分，不過作物中的大部分，甚至於在二十世紀，仍然只爲維生而種植的現象，也就不足爲奇❾。

在這一點上，我們最好暫時停止討論整個印度，並且至少簡短地研究一下，在這個國度的不同地區，地主制度的發展及其特徵。我們可以先從孟加拉開始。因爲我們知道在孟加拉，問題的主要特徵，已經先於英國衝擊的整個力量而存在。而這個地區所得到的資料，首先以說明有時候寄生地主也達成經濟任務，以及再者，寄生的情況深入農民本身的階層中的方式，來闡明寄生性地主的形象。

1800 年左右，在孟加拉的農村中，佔不少面積的荒地開墾工作，孟加拉的中間人，雖然不是很熱衷，不過的確扮演了一個角色。他們主要是以對農民加以不同壓力的方式達成。例如，以免除租金的方式，他們時常說服較未開化的部落開墾、殖民荒地。等到這些土地變成可耕地之後，中間人就尋合法路線將這些佃農驅逐出去，並以願意出大筆租金且技藝較高超的佃農來取代他們。據稱利用這種方式以及例如對佃農徵特殊稅款的方式，這些中間人在 1800 年到 1850 年之間，稅款稅率增爲兩倍。大約在 1850 年之後，中間人越來越變成只有一個收稅人，而且並不太管耕種的擴展和農業的改進❾。

大約在叛變的時期，根據一位現代學者的判斷，在永久淸帳之下的農民權利已經破壞到使他們事實上只成隨意佃農（Tenants-at-will）的地步。在叛變之後不久，英國人曾採取一些補救的措施。由於孟加拉倖免了叛變的最壞影響，因而他們得以如此做，也因此，沒有懷柔地位已經非常穩固的地主階級的必要⓿。早在 1859 年開始，英國人試着以一連串的佃作法案，賦予佃農某些程度的保證。類似的法案也在印度的其他地區被通過。主要的條款是，12 年連續的耕種是取得佔有權的基礎並可對抗被驅逐。然而，一般而言，地主在佃農還沒有達到 12 年的期限時，就將他們驅逐出去。而且，新的立法使得佃權和其他的財產權一樣可以轉移。在發生這些情況的地區，土地的競爭強化了轉租的作風。許多農民在發現利用他轉租的權利比耕耘土地還更有利時，他就漸漸變成一個小的收租人 ⓫。當政府真正所收的稅收被永久清帳所限制和因土地競爭的壓力所產生的租稅之間的不同越來越大時，佃農和轉租佃農之間的連鎖關係就越來越長，直到它在這個地區的一些地方達到驚人的長度為止。

關於土地的使用權問題，較舊的文獻上的記載似乎是，在負擔土地歲收的地主和真正耕種的農民之間，若有人數眾多的中間人時，農民歲收的負擔就比較重。不過情況並不是如此。數量眾多的中間人，僅只是興起於耕種者所付的租稅稅率以及地主所負擔的歲收或稅的龐大差額上⓬。1940 年代，孟加拉的土地歲收委員會(The Land Revenue Commission of Bengal)發現，在租佃權層層分割很顯著的地區，佃租比許多其他印度的地區還少。委員們甚至於結論謂「在孟加拉，增加租金比減少租金更為合理」⓭。關於最後一點，意見也許有所不同。不過有一點是很明顯的。在許多地區，經濟的"剩餘"，並不是完全被富有的靠地租利息過日的人(Rentier)所拿走。而是土地的競爭，導致大多數窮人人口的分裂。正如印度人口調查局所謹慎指出的，印度的農村地主並不僅僅是富有且安閒的收稅人。他可能在掙扎的邊緣生活而仍然做不出任何經濟的貢獻⓮。在靠地租生活的人當中，很可能一大部分是寡婦、傷殘、沒有成年兒子的老弱地主，他們無能自己耕種土地，因此只好出租⓯。在其他地區，遙領地主之中，可能也可以找到鄉村僕役、鞋匠、理髮師、洗衣匠、木匠及其他⓰。我也不知道有什麼資料可以讓我們估計出，在上述幾種分類中，有多少"窮苦的地主"存在。毫無疑問的，他們比富有的靠地租利息過日的人數量還多。我們也不能認為所有的地主都是百分之百寄生的，也就是說，我們不能把他們看成對社會或經濟上毫無貢獻。

上述關於寄生地主制度論點的修正，應該與如何客觀評價這個問題有所關聯。同時，公正的社會學者在訂定它們真正的意義時，必須非常小心。因為現在有一個很強烈的傾向，不是指出資料中的例外或缺陷來避開對現狀的批判，使真正問題變成彷彿不存在；不然就是僅僅出於狂熱的想像。這裡所談的事例，顯然寄生地主制度是一個真正的問題。想擠入他傘下以討生活的多數窮苦人，並不能適當防衛這個與生俱來就是浪費且阻止經濟進展的社會制度。再者，窮地主的人數遠超過富有地主人數的事實，以及關於地主階層中的收入分配缺少適當的統計資料的事實，也並不能掩蓋住極大部分的地主收入是落入少數富有的階層手中的強烈可能性。

現在讓我們來看看南印度地區的發展，在 Ryotwari 制度之下，英國人不經由中間人而直接由農民鄉村收取稅收。

我們可以從大約相當於布哈南 90 年前所旅行過的馬德拉斯省，在十九世紀最後十年內，經由 1893 年出版一本關於馬德拉斯省在前四十年內的進展之備忘錄的一位擔任早期英國註冊處檢查長的印度官員的看法研究起❿。雖然他儘可能地在展示他自亦屬受惠人的英國人治下的進步，不過作者顯然是一位公正的學者型官吏。然而，他所刻劃的是一幅一小群非常富有的地主階級的圖畫，在一群窮苦農民之上，他們把資源揮霍在訴訟和放蕩娛樂方面。在省區內九千萬英畝的土地中，有二千七百五十萬英畝，或者說土地的 1/3 到 1/4 之間由 849 位中間人所擁有。其中有 15 位中間人，每人擁有幾乎五十萬英畝。在他們之下，大約有 4,600,000 位的農民靠"Ryotwari"租佃方式維生 ⑩。據作者的計算，每一個農民家庭約需 8 英畝地才能不依靠爲他人作活而維持生計⑩。大約稍少於 1/5(17.5%)是處在這種標準之下，因而必須爲他人工作以維生，而平均所擁有的土地，大約只比 3 ½ 英畝稍多一點⑩。基於土地歲收利潤而來的這些數字，也必須要謹愼地加以處理。不過，我認爲沒有理由摒棄它們所代表的一般性。在孟加拉省，有些舊的擁有土地的家庭，在 1830 年～1850 年穀物價格低落而他們付不起稅收時，失去了他們的地產。其他人當然就因而獲利⑪。1893 年拉葛維揚葛(Raghavaiyangar)有關馬德拉斯省的備忘錄，與布哈南對於十九世紀早期描述的比較研究，使我們得出一個結論是，英國治下所產生的最主要影響是農民之中土地的短缺，以及一群人數少但極端富有且怠惰的地主階級的出現。

　　據說大約在同一時期的孟買，並沒有足可與印度其他地區的中間人比美的地主。大部分農村的居民，都是屬於直接向政府納土地稅的農民。另一方面，1880 年飢荒報告的作者曾記下，許多農民都有轉租土地，並靠收租和付給政府稅收的差額以維生的傾向⑫。這個證據再次地指陳我們所熟知的一些特徵：人口的膨脹，土地需求的增加，以及在農民中，出現了靠佃租過活的小地主階級(Landlord Rentier)。不久，佃租的問題就產生了。屬於"Ryotwari"制地區如在孟買和馬德拉斯省部分地區的再租佃農，直到英國佔領的末期，都缺乏立法保護。保護傳統權利的努力，開始於 1939 年⑬。1951 年之際，將地主問題的存在縮到最小限度，就成爲官方的政策。不過，1951 年人口調查報告的作者們在一些有趣的細節中指出，孟買附近有大地主階級的存在。

大約在三分之一的地租享有者，獲得了第二種的謀生方式。這兩個事實表現出地主制度和都市商業利益團體之間的親密關係，這種情況可能類似中國的港口城市⑭。

　　我們可以研究一下現在屬於巴基斯坦一部分的麥類生產地之旁遮普的一部分地區，來結束這個地區性的研究。因為這地方是農民種姓之一的傑特人（Jats）的故鄉，他們雖有尚武的背景（這似乎已成遠古的一件事），但他們卻是第一流的農夫，所以在這點上旁遮普是具有啓發性的。旁遮普也是英國人在早期大規模引進灌溉系統的地區。傑出且瞭解印度的研究者達林爵士，在描寫 20 年代的情形時告訴我們，地主集中在印度河的河谷。已耕地中大約有 40% 是屬於他們的⑮。他的摘錄與 1945 年飢荒委員會所做的 2.4% 的地主擁有 38% 的土地的估計一致⑯。大致上，地主被描寫成奢侈浪費，而且對地產的改進方面，沒有任何興趣，他們只想到運動和租稅⑰。1880 年代，經由一個大規模的灌溉計畫，英國確實使得荒地繁盛起來，並且安置了擁有土地面積大小不同的農民以及擁有較多土地的零星散布的農民。英國人希望最後的這一群人可以變成擁有土地的鄉紳，不過，這批土地擁有人的農民，卻變成不住在耕地上的不在地地主，這方面的實驗因而失敗⑱。不過，情況並不那麼糟。達林提到城市裡前進的且具商業腦筋的地主。他們不是來自於英國政策一般都試圖維護的傳統的土地階級⑲。我們所知道的關於印度其他地區，土地由本地傳統地主手中轉移出來的情形，與上述這個暗示在一起就說明了農業中某種形式的資本主義革命，在印度並非完全不可能。與其現在繼續追溯這個問題的含意，還不如把它留到以後再討論比較恰當，到時候可以與尼赫魯時代，致力於引發自願農民革命的問題一起討論。

　　這個地區性的研究顯示出，英國人佔領期間，最明顯的結果之一是逐漸消除 Ryotwari 和中間人地區的差別。第一次世界大戰之前，當佃租問題變得越來越廣泛時，對於它們相關的優點的熱烈討論就停止了。根據一位權威人士所說，甚至在村落內部的組織上，這種差異也在日趨消失 ⑫。在兩次大戰期間，也沒有任何清楚的跡象顯示，這兩個制度中的一個比另一個更具或更不具效力 ⑫。

　　對於英國人佔領期間，佃農人數有沒有增加的問題，我們並不能依靠統計數字本身做出任何判斷。主要的困難是因爲通常一個農民自耕一塊土地，但卻把其他一塊或更多塊的土地出租。因而，收集不同時間的統計資料所用的程式上的不同，在結果上就產生不規則的巨大變動，以致於完全曲解了實際的情況。有一些徵象指出，直到 1931 年佃農的人數有增加。透過毫無疑問的人口膨脹和土地競爭的情況來看，這種增加似乎極有可能。1951 年的第二次人口調查顯示出驚人的逆流，不過，這不能用來當成有效的證據，因爲它似乎確實是因爲佃農和地主意義的改變而形成 ⑫。而且也不是完全毫無疑問的是一如印度民族主義的作家所常主張的佃農的物質處境，在英國人佔領期間，變得更壞。租佃制度本身不是證據，而且，在任何一種情況之下，類似的關係事先也已廣泛地存在。再重覆一次，問題的關鍵是在於人口的增加。加上農業方面缺乏任何實質的技術改進，因此我們可以拿這個事實當做情況變壞的有力證據。

　　我們也不可能得到有關市場重要性增加到什麼程度配合上新的英國法規？才能推動地產集中於少數人手中的變化過程的任何準確的統計資料。在英國人來到印度時，在印度的許多地區大宗地產的存在，都是非常普遍的。而在英國人離開時，據說就比較難得見到了 ⑫。唯一有關印度整體的統計資料，是來自 1953 年～1954 年間所做的研究。由於當時正進行著中間人制度的取消（雖然我們將看到這種取消實在不徹底）而且就這件事情而言，好奇的官吏在一個人地產大小方面的隱瞞可以得到實質的報酬，因而，這個研究事實上只報告了比英國佔領晚期所盛行的還低的土地集中程度。不過，主要的結果是值得注意的。大約有 1/5 的印度農村家庭，是沒有土地的，這個數目大約是一千四百萬到一千五百萬。一半的農村家庭中，所擁有的少於一英畝。他們所分得的土地，大約只有 2％。我們發現在所有的人口區域中，在這階級的較高層農村家庭中佔最高位的 10% 擁有整個地區的 48% 或更多。不過，譬如擁有 40 英畝以上的大地主，只有大約 1/5 **⑫**。所呈現出來的景象是一幅由有著約佔鄉村人口一半的大量鄉村無產階級；不太多於人口 1/8 的小富農階級；以及少數的地主所構成。

很顯然地，在英國的衝擊之下，農村社會結構的主要變化是，農村無產階級人數的增加。就大部分的情況而言，這個階層主要是包括沒有土地或正好有一小塊足夠將他們有效地與地主連結在一起的農業勞工。我們無法說出這一群人當中增加的數量有多少，因為從一個人口調查到另一個之間，分類過程的改變使得做比較變成非常不保險。一位試圖解決這些難題的學者總結道，農業勞工的數字由 1891 年的大約 13% 增加到 1931 年的大約 38%，隨後又變得更為平均，因為隨着印度人口增加而來的地產面積的變小，意味着田地變得更容易由家庭勞力來耕種**⑬**。

在印度，無土地或近於無土地的人，並不是任何一個對農民地產做大規模沒收下的產品。這些農民是極端貧窮的情況，也是一個不爭的事實。在烏塔布拉德斯（Uttar Pradesh）的一個行政區中，那些以農業勞工的身份作工的賤民，所食用的穀粒是由動物的糞便中收集並清洗乾淨的情形，已經是長久以來被接受的習俗。很顯然地，這種作風並不被認爲令人討厭的，而且據說在這個行政區中有 1/5 的人口依此法爲生⓲。這當然是一個極端的例子。不過，它也可以成爲在和平的情況下，文明的人類沒落的例子。一般的情況是夠壞的。

這些有關農村無產階級的概論雖然極爲粗鄙，不過在這裡它們也足夠支持與他們相關的論證的重量。印度農村基層階級的歷史是模糊不清的，確實仍有許多餘地做迫切的且更深一步的研究。有必要重覆的是較低階層的人，並不是英國強制下的和平(Pax Britannica)直接創造出來的。我們甚至於也不能毫無考慮地主張在這些較低階層的人與他們僱主之間的關係，在英國人佔領期間，有基本上的改變⓳。

印度農村社會基層人民驚人的困境(城市人的亦同)，把我們的討論再度帶回到它所開始的中心問題。雖然印度農民在過去的兩個世紀裡與中國農民遭受到同樣多的痛苦，不過印度卻沒有經歷到農民革命。在西方人入侵之前，從它們社會結構中的不同點，以及從這個衝擊發生的時間的重要不同和其本質已經可以找出其中的一些可能的原因。雖然，到目前爲止，暴力只佔了一個非常小的比例，不過，它也是答案的一部分。要解釋出爲什麼沒有更多的暴力情況出現，我們就須要討論印度民族主義運動的本質以及間歇性爆發的暴力。

第六節　資產階級與農民的非暴力結合

本章在開始已指出，在歐洲人未來到之前，印度社會的無財產權的保障、財產累積的阻礙、奢侈花費的不當鼓勵，以及種姓制度等原因，阻礙了印度商業的發展，但這些原因並不完全是消極的。在其他地方，奢侈時常刺激各種商業的產生。商業在印度無疑是存在的；甚至於銀行業務，也蓬勃地發展❽。然而，本土的商業並不能被用來做破壞印度傳統農業社會的觸媒劑。在某一個非常有限的限度之內，商業和工業革命的缺乏，可以歸因於英國的佔領，紡織工藝的破壞以及對於可能與他們自己的利益相抗衡的商業利益集團採取的保留態度。另外，英國人在阻止本土近代商業階級的出現方面，絕對沒有完全成功，記錄上也看不出英國人曾經奮力阻止它。

當運輸的改進使得機器的進口成爲可能，以及開放了導致更廣市場的道路時，本土工業，特別是棉花和黃麻，在十九世紀末期開始變得重要起來❾。1880 年代之際，印度有著明顯的具近代模樣的商業和工業階級。它同時也有一個自由表達意見的職業階級。律師是出現在印度舞臺上的現代資產階級之中，最重要的，因爲英國在此地的法規和官僚制度，爲有才智有野心的人提供了一個可以接受的出路⓿。很可能法律也正適合婆羅門的權威傳統和形而上的思考。四十多年之後，正式的英國訪客，在有著大廈立於孟買城的馬拉巴山丘(Malabar Hill)的印度商業王公的批准之下談話，並且告訴我們，鄰近加爾各答的黃麻廠和孟買的棉花工廠的大部分資本，都屬於這類人的❿。

開始懷疑與英國結合是否有利，也是出於這個階層的人。十九世紀後半期，英國的商業利益集團害怕印度本地對手的競爭。印度商人感覺到自由貿易壓抑了成長的可能性。在很長的一段時間內，他們尋求保護、補助津貼以及爲了取得印度市場的獨占而找尋機會❷。因此，1857 年之後爲英國統治下主要受惠者的地主和感覺到受到英國聯合而受牽制的商業階級之間，就產生了裂痕。這個裂痕一直存續到獨立時期。

這個裂痕有非常深遠的政治結果。在其他地方，我們看到地主階級中有影響力的部分，以及新興但衰弱的商業階級之間的聯盟，在經濟發展的過程中造成保守的政治局面一事上，是一個關鍵性的因素。英國人在印度的佔領，阻止了任何這一類聯盟的產生，因而，有助於議會制民主制度的建立。

事情不僅僅是如此。商業階級同時也經由民族主義的運動而與農民結合在一起。要瞭解存在於這個最進步的人口和最落後的人口之間的矛盾關係，我們就必須討論一下民族主義運動史中的一些最重要的部分，並且對於甘地的作品和演講詞，稍爲加以仔細的研究。慢慢地，這個矛盾關係中的不完美和互相摩擦的情形，就會明顯地呈現出來。

1885 年印度國會和第一個印度商會，同時成立。直到一次世界大戰末期，國會也只不過是一個說英語的知識份子一年一度的怯懦的集合（Timid Annual Gathering of English-Speaking Intelligen-t-sia）。其後，與商業利益集團的關係，就變成決定國會立場的最重要影響力之一，雖然間或有其他的力量，在短暫的時期之內把這個關係推到次要的地位❸。例如在第一次世界大戰之前，廸拉克（B.G. Tilak）成爲在印度過去的歷史中找尋靈感的激烈本土主義復古運動的領袖。這個轉向暴力的現象，一部分是由於對國會文雅無效的請願方式所引發的廣泛不滿之反應。1906 年，在廸拉克的影響力之下，國會通過了自治的目標（Goal of Swaraj）並定義爲「作爲英國自治領殖民地的統治制度」❹。一段長時期之後，帶有社會主義內涵的另一種形式的激進主義，開始影響國會的正式立場，例如 1931 年卡拉蚩基本權利決議案中，國會同意了一個稍具社會主義和民主主義的政綱❺。在不具有政治責任的情況下，這種帶教條式風味的政綱，意義還是有限的，而商業利益集團，則提供了一個穩定的力量。更重要的是英國征服者的出現，使得內部的衝突消失，並且造成了從西化且稍激進的知識份子，經由商業社區到政治上極活躍的農民之間某種程度的聯合。

直到第一次世界大戰末期及以民族主義運動的主要人物之姿態出現的甘地之崛起，國會才開始觸及農民，而這個民族主義的運動是在1920年那格坡爾（Nagpur）會期中，公開被承認的。如是，印度國會已不再是往日高階層人士的俱樂部，而開始變成一個群眾性的組織。第二年，國會議員開始轉向農民，這與1870年代俄國的民粹派（Narodniki）的做法極類似❻。從這個時候開始到他去逝，甘地無可爭議地變成是西化的知識份子、商人和工業家，及平凡的農民的奇怪混合而形成的印度民族主義運動的領袖。是什麼使得他得以將彼此具有衝突性利害關係的這群人團結在一起？

對於像尼赫魯那樣的知識份子而言，甘地的非暴力綱領似乎給到目前為止證明同樣無效的兩種政策所造成的死胡同，提供了一個出路：這兩種政策即是廸拉克的暴力和國會早期歷史中乏味的憲政制度❼。甘地敲動了印度文化中的敏感感情，而且以不威脅印度社會中的既得利益階級的方式，激起了全國一致反對英國。一如我們將看到的，甚至於對高階層地主階級而言，雖然他們害怕他，不過他們卻不是直接被攻擊的對象。任何激進主義因素的缺乏，極不可能是甘地謹慎的權謀選擇後的結果。對我們而言，他個人的動機並不重要。重要且具啓發性的是在他大量的作品和演講詞中所含蓋的綱領。在主要的大綱中，從他活躍的領導初期到他去逝時為止，他的思想很明顯地都是前後一致的。

他的綱領中的兩大主題，獨立的目標(Swaraj)和有時被稱爲消極的抵抗非暴力的不合作方法，對受過敎育的西方人而言是不陌生的。較不爲人所知的，毋寧是甘地綱領中的社會和經濟內涵，這個內涵是以有名的紡織機來象徵的，並以"Swadeshi"這個名詞來表現。1916年，甘地將這個名詞界定爲：

> "Swadeshi"是一種存在於我們心中的精神，它限制我們利用我們身邊所有的而放棄較遠的，如是，一如宗教，爲了滿足定義之所需，我必須把我自己局限在我的祖先的宗教內。這就是對最接近我的宗教環境的利用。如果我發現它有缺點，我必須除去它的缺點再來使用它。在政治的領域內，我得利用本土的制度，並以療治它缺點的方法來使用它。在經濟的領域內，我應只用由我最近的鄰居所生產出來的東西，並且在它們能被希求的地方，以使它們有效及保持完整的方式來使用那些工業⋯⋯⋯。

> 假如我們遵循"Swadeshi"原則，那麼找出可以提供我們的需要的鄰居，就是你和我的責任，並在假設鄰居需要良好職業的情況下，敎導他們提供給不知道怎麼生產的人。然後，印度的每一個鄉村幾乎就是一個自我支持(Self-supporting)及自我包涵(Self-contained)的單位，與其他鄉村只交換本地不能生產的必需品。這個可能有點無稽。印度是一個無意義的國家。當一個親切的回敎徒準備奉上清涼的水時，不去喝它而讓自己口渴是無稽的。然而，成千的印度人寧願渴死也不去喝回敎徒送上來的茶水[108]。

甘地所追尋的是返回到一個理想化了的過去：一個去除了一些它最明顯的，例如最低階級的卑污性等墮落和抑制性特徵的印度村落共同體⑲。

　　與"Swadeshi"觀念緊密相關的是甘地關於財產方面的思想，這個思想是表現在託管的概念當中。對於這一點，最好讓這位聖雄自己表達：

　　　假定我因爲遺產或以貿易及工業的方式，得到一大筆財富，我必須意識到的是所有的這些財富，並不屬於我，屬於我的只是有過一個與其他數百萬人所享有的一樣高尚生活的權利。財富中的其他部分屬於社區所有，而且要將它利用在增進社區的福祉上。在社會主義的理論向全國提出有關中間人和統治階級的首長之財產保有問題時，我發表了這個理論。他們將廢除這個特權階級。我要他們走出貪婪和保有的意識，並且不論他們財產的多寡，能夠與以勞力維生的人站在同一水平上。勞力者必須要意識到有錢人對他們的財產的擁有，是少於勞力者對他們自己的財產的擁有，這裡所謂的財產指的是工作的權力⑭。

　　剛剛所摘述的這段，是登在 1939 年的報紙上。五年前，他曾被問及，爲什麼他能容忍與非暴力相互衝突的私有財產制。他的回答是對於那些賺了錢但不自願將所得用於人類福祉上的人，我們必須對他們做讓步。再問他爲什麼他不因此主張國有制以取代私有財產制，他的回答是國有制雖然較私有財產制好，不過由於暴力的原因而可以被摒棄。「我確信」，他又說：「假如國家以暴力來消除資本主義，它反而會陷入暴力的圈子中而無法在任何時候發展出非暴力⑭。」

　　很顯然地，這種看法對於財產的持有者並沒有什麼可畏懼的地方，甚至於對一般都反對他的土地貴族亦如是。他一直維持這個觀點，並譴責運用暴力的農民運動，1938 年他曾說及這種運動「是類似法西斯

主義的東西」❶。在我所能找到的範圍之內，對於中間人必須被剝奪財
產權的看法，甘地所採取的最嚴厲的步驟是在 1946 年，他間接地威脅
道，不是每一個國會議員都是一名天使，並且暗示道一個獨立的印度
可能落入不公正的人的手中，他們將會取消中間人的制度。甚至於在
這種場合，他都很快地表現出他認爲國會必須公正的希望，因爲「否則
所有它所做出來的好事，都將在一隻眼睛閃爍的光之下消失」❶。

　　一如暗含在獨立的觀念之中一般，甘地綱領的主要動力是傳統農
村印度的復興。甘地的心是眞正與農民在一起的，而且對他的運動反
應最熱衷的也是農民。一如他 1933 年所寫道：

> 我只能依數百萬村民而思考而且也只能使得我的快樂依附在他們
> 之中最窮困的人之上，只有在他們能夠生存下去的情況之下，我才有活
> 下去的意願。我最單純的心是，無法超越我能隨身攜帶到各處並能毫無
> 困難的運用的紡織輪上的軸❶。

　　對他而言，提高農村的生活是所有群體可以贊同及合作的非政治
的任務 ❶。對甘地來說，維持住農村的印度並不表示爲衆多的印度人
口設定一個污穢、無知和疾病的人生。他認爲工業主義只帶來物質主
義和暴力。在他的眼中，英國人是現代文明的犧牲者，他們是值得同
情而不是怨恨的對象❶。

　　一如在具落後形象的農民生活理想化的例子中很平常的情形，甘
地對農村的愛具有反都市和甚至反資本主義的含意。在印度的經驗裡，
這種現象是有眞正的基礎的。對英國工廠的產品特別是紡織，破壞了
印度鄉村工藝方面的報告，對甘地造成極深刻的印象。1922 年，他極
力摒除人人耳熟能詳的英國人帶給印度法治政府之利益的主張。對他

而言，法律之後只隱藏了一個更殘酷的剝削。他肯定地說，沒有一個
數字上的魔術能夠隱藏「呈現在我們眼前的許多農村蕭條的景象。我毫
不懷疑英國人和印度城市居民兩者，都必須回答，為了歷史上也許不
平等的反人性的罪惡，是否有神存在的問題」❼。他的講詞中，有許多
都反覆提及相同的主題。他所想到的提高農村的生活，主要是城市居
民所殘忍地和自私地從農民之處奪走的東西，歸還給原主的一個誠實
的企圖。「當沒有足夠的工人來做工時，機械化是好的。而在相反的情
況下，機械化就是最壞的。也許看來很奇怪，一般而言，每一個製造
廠對村民而言都是一個威脅」❹。

　　這種思想幾乎不可能受到民族主義運動富有的支持者的喜愛。富
有的商人也因印度最低階級的人民被接納入甘地的“Ashram”中而被
激怒 ❺，而且他在第一次世界大戰結束之際，阿眉達巴德(Ah-
medabad)罷工中對工人的支持，可能也引起其他更多人的反對❺。富
有的城市階級是民族主義運動的支持來源，而甘地為他們發表了一些
安慰聲明的地主貴族，則通常對這個運動採取敵對態度的現象，此情
況乍見之下，似乎是互相矛盾的。

　　當我們想到“Swadeshi”或地方自治的整個綱領，實際上是「購買
印度的製品」(Buy Indian)的原則，以及有助於削減英國貨物的競爭
時，一部分的矛盾現象就消失了。此外，就富有階級的立場而言，甘
地勞力神聖的主義中，也有有用的地方。他反對政治罷工，因為它們
超出了非暴力和不合作的架構之外。「我們不需太費腦筋」，他在 1921
年說，「就可以知道除非勞工了解國家的政治情況並準備為共同的利益
而賣力，否則將勞力做政治上的用途是最危險的事」❺。甚至於經濟罷
工的例子，他強調採取罷工行動之前，深思熟慮的必要性。而且，當

勞力被組織且被教育得更好時，他希望仲裁的原則可以取代罷工 ❸。
這些思想以 1934 年 6 月國會強有力的工作委員會譴責有如私有財產
和階級福利的剝奪之社會主義的思想時，表現了出來❹。

　　雖然具有一些農民激進主義特徵的色彩，甘地的主義還是有利富
有都市階級的製造廠。他的思想很有效地與西方激進思想相抗衡（這些
西方激進思想只侷限於少數知識份子），而且以這種方式有助於促使人
民大眾在給予它動力和效力的情況下加入獨立的運動中，同時，他們
也有助於使得那些有財產的人了解運動對他們而言是安全的。

　　基本上，甘地是印度農民和鄉村工匠的代言人。有足夠的證據顯
示他們對他的呼籲熱衷地反應。我們在下一節將看到這一群體中的大
部分，在原有的困境之外，還遭受到資本主義入侵的苦難。因此，在
日本找尋到青年將校和超國家主義一部分出路的怨恨，在印度的甘地
之下，就找到另一種民族主義的出路。不過，它們之間的相同點至少
和他們的不同點一樣重要。這兩者都同樣在理想化了的過去中找尋他
們的好的社會模式。兩者同樣沒有辦法了解現代世界的問題。這個判
斷對甘地的例子而言，也許稍嫌嚴苛。許多因近代工業社會的恐怖而
悲愁的西方人，覺得甘地是一位富同情心的人，特別是他對非暴力的
強調。對我而言，這種同情心似乎只是表示近代自由主義的不安感，
以及無法解決西方社會所面臨的問題而已。如果至少有一樣事情是肯
定的話，那就是近代的技術必須駐足於此，而且將很久以來就廣布到
世界其他地方。也許同樣肯定的是，如果真有好的社會的話，不管它
是屬於什麼型式的，它絕不是一個由甘地的紡織輪軸所象徵的，且由
地方工匠所組成的自我容納之印度村落。

第七節　農民暴動的程度和性格

英國佔領之下的階級關係所形成的結構，以及民族主義領袖的性格，使得運動呈現鎮靜的特徵，並有助於削弱農民的革命傾向。其他的因素也是重要的，特別是最低層的農民，由於階級和語言的不同而四分五裂，不過，他們也因傳統的規範以及擁有的小塊土地而與當時現行的制度發生關係。而且，甘地的聲望，加上英國人也希望由自己治理的期間和過渡到獨立的轉變時期之中，盡量使混亂減低到最低的程度，因而部分隱藏了可能發生的暴動數量，在過去的兩百年中，印度農民的舉止似乎從來沒有如此溫馴過。雖然以目前所有可用的資料來看，要想研究一下農民轉向有組織的暴力的情況，並不是一件簡單的工作，不過，這有助於闡明一般而言阻止它發生的因素。

在普萊錫(Plassey)戰役之後，英國人在這個次大陸建立其領導權以及在叛變(Mutiny)結束的這期間，從對於農民暴動的調查，可以得到一些具有啟發性的收穫。一位印度的學者，在最近曾做了一件很有意義的工作，他將有關這幾百年以來所發生的一般性民事動亂的大量資料收集在一起。在這些資料當中，我們可以發現其中有十個農民大眾起而攻擊地主的明顯案例。至少其中有五個因為屬於農民或當地居民的回教徒運動，因而就不在我們研究的範圍之內 ⑱。與中國相比較之下，整個農民暴動的記錄當然就不怎麼動人。不過，重要的方面也曾出現，我們所要討論的暴動都是具有重要性的。所有的這些例子很明顯地都包括了農民經濟上的苦境。其中一次的暴動是在一個調查的期待下成形；其他的，我們曾聽說，被激怒的農民把曾經勒索他們

的婆羅門徵稅官吏吊死。而在其他的例子中，印度教的農民起而反抗
回教徒的收稅人 ⓑ；最後的一種情況是，成百的叛徒，徘徊四處並洗
劫鄉村，一些與他們同時造反以對抗基礎尚未穩固的政府的人，亦與
他們結合。值得一提的另外一點是叛變的團結力，至少在短暫的時間
之內，可以超越階級的界限，包括強烈劃分農民和技工及村僕階級的
界限。在一種情況之下，賣牛奶的、賣油的、和鐵匠聯合，在另一種
情況之下，也許是理髮匠和包括放利人的僕役的家僕的聯合 ⓒ。印度
農村的支離狀態，當然不是在所有的情況下都會成為農民暴動的障礙。
由我們所看到的這個現象更廣泛地做個結論就是，印度的農民對於公
正和不公正的統治有很清楚的概念，而且經濟上的苦境甚至可以在地
方的層面上推動這個看來溫順的人民起而叛變，最後，與農民有緊密
關係的傳統領袖人物，在這些暴動中，都扮演了他們的角色。

　　在英國強制下的和平末期，特別是在第一次和第二次世界大戰之
後的不安定的幾年內，很可能大約類似的暴動亦存在。不過，這個時
期的暴力，大致而言並不是革命性的。可能存在的革命性因素，也被
宗教戰爭所掩飾，關於宗教戰爭，等一會必須談談。不過，存在海德
拉巴(Hyderabad)的潛伏性不滿情緒，在英國人撤退時所造成的混亂
情況之下，在短暫的期間內，曾經引發一場公開的革命性暴動，以一
個能闡明一般情況的特例而言，海德拉巴的叛變值得更詳細地討論。

　　在獨立之前，海德拉巴不但是最大和最強的王公國土之一，而且
也是回教徒統治期間遺傳下來的政治和社會結構，多多少少保存得最
完整的印度地區 ⓓ。大約 80% 的下層人口是印度教徒 ⓔ。也許與印度
其他地區相比較之下海德拉巴還有點落後，不過沒有證據可以證明海
德拉巴的農民地位比印度許多其他地區的還壞。詳細描述報導的都是

常見的土地所有的細分化，人口的極大壓力，也許在 1939～1940 年糧食生產區每人只分得 1.15 英畝，租佃問題、債務、以及大量的貧苦農業勞工，也許佔人口的 40%⓯。很可能在債務奴隸邊緣掙扎的一些農業勞工的情況，是比印度其他地區的還壞 ⓰。然而，大概類似的情況也可以在沒有暴動的許多其他地區出現。此外，暴動是發生在租佃問題較不急迫的地區 ⓱。而且它是從鄰近共產黨人在稍爲富有的地主階級之中立足的安德哈（Andhra）往德林加那（Telingana）擴展的⓲。

共產黨人是由 1940 年海德拉巴的德林加那農民之中，開始他們的工作的。他們的成功是驚人的。一村接著一村，特別是沿著馬德拉斯邊界的地區，由 1943～1944 年間，都拒絕服從地主的命令，拒絕提供義務勞力、拒絕付租金及稅收⓳。

當海德拉巴的君主力圖阻止被併入新印度聯盟時，混亂的情況和權威性暫時的崩潰，給了共產黨人另一次機會。他們申稱在 1947 年末或 1948 年初，至少有 2000 個村子"解放"了。蘇維埃的確建立起來並且控制了廣大的地區。短期之內，共產黨人推翻了地主和警察的控制，分配土地，取消債務，並以傳統的方式肅清了敵人。一位學者提及它時，曾說它是「除了中國以外，在亞洲最大，而且在一個短時間內，也許是最有效的農民暴動」⓵。海德拉巴的君主試圖利用共產黨人以及以法西斯形態組織起來的回教保守派惡棍，來阻止他的領土的被併吞。1948 年 9 月 13 日，印度軍隊在不到一個星期的時間內征服了這個國家。不過，他們卻花了"幾個月"密集的軍隊和警察行動，成千的即決逮捕及領導人的立即處死，才平定了德林加那共黨率領的農民⓶。

失敗的海德拉巴革命的第一個教訓是否定的。任何認爲種姓制度或印度農民社會中其他明顯的特徵，對於暴動形成事實上的阻礙的觀點，顯然是錯誤的。印度農民是具有革命潛能的。再者，每下愈況的物質條件，雖然確定對於這個潛能有重要性，不過，它們本身在產生暴動的情況下並不是決定性的因素。並沒有證據可以證明在產生暴動的地區，農民的物質情況較差，反而有許多重要的證據提供了正好相反的情形。由上而下的政治權威的破產，使得共產黨人得以暫時地伸張他們的權力，不過，卻並沒有能夠建立起來。過去類似的條件，也是農村暴動的必要條件。1947 年和 1948 年在海德拉巴，這種權力的破產是例外的且是暫時的。如果將來它在其他地方還會出現的話，其他有可能成為共產統治的地方就會很容易地迸發出來。

到目前為止，革命的極端主義，在印度只贏得不甚穩定的立足點以及很小的影響力 ⓐ。直到尼赫魯逝世及其後，中央政府是強大到足夠在共產主義是革命性時，就平定它，以及在它具改革性時，在合法的範圍內包容它。讓我們研究一下它之所以如此的歷史。

我在前面已說過，在英國統治之前，種姓制度提供了組織地域共同體的一定方式，中央政府對該地域而言，是不具意義的。種姓制度同樣是一種把由許多不同種族、宗教和語言所組成的高度分裂的社會，予以組織起來的方法，使得他們至少在同一塊領土之內，可以一起生活。雖然這種分裂的情況，有些時候可以以小型的方式或以特定地區的方式予以克服，不過，它對於廣泛的叛變事件，必然是一道阻礙。此外，種姓制度確實也強化了等級之間的服從。藉著無數的日常行為使得一個人感覺到自己的卑微，使得他的舉止也就會以卑微的方式行之。種姓制度傳統的規則，並不是多餘的；它有確定的政治結果。最後，在傳統制度的架構之內，具安全活塞作用的種姓制度，經由梵語化而提供了一種集體向上運作的模式。就各方面而言，印度的社會與帝國時的中國是完全不同的。英國人佔領期間，當有限的近代化開始進行時，雖然力量漸減，不過這些因素繼續在農村作用著。近代化產生的方式，就許多方面而言也有利於社會的穩定。在激進的運動還未學習到他們將保守的渴望轉變成革命之前，已暴發了大反亂(Mutiny)的危機；他們是否能夠達成則仍是可疑的。當民族主義的運動觸及農民時，它具有強大的鎮定傾向，其中的道理我們已經討論過。值得注意的是，權力轉移到印度人手中，是在統治者之中並沒有引發任何真正危機的情況下達成的：在海德拉巴只發生了小小的危機，不過只是一次流產的革命性暴動罷了。

有一方面值得做一個比我所能做的還完整的研究。許多因為近代世界的侵入而引發的敵意，很可能在印度教和回教間的宗教(Communal)戰爭的恐怖中，找到出路。要說明它的重要性，我們只消提及伴隨著印度巴基斯坦分離和獨立而來的暴動中，約有 200,000 人被殺，而且據說約有 12,000,000 人，在這兩個國家之間，逃亡到對方❽。當然，在這兩個宗教之間所存在的敵意，在印度歷史上，長期地以間歇性的暴力形態出現。主要的似乎是回教統治者奮力強迫改變印度教子民的結果。二十世紀的宗教衝突和宗教狂熱，在本質上是不同的。它們比較類似眾所周知的排外主義現象。在世界上的許多地方，當一個既定的文化開始遭到崩潰並且威脅到一部分人時，人們的反應是以日益高漲的狂熱情緒，力圖重新肯定傳統生活方式反應之。這種對傳統的再肯定，往往是與歷史現實沒有什麼太大關聯的。類似這樣的現象，顯然也發生在印度，這是值得做更仔細研究的傾向。宗教感情(communal sentiments)在印度隱約的反動時期曾扮演了一定的角色。事實上，這些宗教對立的感情是它最壞的一面，不過，至少對印度共和國和它的領袖們來說，完全是反官方和反政府的潮流。值得永遠稱譽的是，甘地和尼赫魯兩人，都盡了最大的力量與宗教對立的暴力進行對抗。宗教戰爭可能取代了革命。它也只不過是印度社會支離破碎的情況的一種表白，而這對於包括革命性激進主義在內的所有有效的政治行動，都構成阻礙。這種激進主義的自然的標的物，似乎是不歸於種姓之內的賤民及農村無產階級。除了梵語化的傾向之外，激進主義在這裡還遭遇到其它的障礙。縱使是披上和平的外衣，革命人士仍然無法在不招怨於大批小農和中農的情況下，號召農村的無產階級。無論如何，革命運動的真正問題在於，把整個村莊和地區，從既成的秩序中解放出來。可是，在印度要求大於一個有限地區的基礎上達成，是很難的。在一些地方，共黨人士確實把他們部分訴求，建立在對語言和地區的忠誠上。在其他地區，他們也如此做，並且也試著經由種姓間的爭論著手⑲。訴諸地方和離間的情感有時候也是好的革命性策略。不過，當地方性的不滿與較大的政策融合的時刻到來時，這些小小的敵對意識，也只能夠在小的紛爭中，讓他們各自中立起來。革命是來自汎人類的理想，不是紛爭不休的地區性理想。

　　急速改變策略(為了與印度的情況完全無關的理由)以及採取與外國政府同樣立場不管它是俄國的或中國的的問題，同樣也是目前主張革命傳統的一切團體所面臨的嚴重阻礙。最重要的是，尼赫魯政權有著農民中的上層階級站在他那邊。維持秩序的力量，掌握了王牌，雖然這些王牌都是從過去歷史中繼承而來的，而且它們的價值也呈穩定性的下降，除非印度的政治領袖有辦法在已經刻劃出印度鄉村前途的深刻潮流中，掌握住先發制人和控制的權力。雖然結果如何本來就是不可預知的，不過，如果我們去研究什麼已經被做以及什麼留著未做的理由，我們也可能眞正了解到問題的本身。

第八節　獨立與和平變革的代價

大約在 1947 年英國人被逐出印度時，在印度社會中已形成了一種根深蒂固的惡性循環。由於資源都不是爲了建立工業體系而開發和利用，因而在走向工業化的動力非常微弱。農業不但停滯不前而且也無效率，因爲城市並沒有爲了刺激生產或改變農村社會而深入農村。同樣的理由使得農村也沒有爲了工業成長而生產所需的資源。地主和放債者反而爲了非生產性的目的而搜括了所有的剩餘。

提到惡性循環也可能暗含著情形是糟糕到毫無希望的地步。不過，事實並不是如此。一如在其他最近變成工業化國家的歷史經驗所顯示，能夠打破這個循環的政策是存在的。就它們大略的本質而言，問題和答案都非常簡單。它們即是利用經濟的刺激和政治的強制去說服農民增產，同時把如此生產出來的剩餘中的大部分，拿來建設一個工業社會。在這個問題之後，還存在著一個政治性的問題，這即是在這個社會中，是否已經興起了具有能力和魄力以爭脫改變的一個階級。英國有它的鄉紳和早期工業資本家，俄國有它的共產黨，日本則有可轉變爲官僚的貴族反主流派。如我們一直討論的，印度在這方面毋寧是欠缺的。

在更深入探討之前，對於批評印度缺少走向改變的較大衝擊方面，我們還需要再一次警戒自己不要在沒有眞正肯定爲什麼它們是事實時，就接受某種心理學主義（Psychologism）及原封不動地接受事實眞相。目前，我們可將問題局限在農村。一部分是由於缺乏更適當的名詞，我們把地主形容爲寄生性的。不過，我們不應該就此認爲每個地方的地主，都是守株待兔似地讓租金滾滾流入，當然，這種情形也存在，而且可能還蠻廣泛地。不過，也有許多活躍且精力充沛的地主。他們也具有我們可以在最典型的清教徒資本主義者身上找到的企業化才能和成就慾望。不過在印度社會的架構之內，這一類爲了革新的才能，只能夠發生搬動舊有壓榨性制度的作用。地主可以找到榨取佃農租金的各種方法，這些方法在英國法庭和農村政治和社會結構所提供的運作之中，變化多端⓱。我們不難在這個制度之內，找到好幾個革新的個例，來證明這種才能的缺乏並不是問題。具有企業化才能的人，可能在任何一個大群體中是佔少數的。問題是在於如何讓這種才能盡量發揮並且在爲了社會更大的目的之下控制住它。創造適當的環境以使得人盡其才，廣義言之，是一個政治性的問題。

　　假如在農村缺少革新的才能，不構成一個阻礙的話，那麼資源的缺乏也同樣不是一個問題。足夠的潛在性資源是存在的。要使我們對這點能信服，我們可以由一位人類學家的眼光來看一個村落：

　　「格怕爾伯(Gopalpur)的農民，是以一個富有的國家才能承受得起的方式，來從事農業經營。他們不用適當的質地好且具好的發芽力的種子，而是散播大量沒有經過挑選及試驗的種子。他們無法保護田地上的幼苗，而讓鄰近的鳥類、昆蟲、及野生動物來分食。他毫不關心地在門外堆放肥料，並任憑日曬雨淋。他也沒有好好地將收成儲存好，只把它們放在大陶罐裡，或更壞的是放在石板上。沒被老鼠吃掉的，就被蟲或蚱蜢所分食或破壞⓱。」

　　雖然不是所有的農村都如上述所描寫的那麼糟──有一些比較壞，有少數則較好──這種情形在獨立之後十七年內的整個印度地區，都是典型。印度有多於 500,000 的農村。把這個鄉村的情況乘上幾十萬倍，我們就可以看到，僅僅以改變人們農業經營作法，我們就可以得知存在的潛在性資源有多少。

他們不會只因為有人告訴他們如此做，他們就改變。這個過程的發展已有一段時間。假如他們要改變他們的行為的話，那就必須改變農民所面對的情形。假如這個沒有發生，而事實上從各方面看，它也沒發生，那麼就可能有一定的政治理由存在。這個討論最後一部分的任務，是找出原因，並評估變動的阻礙以及有些什麼推動力出現得以制伏它。這個工作並不是預言性的，它只是分析問題以便提出可能的解決方法的範圍及它們相關的代價，包括找不到解決方法的代價在內。

我們現在最好開始來看看 1947 年獨立時期開始時，印度政壇的情形和整個印度社會中運作著的力量。英國的佔領促成了反對運動的產生，這是一個帶有社會主義色彩且由像尼赫魯一樣的知識份子所組成的國會黨(Congress Party)；對於有實力的商人而言，這些觀念都類似毒藥：新聞記者、政治家以及律師，他們對各種各樣的主意都做了明確的表達——這都整個建立在新近才被甘地喚醒的農民基礎上，而甘地則是以傳統的印度聖人而不是以現代政治家的姿態出現。工業勞動階級仍然還非常微小，因而也還沒有扮演任何重要的政治角色。對有著提供給每一個人對每一件似乎看起來都是錯的事情一個便利的解釋之政體的英國人，印度人對他們共同的反對，已經使得這些團體中的精明領袖人物之間的衝突，沈默了許久，並且也使得他們習慣於一起工作。而當這個共同的敵人消失之後，這些衝突也就表面化了。然而，在工人或農民之中缺乏任何強有力的急進運動時，保守的人士到目前為止，就使得印度沿著對他們的利益仍未構成嚴重威脅的溫和路線進展上，並沒有太大的困難。

　　獨立之後，對於經濟政策的爭鬥，很具啓發性的說明了溫和派爲什麼這麼強有力的理由。在巴特爾 (Sardar Vallabhbhai J. Patel) 的支持下，商人集團針對食物和其他必需品的價格控制制度發動成功的攻擊。政府只有在面對嚴重的通貨膨脹時才撤銷控制。價格在幾個月之間上漲了大約百分之三十。然後當幾百萬人苦於在"正常"情況下也幾乎不能充分購買必需品的嚴重打擊時，政府才再度加以控制。現在，巴特爾是從印巴分治 (Partition) 直到 1950 年去逝爲止，統治印度的"雙頭政治"中的一位，另一位是尼赫魯。巴特爾不但是商人的代言人，而且也是地主和正統印度教人士，爲了面對農業改革和世俗主義的威脅而尋求保護的領導人。這個時候的甘地，只有當他感覺到嚴肅的道德原則瀕臨危境時才會介入政治事務中。價格控制的爭論是其中之一。甘地的介入，事實上是有利於撤銷控制的決定性因素。因此，在影響到百萬人的福祉以及獨立之後第一個出現的關鍵性事件上，農民大衆的領導人是支持保守人士的 **⓱**。在這一段歷史中，我們看到了印度的一個重要政治事實，即農民和商業利益集團之間是緊密結合的。

　　1948 年，甘地被暗殺。1950 年巴特爾逝世。在一年之內，經過一連串的議會和幕後操作，尼赫魯很成功地使他自己成爲國會黨和國家的當然領導人物。印度好不容易才準備向前邁進，或者至少才開始很嚴肅地面對它自己的問題。1950 年 3 月以尼赫魯爲主席的計劃委員會 (The Planning Commission) 成立。1951 年開始了第一個五年計劃，第二個和第三個也緊跟著而來。然而，直到 1955 年，政府才宣佈印度屬於"社會主義型的社會" (socialist pattern of society) **⓲**。

　　雖然有不少有關社會主義的談論，這些談論多到嚴重地騷擾了商人集團，不過，事實上被做的很少。1961 年之際中央政府開始擁有一些一如原子能、電子、火車機車、飛行器、電器設備、機器工具以及抗生素等性質迥異的工廠，而州政府則擁有或協助一些其他的工廠。不過私人工業的股份仍然很大。按照第三個五年計劃的條文，政府希望將製造業中公共部門的稅，從它在 1961 年低於 2% 的水準提昇到幾乎 25%。不過，投資基金中的大部分，則指撥給運輸和交通，換句話說，是用來提供私人工業所需要的服務 ❼。在這樣的政策中，沒有必然錯誤的東西。不過，若把印度的試驗當成是社會主義的一個形式，那就似乎是一個嚴重的錯誤。在工業方面，確定是有進步。除了指出非常單純的統計數字上的肯定之外，我將不對它做任何評估，這個統計數字上的肯定指的是，工業生產指數由 1956 年的 100 上升到 1963 年的 158.2，或者說上升約一半以上；而每人平均的收入，1951 年到 1961 年之間，每年以約 2% 的比率漸增，遠高於人口成長率 ❼。不過，我們還要重覆提到的是這些數字，也包含大量的臆測在內。而且，迄今這種進步是很大程度上在資本家的援助下而產生的。

　　農業方面也是如此，農業政策的主要路線是在從阿卡巴和英國人繼承而來的佔優勢的制度之架構內，尋求更大的生產。尼赫魯時代的政策中，有兩大要點：對地主問題的攻擊，以及經由社區開發計劃（Community Development Program）致力於刺激農民的力量使之發揮。

　　在印度達成獨立之後不久，政府開始從事正面攻擊長久以來討論不休的中間人的問題。一如我們所知，中間人不但是地主，而且也是站在政府和實際耕種者之間的收稅人。在取消了中間人之後，目標絕不是社會主義式的農業,而是給予耕作者在他的土地上有永久耕作權,阻止強制索取高地租，強迫勞工的採用，以及其他的濫用的方式，來鼓勵農民安心經營農業❻。實際的立法，則留給新共和國的各州為之。地方情況的變化多端是如此做的最好的原因。此外，把這個問題留給各州去處理也增加了強有力的地方利益集團的力量。這些利益集團不久就向改革的合法性挑戰。當這些延誤變得具有威脅性時，中央政府就改變憲法以加速整個過程❼。1961 年之際，官方刊行的資料聲稱，中間人除了在少數小地方之外，在全國各地都已經被廢除。正式的中間人大約有權擁有印度已耕地的 43%，而在 1961 年，據說已減到大約只有 8.5%❽。但只要對這種情況更深一層的研究，不免會使人更懷疑這些統計數字是否真正反映了農村社會的現實。

　　就中間人而言，只簡短地提到廢除，就很容易引起誤解。在許多州，政府都不限制中間人所能擁有的土地數量，只要他們用來蓋住屋並且也真正地在耕種。雖然政府標舉不使效率性高的大農場崩潰之值得稱道的政策，但是在印度，我們必須想到一個大農場，時常是一大塊租給許多小佃農的土地，而不是一個很有效地被經營的耕種單元。不過，結果是在許多地區，為了增加家產，中間人竟致力於驅逐佃農，其中有些還是已經做了很長時間的佃農。有一位很謹慎的學者提到這種結果是印度歷史上，前所未聞的對土地財產權的剝奪❾。甚至於第三個五年計劃的條文中亦指出，租佃立法在事實上所造成的衝擊，遠非原先所期待的，因為地主藉口托詞說佃農自願放棄才驅逐佃農的。各州在改進問題方面的記錄，直到變動開始之後超過十年的 1963 年末，還是非常不穩定的 ❿。當場的觀察和地區性的研究，都沒有指出什麼變化。丹尼爾・脫奈爾(Daniel Thorner)1960 年總結道「在本質上，大一點的人物抓住大量的土地，並且使得其他人為他們而耕作土地❽」。

　　然而，農村裡強有力的人，比起以往已經少了很多的安全感。政府的整個機關已經不像在英國統治之下一般堅強地支撐住他們。我敢說我們可以八九不離十地指出，富有的已不像從前一樣富有，而尼赫魯時代的租佃立法，在以提昇小地主和富農成爲印度農村景觀中的佔優勢特徵爲主要結果的一般性政策中，是一個重要的因素，其實在此地小地主和富農指的是同樣的人物 ❿。這種想法也被 1953 年～1954 年對土地所有權再分配的統計研究所加強了，而這段期間中間人是被認爲幾乎完全不存在的。這些統計數字在印度是極度不可靠的，其中的原因我們已經提過。不過，少於 1/8 的農業人口擁有一半地區的一般性結論，則大概是不會錯的 ❿。官方的農業政策在演講詞中比在實踐的結果上，具有更強烈的平等主義的色彩。這對於社區開發計劃，也同樣眞實，我們現在就來討論它。

　　社區開發計劃的知識上和制度上的前身與馬克思社會主義並沒有任何關聯。它重要的一個因素是：甘地以爲理想化了的印度農村是最適合文明人的社區的信仰。第二個因素是帶有我們農業擴展服務的美國經驗。第三個是英國家長政治(Paternalism)的影響以及特別是"鼓舞鄉村意志"(Village-uplift)的運動。最後這個因素對我來說似乎是最重要的。除了在它被試過的等級的重要例外之外，在社區開發計劃中我找不到任何未曾在布勒奈(F. L. Brayne)的《農村印度的重建》(*The Remaking of Village India*)❿ 一書的敍述中，或達林爵士(Sir Malcolm Darling)的著作中試過或建議過的東西。

　　這種奇怪的出生背景形成了社區開發計劃中心原則的兩個主要觀念。第一個是印度農民希望經濟進步而且只要他們能看到它的好處，他們就會以自己的力量去支撐它。另一個是變動必須而且也將會很民主地產生，這就是說變動是依多多少少能夠參與爲所有的人計劃更好的生活的印度村民的"感覺需要"（Felt Needs）而來，這是一個極受人喜愛的用詞。這個計劃的許多初步的討論都假設有大量的人民能力和熱心存在，而這些可以用來爲了新的不過卻仍很模糊地被界定的社會理想而開發。

當時的氣氛和跟著而來的失望，讓我們想到十九世紀俄國知識份子的"走向人民的運動"（Movement to the People）。印度社區發展以及合作部部長甚至於否定經濟進步是眞正的目標：

> 社區開發的計劃並不以更高的農業和工業生產量，更好的道路及房舍，更多的學校和醫院爲標的。上述的幾項都不是這個計劃所追循的目標。對一個社區計劃來說，目標的多樣性是不存在的，所存在的只有一個，而這個單一的且不可分的目標就是更好的生活❽。

由所發生的事件可以看出農民厭惡採用由外來的人引進的新耕耘方法，因此當官僚制度中的策劃人堅持取得快速的成果時，民主的游說方式就變成一種極緩慢且無效的過程。這些困難就形成尼赫魯政府潛心致力的民主改革的困境之核心。

社區發展計劃在 1952 年開始實施，到這本書印行時，正好 12 年。1963 年末，新聞報導發展的地區（亦即開發計劃的地區）實際上遍及整個印度❽。雖然 1959 年早期國會黨通過一個決議案，聲稱一個集體主義的修改版本將是來日的目標，不過，並沒有執行❽。事實上，社區開發計劃的政策，在任何影響到農村社會結構的變動上，都要小心謹愼的進行。最初，官方對接觸村民的政綱執行官員的訓示沒有提及種姓制度，財產關係，或村中過剩的人力——換句話說，沒有提及任何一個真正的問題 ⑱。在這點上，我沒有碰到任何改變的跡象。所有改變的企圖都是導向經由村民議會（Panchayats）的鼓勵而再引進鄉村民主制度。在一些地方，所造成的結果是削弱了舊式地主或甚至於富農的權力。不過，這個過程並沒有走得太遠。基本上，鄉村民主制的觀念是與現代情況毫無關係的羅曼蒂克式的甘地念舊情結。前近代的印度村落可能同時是一個小型的獨裁制，亦是一個小型的共和國；當然，現在的情況依然如故。要想在不改變財產關係的情況下使得鄉村民主化根本就是無稽的。(土地的再分配本身不是一個答案也是夠清楚的，以至於不需要再做任何評論)。最後，改變的真正來源，決定農民命運的因素，都在村落的界限以外。農民若要對這些問題做一些事情，那麼就要透過投票和對州和國家的政治施予壓力，而不是在鄉村政治的架構內進行。無論如何，當計劃遭遇到嚴重的困難以及一些對它定期性的評價所做的次要的批評，甚至於使得一些傾向於甘地主義的官員都公開棄絕獨立村落共和的觀念，轉而主張從上而下的更嚴格的監督 ⑱。

若不改變計劃內容的情況下，想要更加嚴密的從上而下監督，似乎也是不可能的。實際上，計劃的內容等於是透過官僚組織，把農業開發的資源和技術帶到農家的門前，而且還要避免在社會結構或一般環境發生改變下，而這是造成阻礙農民採用新的技術方法的。據我的判斷，整個政策的基本毛病就是在這裡。不管是社區開發計劃還是土地改革方案，都沒有把農業中既存的和潛在的剩餘，用於發展經濟，從而最後帶給農民受益。事實上，一位著名的印度經濟學家曾經計算出政府在農業方面的花費，遠多於從農業中所得到的收入 ⑲。

提出這一點，並不意味著尼赫魯的政府必須採用史達林剝削農民的方式。它幾乎可以不需要走得那麼遠。在民主的架構內，仍有足夠的空間來完成較大的成就。關鍵點反而是在於尼赫魯的政府在充滿改革論調和官僚派體制庇蔭下聽任舊制度的繼續存在，因而：(1)允許舊的農業剩餘的分配形式保持不變；(2)無法引進市場經濟或由農民處取得城市所需的食物的可行的代替辦法；以及(3)由於上述理由也無法增加農業生產量或者開發存在於農村的大量潛在性剩餘。坦白說，尼赫魯的農業政綱是一大敗筆。對於這麼嚴苛的批評，我們還需要致力於提出證據及解釋。

社區開發計劃實行七年之後，官方的報告聲稱印度糧食產品中有3/4 沒有進入市場 ❿。村民的貸款中，有 85% 仍然來自放債人和被認爲較富有的農人的"其他個人"。和從前一樣，被運到市場的穀物通常都以收成時的低價賣給地方貿易商。耕作者仍然要對不適當的貸款付出超額的利息，而這些利息中的大部分仍被用來做例如陪嫁物一般的習俗舖張。合作社所貸出的款項少於耕耘者所使用的貸款總數的 10% ❿。合作社在核准貸款上的緩慢和累贅的程序，引起村民厭惡它，仍然是印度農村生活中很平常的特徵。最嚴重的弱點是在糧食生產方面，完全無法達成些微的增加。在更仔細討論其中的理由之前，讓我們先來看看統計上的證據。雖然在生產量方面的數字，並非可靠，不過，由此所顯現出來的事是如此的明白，以至於若去修改一般性的詮釋，就很可能犯了一個天大的錯誤。表 2 提供了 1948 年～1963 年印度公布的稻米生產量。由於稻米是糧食作物中最重要的，所以我們就可以只討論稻米一項。1963 年之後的數字，也不需要論及。因爲在那時節，至少有一個潛在性的危機的存在，已是衆所週知的事。我們的問題是在於評估失敗的原因，而不是在萬變的今日之中，去衡量出它的範圍。

表 2　印度稻米產量的報告

年份	產量 (千噸)	年份	產量 (千噸)
1948〜1949	22,597	1956〜1957	28,282
1949〜1950	23,170	1957〜1958	24,821
1950〜1951	20,251	1958〜1959	29,721
1951〜1952	20,964	1959〜1960	30,831
1952〜1953	22,537	1960〜1961	33,700
1953〜1954	27,769	1961〜1962	33,600
1954〜1955	24,821	1962〜1963	{ 32,500
1955〜1956	27,122	約略估計	{ 31,000

＊資料來源：1948〜1957 參看 India, *Statistical Abstract*, 1957〜58, 437；1958〜1961：*Times of India Yearbook*, 1960〜1961, 113 以及 1962〜1963, 282；1961〜1963 *Far Eastern Economic Review* (November 7, 1963), 294；1962〜1963 較低的估計來自 *Far Eastern Economic Review*, 1964 Yearbook, 174。

在 1956 年時，人們並不曾想到社區開發計劃會影響 1/4 的人口；1959 年之際，它約影響了 61%左右的農村居民；1963 年之際，則可能所有的人都感覺到它的衝擊⑲。依照這個年表，假如這個計劃在提高生產量方面是有效的話，我們就會希望看到 1954〜1955 之間有些許的成效，而之後多多少少會有較穩定以及較快速的增產。但是產量雖然有增加，但像上述的那種情況並沒有出現。1953〜1954 以及 1954〜1955 減少大約三百萬噸，1956〜1957 以及 1957〜1958 又減少大約三百五十萬噸；1960 年也有穩定性的減產，1962〜1963 則達到另一個減產的高峯。同年十月加爾各答民衆爲了稻米而暴動。先前的生產量幾乎沒能維持超越人口成長的情形。1962 年～1963 年的歉收使得盈利全無，因爲據報導每個人的食物消費降低了大約 2%❹。

簡而言之，印度的農業在今天仍然和在阿卡巴以及克從（Curzon）的時代一般：是在雨中的一項冒險事業，一次的歉收就是意味著千百萬人口的災難。在二十世紀的下半期，這是屬於社會和政治的問題而不是地理和物質的問題。執行社區開發計劃的人員也明白，甚至於在地方層面上，也存在著可以大大減輕天候影響的資源。不過，這將意味著要活用某種型式的社會和技術革命。而代之而來的是，到現在爲止所有的改進主要是來自於舊式無效率的制度向著印度新的且可能是邊緣地帶的擴展。

有一些證據可以用來證明這種趨勢。有一些在每英畝生產量的統計數字中已經存在，這毋寧是令人驚奇的。無論如何，在生產量方面，它們提供了比總生產量的統計數字還好的變動的概念。因爲自從第二次世界大戰以來，穀物生產被衡量的方法上已有改進，因此雖然統計數字不應當照本宣科地被引用，不過，這些數字也能夠讓我們在英國統治期間和目前的情形之間做一個比較❺。表 3 是印度和日本某些年內的稻穀產量之資料。戰前的印度產量是不包括緬甸的。

這些數字幾乎不需要加以評論。就算在新的政體之下，印度的生產量也是在 1920 年代晚期和 1930 年代早期的水準上浮動。而日本則是從一個較高的基礎上開始，在近一點的幾年也呈穩定性地慢慢超前。它的生產量約爲印度的三倍。氣候一項，幾乎不可能是這種巨大不同的唯一因素。

雖然村落外部的各種惡劣制度因素可以說明印度低生產力的原

表3 印度、日本稻穀的產量
(每公頃每百公斤產量)

年份	印度	日本	年份	印度	日本
1927～1928	14.4	35.4	1948～1949	11.1	40.0
1931～1932	14.1	34.7	1952～1953		
1933～1934	13.8	41.8	1957～1958	11.8	44.3
1934～1935	13.9	30.6	1958～1959	14.0	46.2
1935～1936	12.3	33.6	1959～1960	14.1	47.5
1936—1937	14.5	39.3	1960～1961	15.3	48.6
1937～1938	13.9	38.6	1961～1962	15.1	47.0

＊資料來源：1927～1938, *Annuaire international de Statistique agricole* 1937～1938 (Rome,1938), 附圖 77, P.279; for 1948～1962, Food and Agriculture organization of the United Nations, *Production Yearbook* 1960, XIV, 50, and 同前書 1962, XVI, 50.

因，這點我們也已經談到過，不過，爲了更瞭解其中的情況之所需，我們也應該來看看在農民共同體之內，所產生的反應。此外，全國平均計算的統計數字，往往會掩蓋關鍵性的事實。在一些地區，有著顯著的改進存在。假如我們想找出阻礙進步的原因，我們就必須要知道爲什麼在一些地區有改進而在另一些地區則無。以下，我們首先討論產量極顯著增加的印度地區，然後再討論仍然阻礙經濟進步的村落共同體，我將試著提出這些因素。

馬德拉斯省在印度的地圖上是較明顯的一個地點，據說稻米的產量大約增加了 16％至 17％[186]。若我們致力於找出牽涉到的因素時，就會產生與官方的說法呈尖銳矛盾的形象。就土地而言，最重要的作物是生長在稻田中的稻米。這一省中大約有 1/3 的種植地，也就是說在一千四百二十七萬英畝的總數中有四百五十萬英畝得到水利灌溉。1952 年～1959 年之間，新增的灌溉地區只有 344,000 英畝的土地⑱，因此灌溉設施的改善就不是產量增加的主要原因。這其中的答案毋寧是馬德拉斯省在向著農業資本主義的形式方面，比其他的地區走得還要更遠。

這種變動的原因，因為它們更大的含意，所以至少值得提一下。十九世紀末期，土地由農民手中交出來的傾向，在馬德拉斯省一如在印度其他地區變得很顯著而且也引起了政府的關心，然而，在馬德拉斯省，職業性的放債人是少有的。取而代之的是由一位耕作人將錢借給另一個。此外，在耕作者和都市貿易階級之間的界線並不尖銳。都市貿易階級保住他們的地產，並以購買已灌溉的稻田來增加地產。這種趨勢，在獨立之後，似乎因立法而更加快速地進行。1956 年的公平租稅法案(The Fair Rent Act)迫使將土地以租佃的方式出租的中級地主轉而以僱用的勞力直接開發土地，因為工資在這段時間內並沒有上漲⑲。結果是在生產稻米最好的地區的三角洲，地產都高度的集中。擁有地產的少數面對著勞工的無產階級多數。雖然如此，一個富有的地主也不會親自耕作土地，以小心的監督僱工，他可以好好地用肥料，以及其他的方法而獲得一公頃土地約有二千七百公斤的產量，而在這一地區平均每公頃產量是一千七百公斤⑳。

所以，無論如何在這一地區產量的增加，很明顯地是由於資本主義的引用，而不是因為政府有益於高階層農民的政策。農業勞工和小農之中，所產生的政治結果也是大約如所預期的：對國會黨日益緊張，希望逐漸幻滅，而對共產黨同情心則增加了。

　　關於農村的文獻中的豐富事例，顯示了資本主義有限地影響了全印度的一般印象，儘管其衝擊並不像馬德拉斯省那麼大。(這些文獻，對於那些堅信印度農村有無限多樣性的人來說，是一帖第一級的治療藥)⓴。直到最近，人類學家已研究了印度的不同地區以及在現代化過程中的不同時期的多樣性。由於關於同一地區鄰接的近代化村落與落後村落之間的比較，已經有了很好的研究⓴，所以我將嘗試逐一分析近代化的主要障礙，並援引具體的事例來說明這些障礙如何被克服，以及如何才能克服。

　　讀者可以回憶起社區開發計劃的基本假設是印度農民將會依自我的意願，以及因爲他的“感覺需要”(Felt Needs)而在面臨引進的改良技術時便會立刻採用它們。大部份問題在於動作遲緩和外來的官僚，在對地方狀況毫不明瞭下，便作了不少事。假如這個計劃的民主傾向，更多地用於解決這些問題，而不去搞村民議會的改革，結果很可能會更好。然而事實上，自治鄉村和政府之間長久的裂痕仍存在。

　　關於被派到村中的政府人員，有個報告說：「村級工作人員的雙手，都是光滑柔軟的。他的日子都打發在書寫進展報告以及整理他的辦公室以免他的上司忽然來察看」。在這個村子裡，政府的工作人員鼓勵農民試用一些肥料。他們隨心所欲的使用它以至於作物都凋零且枯死。第二年，同村的村民，仍然很友善地接受了在乾涸的貯水池裡種小麥的勸告。銹病侵蝕作物。在這之後，爲了要去除銹病，人們毀壞了一個昂貴的德國噴霧器。政府官員最後只好認爲農民是無可救藥的愚笨和懶惰。無法承擔以作物爲風險的農民，就採用他們所知道的大約可行的傳統方法⓴。這一類的報告，俯拾可見。我將只消再舉一個具有批判精神且通曉常情的法國農業學家杜蒙(Rene Dumont)書中所引用的例子，杜蒙是在極厭惡的情況下離開聯合國的一個考察小組，因爲這個小組一出發就成了備受款待的參觀遊覽團體，他則親自踐踏印度鄉村的灰塵和泥土去考察。在某個地方，人們以十分驕傲的心情向他展示一片肥沃的稻田，這片田地的生產量是印度之冠——但它比日本平常的田地大約還少 40%。在這裡印度人試著引進一如他們在其他許多地區也如此做的日本方法。不過，日本的方法是不能零零碎碎的引進的。它不但需要插秧，而且也需要在水份供給方面小心地調節以及適當的土壤條件。地區的差異性也要注意到，而且要得到正確的結果的話，因地制宜的適應也要做到。而事實上與這相反的是「每一件事都只在紙上作文章，而實際上完全沒做」。杜蒙以更憤慨的心情指出，爲每一個發展地區所設計的改進方案，大約和爲整個國家而做的一樣。❷⓪③。

此外，在技術適合地方條件的地方，以及技術可以有效運作的地方，農民都會很迅速地採用它們。在一個村子裡，爲了抵抗牛的瘟疫，農民首先都會將牛群趕走，而不願意讓他們注射預防針，這種牛瘟在當地是致命的流行傳染病。雖然人們使盡了力氣，但也只有四十七頭牛接受預防注射。可是，一旦注射的牛繼續生存而其他大約二百頭牛因牛瘟死亡之時，這個地區的農民，對於革新的態度即產生戲劇性的改變❷⓪④。

這個例子，顯示了由於官僚能夠而且確實提供了一個符合"感覺需要"的服務，那麼新的技術便能夠被村民接受。不過並非每次都如此。在任何一個社會裡，人們的"感覺需要"，大部分是個人具體的社會環境和所受的教育而產生的。它們是被創造出來的，而不是自然賦予的。我們必須要更深入探討並找出它們背後的東西是什麼才能知道什麼是被感覺界定爲"正常的"。在印度的鄉村中，農民的"感覺需要"是以村落寡頭小規模獨裁統治爲基礎的，這些鄉村的寡頭彼此爭戰，不過卻透過由種姓制度和鄉村傳統的政治結構而維持住他們全面的領導權。民衆之所以不願採用新的農耕方法，在於有強大的既得利益之存在。基本上，這是佔統治地位的種姓害怕他們將會喪失占有勞力和實物收入的特權。杜蒙指出，以很簡單的工具和裝備，並且依靠長期以來可用但卻沒用的勞力，就可能以小的儲存槽將傳統的灌溉系統重新整理。按照他的估計，用這種方法就可以增加足夠的較高生產量的好土地，以解決印度大部分的糧食問題。然而，爲什麼什麼都沒發生？因爲控制村子的地主害怕由於這些儲存槽而增加的土地，將會削減他們的租稅，並使得賤民可以就他們的勞力具有討價還價的權力❷。對於印度文化傳統的延續性毫無止境的談論，種姓制度背後的好幾世紀的動力，村民的冷漠，以及民主制度的種種新論調，都成爲掩蓋了這些利益集團利害關係的巨大煙幕❷。

對於佔整個印度壓倒性多數的農村低階層人口而言，他們的需求和慾望所受的限制，和我們看來似乎是令人難以忍受的狹窄眼光，以及對"外來者"(Outsiders)所持的謹愼的懷疑態度，這些不外是對現存狀況的現實且敏銳的反應罷了。在耕耘者窮到連一個小小的災禍都會讓他遭殃的地方。農民若聽從官僚的建議，接受嘗試新的種植方法，而全然不注意技術上的重要細節或土地情況，從而導致失敗，那麼這些農民也就笨得可以了。而且在大部分的利潤都被地方寡頭拿走的情況下，我們也就不能希望農民會賣力或貢獻熱誠。在這種情形下，他的"感覺需要"就很低。因此，在許多地區，社區開發計劃如一道旋風吹著來，激起了一點地方狂熱——人們大都喜歡成爲令人喜悅的注意

目標——然後再繼續向前推進，並在官方的記錄上稱這個地區已進展
到集中開發的階段。之後，在政府當局猶樂陶然之間，許多鄉村又回
復到它們的老方法上，世界再回到常態的情況了。

　　這些阻礙不管是整體性的，或是個別的，都不是不能克服的。農
民因應狀況之必要，而確實加以克服障礙的事實，最能夠說明這一點。
一般而言，他們也會將可以有效運作的傳統社會結構中的部分，拿去
適應新的情形 ❼。不過，農民在揚棄顯然不適用的東西時，很少表現
出猶豫的。一個傑出的研究，對於灌溉使得甘蔗大規模的引進成爲可
能的鄉村，與水不能到達的鄰近鄉村做了對比。在可灌溉的地區，即
使要全面重編農作業的形態，農民也毫不遲疑地就轉向甘蔗的種植。
實際上，這位作者亦很具說服力地認爲全面的再組織，可能比一部分
的組織來得容易。雖然存在著反對下田工作的種姓偏見，農民還是把
自己家裡的幾乎一半勞動力投入到甘蔗種植中去。之所以如此，乃是
因爲當地的甘蔗工廠可以提供甘蔗的穩定市場。在同一地區，稻米的
種植仍然沒有效率。沒有人希望採用日本的方法。對稻米而言，在這
一地區，市場很小或根本沒有市場。值得注意的是，被當成商品作物
的甘蔗之引進，即是轉化到貨幣經濟，不過這卻對鄉村的一般生活，
只是產生極少的變化而已。農人還是農人，雖然他們比以前更爲富有。
雖然工作習慣有改變，不過，大體而言，種姓和傳統的制度，是可以
和過渡到貨幣經濟階段並存的。在水利不能到達的鄰近鄉村，情形卻
完全不同。爲了要達到鄰近地區所享有的經濟水平，那裡的農民不得
不相互你爭我奪地爭取工作機會。因而，缺水的鄉村傳統秩序瓦解得
更深。從這個比較中所最清楚表現的是，在尚未引進灌溉之前，基本
相同的兩個村莊，在適當的外來刺激下，這種原初的農業社會會產生

什麼樣的變化。然而，如果沒有販賣生產物的好市場出現的話，灌漑本身也不會有這些有利的結果 ⑳。在印度的其他地方，灌漑系統很快地就破壞了，因爲農民無法利用。

上面所提到的貨幣經濟的引進，是很具啓發性的，因爲它有助於我們掃除關於因之而引發困難問題的先入之見。不過，它並不是貨幣經濟展開所發生的一般特徵。一個更爲普遍的情況是較具有企業精神的小地主和農民，都具有走入商業活動的強烈傾向，在鄰近的城市中可能讓他們或在當地賣出他們的產品，或是從事商業性副業。這一部分是社區開發計劃預計之外的結果，而這個計劃的主要利益都流入較富有的農民手中 ⑳。就這一點而言，今天的印度呈現出一些與新經濟政策(Nep, New Economic Policy)時期的蘇維埃俄國有強烈的相似點。這些相似點在於，如果精力旺盛，工作就可獲得錢財致富而立身出世的社會體制，人們在制度的裂縫中乘機鑽營賺錢。這也是傳統秩序具有彈性的又一明證。種姓的抵制比以往還更不具效力，甚至於對一個農民而言，與其依賴經濟變遷的封閉系統不如購買服務的情況，也是可能的。抵制的沒落，使整個種姓制度失去了它最重要的制裁之一。

小地主和富裕的農民之追逐金錢，具有鼓勵性的層面。它很明顯的指出在舊社會可資利用以獲取有利的選擇時，許多有雄心的農人自會抓緊它。這可能是印度走入商業化農業變動的方法，這略具法國十八世紀末期以及十九世紀的模式。現代的技術也可能去除密集農業中負擔過於沈重且愚蠢的方法。不過，政治的危險性是存在的。印度的鄉村無產階級因種姓義務和一小塊土地被束縛於既存的秩序之中。印度將來變化方向似乎很可能走向傳統關係的崩潰以及工資勞動者的路上去，而不是像日本那樣，走向修正的家長政治關係的路上。如果現在的傾向一直繼續下去，傳統的關係就可能愈加削弱。大批的人已流入都市的貧民窟，共產黨的煽動已經得到不少的響應。假如社會中沒有因類似新經濟政策的變動而造成的大量流動勞工的立足之地時，則所產生的政治結果很可能就具有爆發性。

當我們探討農村告一段落，而可以對全面問題作一最後概觀時，我們很可以問，這個持續的停滯和遲緩的進步，最後的原因是什麼？直接的原因似乎非常清楚，即是在於市場經濟無法深入農村，而且無法產生出農民可以充分對應生產量急增的新狀況。農村社會的結構只是一個次要的阻礙，它是會隨著外在環境而變的。把討論集中在農村抵拒上，以及派遣無數人類學家調查團以研究農村，等於是把注意力轉移，而忽略了困難問題的主要來源乃是在於德里的政府政策的制定人。這一方面容後討論。在市場對農村壓力薄弱的背景下，印度無法把農業所生產的資源輸送到工業建設上來。進一步而言，與其他國家相較之下，我們可知道，印度的歷史發展過程中，並沒有產生具有可將農業剩餘去推動工業成長抱有強烈興起的階級。民族主義運動有農民的廣泛支持，而且透過甘地深入了農民層的意識形態中。

以上大約是社會學的分析所能到達的界限。我自己強烈地懷疑這樣的分析是否走過頭，尼赫魯本人是必須要負大部分的責任。太過於集中討論環境和客觀的困難，往往會導致忘掉了大政治領袖人物是有可能不理會阻礙而去完成重要制度上的變革者。尼赫魯是一個非常強有力的政治領袖。若否認他有很大的操作空間，是無稽的。不過，在所有問題中最具決定性的是，他的政策是屬於唱高調且觀望性的。造成行動的氣氛變成行動本身的替代品。至少在這點上，印度的民主制度是不獨有的。

對於這種評價，西方的自由派觀察家幾乎會很自然地回答道，就算印度的農業政策，亦即是說它的整個經濟政策，是屬雷聲大雨點小的型態，不過至少它沒有共產主義近代化的殘忍。他們又認爲爲了民主制度而付出速度緩慢的犧牲代價是必需的。

這一個如意的概論忽略了舖張(*Festina Lente*)的政策加於印度社會中所造成的人類苦難的可怕代價。以冷酷的統計數字來衡量這些代價是不可能的。不過，少許數字的引用，將可對它們的重要性有個約略的概念。據全印醫療研究人員會議(All India Conference of Medical Research Workers)的估計，1924 年和 1926 年，印度每年單單死於可防治的疾病人數就有五百到六百萬 ❹。1943 年的饑荒之後，孟加拉饑荒委員會(Bengal Famine Commission)總結道，約有一百五十萬的死亡人數是以「饑荒和其後跟著發生的瘟疫所造成的直接結果」而產生 ❹。雖然戰時的分裂導致悲慘的結果，不過基本上饑荒是印度社會結構的產物 ❹。這些龐大的死亡人數只是那些淪落在純粹的生物競生的界限之下的人。就它們本身而言，這些數字並沒有提到在生死界線上因疾病、窮困、不潔，以及因宗教信仰而處於愚昧無知狀態中的數百萬人。人口的急增，本身也意味著，除非現狀的急速改善，否則大規模死亡的威脅，仍在暗地裡蠢蠢欲動。

另外，我們還需要指出的是，假如民主制度的意義是，在決定自己一生的命運上，以理性的人類之身份扮演一個有意義的角色的機會時，那麼民主制度在印度的鄉村就還沒有存在。印度的農民還沒有具備民主社會的物質上和知識上的先決條件。一如我先前所已指出村議會的"復甦"，主要也只是羅曼蒂克式的高調而已。實際上社區的開發計劃是從上而下強制執行的。執行的人時常有擺脫掉他們的民主理想的傾向，並認爲民主的過程“太慢”，以及以迎合長官的“結果”來當他們行爲的定向——這些結果時常是膚淺的統計數字。

這個計劃是屬於由上而下強制下來的事實，本身並不壞。重要的是計劃的內容。人們可以只從抽象的民主觀念來批評官僚制的領導，認爲政府不應干涉人民的生活，而不管是歷史原因所造成人民的無知和粗鄙。然而，任何持有這種形式主義的民主觀念的人，都必須要面對大部分的印度農民都不希望經濟發展的事實。他們之所以不需要它，我在前面已經嘗試解釋過。從這一點看，唯一的一貫的計劃將會是廢棄其他的計劃，並讓印度的農民沈淪不潔和疾病之中，直到他們餓死爲止。這種結果，對於信奉民主的任何政治理論家，恐怕是不樂意聽到的。

比較現實的政策，應該是繞著這些問題的對社會的干涉應該如何，以及某種政策與其他政策相較下的代價如何等等。在現代印度社會的分裂下，應該採用哪些政策？這是另外的問題了，我並不打算加以討論。

假如當時盛行的政策，在它的基本要點上仍繼續存在，在可能預見的範圍內，它將在一個改進極慢的情況下產生，而這主要是靠著高階層的農民，繼續不斷地走入農民型式的商業式農業的行動。其中的危險，我們已經指出過：城市和農村的無產階級，已經在一個更大的規模下，呈穩定性的膨脹。雖然，激進的接管，在印度所遭遇的困難還是很大的，不過，這個政策很可能遲早都會激出與它相反的敵對者。

從民主的觀點來看，更可希冀的可能是政府能將這些趨勢就自己的目標爲依歸而加以利用。這就意味著摒棄甘地的原則(對現在掌政的

新一代的行政人員而言，也許並非如此不可能的），允許鄉村的高階層
有統御的自由，不過，需由他們的盈利中抽稅，組織市場以及以逐出
放債人的方式而信賴整個結構的運作。假如政府以這種方法得以成功
地開發農業所創造的剩餘並鼓舞更大量剩餘的成長，它就可以以自己
的資源在工業上做出大量的成果。當工業成長時，它就可以吸收鄉間
過剩的勞力，並且以繼續不斷的加速過程，更迅速地廣布市場。將技
術和現代資源帶到農家門前的努力，就會因此而有成果❸。

第三種可能將是更廣泛地採用強制的方法，這就多多少少接近共
產主義的模式。雖然也可以在印度試行，不過它極不可能行得通。就
我看，對將要來臨的長時期，在印度的條件下，不管他有多聰明，多
肯犧牲或多殘忍，沒有一個政治領導可以實現一個革命性的農業政策。
這個國家仍然太亂、太沒組織，雖然這些都將會漸漸改變。以對抗種
姓制度和具有十四種語言的傳統的阻礙而強制執行集體化政綱所引發
的行政和政治問題，似乎是太過驚人以至於不需要更進一步地討論。

然而，似乎只有一個政策路線可以提供真正的希望，不過，我們
必須重覆的是這並不暗示它就是將被採用的。不論怎樣，假如改變必
須被達成，那麼高壓政治的強烈因素仍舊是必須的。除非有使得印度
農民以一杯水或一碗土而種出豐富的糧食之技術奇蹟，否則勞力必須
更有效地被利用，進步的技術要被引進，以及提供城市居民糧食的方
法要被找到。一如包括日本的資本主義模式之大規模掩蔽性高壓政治
或接近社會主義模式的更直接的高壓政治，也將仍然是必須的。可悲
的事實則是在社會主義或資本主義兩者之下，都是窮人要負擔較重的
現代化的代價。加入這些代價的唯一辯護理由是若沒有它，則他們就
會變得更窮苦。因爲情況真是如此，所以這個矛盾也確實是殘酷的。

對那些面對著它的負責人，我們可能會有最大的同情心。而若否定它
的存在，則是知識上和政治上高度不負責任的表現。

第三篇
理論性的暗示和其影射

第 **7** 章

邁向現代社會的民主途徑

　　由我們目前所具有的認識，可以大略地勾劃出走向現代世界的三條道路中，每一條的主要特徵。最早的一條，是一連串革命後所獲致的資本主義與議會民主的綜合體：清教徒革命，法國革命以及美國內戰。除了稍後我會討論到的某些保留外，我稱這一條為中產階級革命的道路，這是一條英國、法國及美國這三個在革命之初截然不同的社會相繼所採行的途徑。第二條也是資本主義式的，不過，在缺少強大的革命浪潮之下，它經由反動的政治型態，達到法西斯主義的高峯。在這裡值得強調的是，這種由上而下的革命，確實使工業得以在德國和日本成長及繁榮。第三條道路，當然是指共產主義的道路。在俄國和中國，農民雖然是革命的主體，但並不是全部，故而使得共產主義有不同的版本。最後是 1960 年代中期，印度也搖搖晃晃地走向現代工業的社會。這個國家，既沒有經歷中產階級的革命，也沒有經歷到由上而下的反動革命，更沒有共產革命的經驗。印度是否能夠免除上述三種革命型態的驚人代價，而找到尼赫魯時期曾經致力過的屬於自己的新版本，或者在某種方式內仍要承擔大致相當的停滯不前的代價，仍是尼赫魯的繼承者今日必須面對的難題。

　　以西方型態的民主為終結的中產階級的革命，以法西斯主義為依歸的由上而下的反動革命，以及導致共產主義的農民革命，這三種型態，在某種有限的程度下，可說代表了可能的道路及抉擇。在時間上，它們顯然前後連貫，因此，它們彼此之間應該有某種特定的關係存在。一個國家所採取的現代化方法，會改變其它國家在採取類似的步驟時，所要面對的問題。一如韋布倫所創造的那個流行詞彙"落後的優點"（The Advantages of Backwardness）。假使沒有英國的民主現代化在先，則德國和日本所採行的反動手段，就幾乎不可能產生。而若沒有了資本主義和反動的經驗，則共產主義的方法，縱使它存在，也可能是完全不同的東西。我們可以很容易地察覺甚至體諒到，印度的猶豫不前，大部分是由於對上述三種歷史經驗批判性的否定反應。雖然在建立工業社會上，有某些共同的問題，然而，它的任務卻是不斷地在改變。每一個主要政治類型間的歷史先決條件，都有極大的不同。

又在每一個主要的類型內，不但有重要的相同點，也有顯著的相異點，這些相異也許在民主的類型中，表現得最為明顯。在這一章中，我們將試圖以公平對待異同的方式，來分析促成西方民主制度發展的某些農業社會的特徵。雖然討論民主的定義或許會將真正的問題誤導入無關痛癢的語義之爭，但是，關於這個似乎有點浮誇的句子的意義，我們最好還是清楚地交代一下。作者將民主制度的發展，視為在完成三個緊密相關的事情上的一個長期且必然不完整的鬥爭：(1)牽制獨裁統治者，(2)以正直且具理性的法律來取代獨裁的規條，(3)在法律的制定中，為下層民眾取得參與權。國王的斬首，是第一件事中最戲劇性但又非最不重要的一個特徵。法治的建立，立法權，以及日後利用國家來推動社會的福利，則是另兩件事中，素為人知的特徵。

雖然對早期前現代社會的詳細研究，不屬於本書的範圍，不過，至少稍微提一下起點不同這個問題，倒是很適當的。在農業社會內是否有某些結構上的不同，足以在某些情況下，有利於後來走向議會民主制的發展，而其他的起點，卻很難或完全排除這個目標的達成？當然，這個出發點並不能完全決定後來現代化的途徑。十四世紀的普魯士社會，具有許多類似西歐議會民主制先驅的特徵。基本上改變了普魯士以及最後德國社會的決定性變動，發生在下兩個世紀內。然而，雖然起點本身並不具有決定性，但是，其中也許有一些比另一些更有利於民主的發展。

我認為可以找到一個好的例子，以便用來說明西方的封建制度內，的確有某些有別於其他社會的制度，有利於民主發展的可能性。德國的歷史學者奧圖‧欣茲(Otto Hintze)在封建社會的社會律法上的討論，可以說已經極具說服力了，雖然迄今這還是一個學界爭論不已的問題❶。對我們而言，最重要的一點是，在人們有權反抗不義的威權這個觀念外，又逐漸衍生的某些人或某些團體對統治權的豁免。配合著由采地的封建關係而來的自由人之間，依自由意志而訂定彼此同意的契約觀念，這個觀念和實踐的複合體，就成為由歐洲中古社會到現代西方自由社會的重要遺產。

這一個複合體只產生在西歐。只有在那兒，才會在太多和太少的皇權間，產生給予議會民主重要動力的微妙平衡。在其他地方也出現部分雷同的不同情況，不過，比起西歐，不是缺少某些重要的成份，就是缺少重要的比例。俄國的社會也的確發展出社會階級的制度，稱為"Soslovii"，不過恐怖伊凡(Ivan the Terrible)卻加重了獨立貴族的負擔，使其不勝負荷。在彼得大帝的威力之後他們企圖恢復原有的特權，但是沒有成功，反而導致有權者不再有相對義務的現象，而在政府的運作中也缺乏團體的代表。官僚制度下的中國，雖然創造了天命的觀念，使對不公平壓制的反抗多少有了合法的色彩，不過卻沒有創造出團體豁免的強烈觀念，這個觀念則是學者文官在某種程度內由實際運作中所創造的，來與官僚政體下的某些基本原則相對抗。封建制度也在日本產生，不過特別著重對上位者以及神聖統治者的忠誠。它缺乏在理論上平等者之間訂約的觀念。在印度的階級制度內，我們尚可發現豁免和集體特權等觀念的強烈傾向，不過，在理論上或事實上，都缺乏自由契約這個東西。

受到馬克思少許不甚嚴肅的研究，以及維特伏格(Wittfogel)所謂東方專制是奠基於水源控制這個觀點的鼓舞，不少學者企圖對上述這些差異尋找一個簡單卻又周延的解釋，但都不十分成功。這並不表示它們弄錯了方向。水的供給可能是一個過於狹隘的觀點。只要中央權力可以達成不同的任務，或監督對於整個社會的運作屬必要的活動，傳統的專制就可能產生。一個政府要創造一個能夠定義何謂社會的基要任務，並且能使在下的民眾都能接受的情境，在過去，比現在更不可能。因而，探討前工業社會中所謂基要任務之執行，比對現代社會的探討較不具有冒險性。此外，一個社會在政治層面上對分工的組織和社會團結的維護上，似乎比原先所假設的還有更廣濶的選擇領域。農村、封建領地或甚至於一個粗糙的領土官僚制，在大致類似的農業技術下，都可能扮演這個做決定的政治層面。

對於不同類型的起點簡短地評估之後，我們可以轉而討論現代化本身的過程，有一點很明顯地非常突出，君主專制主義，或更普通的前工業期的官僚統治模式一直持續到近代，對西方各式的民主產生了不利的影響。中國、俄國和德國這三個不同的歷史，在這一點上倒是相同的。有一個奇怪的事實是，那些我們不妨稱為君主專制或農業官僚制的強有力的中央政府，都存在於十六及十七世紀與本文有關的主要國家中，這些國家是(當然除了美國以外)英國、法國、日耳曼的普魯士、俄國、中國、日本和印度。不論理由如何，這個事實倒提供了我們一個方便的，雖然多少有些人為的，劃分現代化開始的階段。雖然這些專制政權的持續產生了許多不利的結果，但是強大的君主制卻在早期發揮了制衡貴族動亂的功能。民主制度是無法在無惡不作的貴族陰影下成長且茁壯的。

　　在現代的初期亦如是，現代民主制度的一個決定性的先決條件是在君主和貴族權力之間，出現了粗糙的平衡，在這種平衡下，君權雖然佔優勢，但同時也留給貴族一定程度的獨立自主。多元論者認為獨立的貴族是民主制度成長中一個基本要素的看法，有它堅實的歷史事實基礎。由阿卡巴(Akbar)的印度和滿洲的中國，缺少這麼一個因素的事實，或者更正確地說，缺少為一個事實上存在的獨立力量，尋得一個可被接受的，在法上的地位，就替該觀點提供了支持性的比較證據。這一個獨立性怎樣產生，也同具重要性。在英國，玫瑰戰爭就是一個常被引用的典故，這次戰爭消除了大部分的土地貴族，這使得英國更容易建立一個比法國溫和的君主專制。如果我們能夠想到這個對自由和多元主義傳統都極為珍貴的平衡，經常是透過當代自由派人士所反對的那些激烈甚而革命的行動來獲得那就十分可取了。

　　在這一點上，有人也許會問，假如土地貴族在努力擺脫君王的控制時，缺乏為數眾多且極具政治活力的都市居民，情況會演變成什麼樣？或者更籠統地說，假如中產階級革命不存在的話，貴族追尋自由時，可能會產生什麼後果？我認為可以很肯定地說，這個結果一定對西方式的民主制度極其不利。在十八世紀的俄國，貴族成功地廢止了他們對沙皇專制君主的義務，但同時，他們也保留了或甚至增加了土地的擁有以及對治下農奴的權力。整個的發展對民主制度極為不利。德國的歷史，在某些方面甚至更具啓發性。當時的貴族在從事反對大選後的鬥爭中，大部份未與城市聯合戰線。當時許多貴族的要求，都類似於英國貴族所提出的：對政府的政策有發言權，特別是在政府徵稅的方式上。但是結果卻不是議會式的民主政治。中世紀晚期，在德國的南部和西部，城市曾經風光一時，但以後城市權勢的衰退，就一直是法國歷史上的一個特點。

　　不用進一步地分析這些證據，也不用再列舉事實上是同一方向的亞洲資料，我們現在就可以直截地同意馬克思主義的論點：一個具有活力且獨立的城市居民階級，是議會民主制成長不可或缺的因素。沒有中產階級就沒有民主制度。假如我們把注意力完全集中在農業方面，那麼就找不到主角。雖然鄉村仍然扮演值得仔細探討的重要角色。而且，假如有人希望撰寫一部目前作者不擬嘗試的英雄惡棍式的惡棍的歷史時，那麼他會發現，鄉村裡有集權主義的惡棍，也有城市民主英雄的重要戰友。

　　譬如，英國就是個例子。當專制主義在法國、在德國大部分的地區以及在俄國越來越強盛時，它首先遭遇到的挑戰，就是在英國，而且，在英國建立這個主義的企圖也的確比較微弱。大體而言，確實是如此，因為英國的土地貴族很早就開始具備商業的特質。影響往後政治演進的諸多決定性因素中，最重要的一點是，土地貴族制是否已經轉化為商業化的農業，如果是，那麼它的形式又是如何。

　　讓我們試著以比較的觀點，就它主要的輪廓來審查這個變化。歐洲中世紀的制度是一種擁有領地的封建貴族制，這塊土地中的某一部份由農民為他耕種，貴族則以提供保護及正義來回報，事實上，貴族常以高壓的手段來積累他的財富。農民也利用貴族土地的另一部分來生產自己所需的糧食並建蓋自己的農舍。第三部分的土地，一般而言包括有森林、溪流及草地，所謂的公地，是地主和他的農民燃料的來源、遊戲場及畜牧地。農民常被以不同的方式和土地套牢，部份的原因是貴族為了確保適當的勞力來源。當然，在中世紀的農業經濟中，市場扮演了一個重要的角色，甚至在很早的時候就扮演了比我們曾想像的還重要的角色。然而，與較晚期作比較，在相當程度之內，地主和他的農民在自有資源、自有技術下，就已構成了一個頗能自給自足的社會。這種制度帶著各種地方的特色盛行於大部分的歐洲地區。中國沒有這種東西。封建的日本與這個佈局則有極大的相似處，在印度的一些地區也可以找到一些相似點。

　　隨著城市商業的進展以及專制統治者對稅收的要求，大地主需要越來越多的現金。在歐洲不同的地區，有三種主要的反應。英國的土地貴族轉向一種包括讓農民自由採行他們認為對自己最好的商業農作方式。法國的土地貴族則通常使農民在事實上擁有土地。在那些轉向商業農作的地區，這些貴族以向農民強迫徵收部份產品以供販賣的方式，來進行這種改革。在東歐，產生的第三種情況是大地主的反動。東德的貴族為了生產並輸出穀物，把以前的自由農貶為農奴，在俄國為了政治而非經濟的原因，也發生類似的過程。一直到近十九世紀時，穀物的輸出，才變成俄國的經濟和政治景觀中的主要的特徵。

　　就英國本身而言，土地貴族的轉向商業化農耕，已去除了許多他們對王室的依賴，並且激發了他們對斯圖亞特王朝企圖樹立君主專制採取敵對的態度。而且，與東部德國成對比的是，在英國所採行的商業化農耕，創造了一種與城市間極可觀的共利形式。這兩種因素是內戰及議會運動最後勝利的重要原因。它的影響，在十八和十九世紀期間，仍然非常重要，而且不斷地有新的刺激因素加入。

　　假如我們把英國的經驗與其他的類型放在一起比較，它的結果會更明顯地呈現出來。廣泛地講，有二種其它的可能性。一種可能是，在擁有土地的高階層中，商業的刺激可能極為微弱，結果就是大量的農民存在，在最佳的情況下，這些農民只不過替民主制度的推行帶來大問題，在最差的情況下，這些農民就會成為共產專制人民革命的溫床。另外一個可能性是地主階級利用各種不同的政治和社會方法，維持農作的勞力，並以迎合時尚的方式，使它轉入商業式的農耕。如果再配合大量的工業成長，有可能就會產生法西斯這個結果。

　　下一章，我們將討論地主在法西斯政府的誕生中，所扮演的角色。在此，我們只需注意：(1)商化農業的形式，也是與商業化本身同樣重要，以及(2)適當的商化農業的形式，雖然無法及早生根，但還是有另一條路可以通往現代的民主制度。這兩點特徵，在法國和美國的歷史上都很明顯。在法國，商化的農業，不但使得農民社會大部分毫無損傷，而且還由農民處榨取更多，因此，也為革命的力量提供了貢獻。與英國相比較，法國的大部分地區，貴族們轉向商業化農業的刺激，是微弱的。不過，革命損害了貴族，並且為議會民主制打開了一條道路。在美國，農場奴隸制是資本主義成長的一個重要方面。另一方面，更謹慎一點說，這是一個不利於民主政治的制度。內戰征服了這個困境，雖然不夠完全。一般而言，農場奴隸制只是對資本主義的適應中，最極端的一種形式。有三種因素使得它不利於民主制度。地主們很可能需要一個具有強大鎮壓機關的國家，並因而硬造成整個政治和社會意見都不利於人類自由的情勢。此外，它鼓勵鄉村對城市的優勢，這可能使得城市只變成出口到較遠市場的轉運儲倉。最後，精英份子與他們的勞工之間的關係造成殘忍的結果，這種結果在以另一人種爲勞工主源的農場經濟中，尤其嚴重。

既然進入商化農業的轉變，顯然是一個重要的步驟，那麼，我們如何去解釋它之所以發生或所以未能發生的理由？一個現代的社會學家很可能會在文化的領域內找尋解釋。在商化農業未能大規模發展的國家，他可能就會強調貴族傳統所具有的約束性特徵，諸如榮譽的觀念，以及對金錢的獲得以及工作的消極態度。在做這個研究的最初階段，我是傾向於找尋這類解釋的，不過，當證據聚集起來時，就產生了對這種研究路線持懷疑態度的理由，雖然使用這種方法所引發的一般性問題，還需要更進一步的討論。

爲了更具說服力，文化的解釋必須要能指出，例如在英國的地主階級，軍事的傳統以及身份和榮譽的觀念，都要比諸如法國，遠來得脆弱。雖然英國的貴族，比起法國的，較不屬於閉關自守的群體，而且也沒有正式剝奪貴族身份的規定，不過，單是文化的差異似乎不足以用來解釋經濟行爲的不同。而且，什麼因素使得東部德國的貴族，由殖民以及征服政策轉而追求穀物的出口？而且更重要的事實是，在那些商業刺激遠較英國脆弱的地區，我們常可看到許多地主小團體，在地方條件極有力的情況下，很成功地投身在商業中。例如，爲了出口的商業化農業，的確在俄國的一些地區發展開來。

這一類的研究，使我們重新強調採行商化農業在機會上的不同之重要性，諸如特別是鄰近城市市場的存在，以及適當的運輸方法的存

在，在鐵路發展出來之前，對笨重的物品而言，主要是指水運。雖然
土壤和氣候的不同顯然是很重要，不過，中產階級在這舞台劇上，也
躲藏在廂房內扮演著主要的角色。政治上的考慮也扮演了一個決定性
的角色。一如廣泛存在於亞洲，以及在某一程度內存在於革命之前的
法國及俄國的現象，在地主有可能利用國家的高壓機構以達到坐享其
成的收稅目的時，顯然就不會有任何減低壓力的刺激存在。

　　雖然，在農民之中，商化農業的問題與民主制度不甚相關，不過，
在此地稍提一下較為妥當。由各方面觀之，將農民轉變成其他任何一
種社會構造的一部份，而使農民問題消失，對民主制度而言，似乎是
好的預示。在斯堪的那維亞和瑞士的較小型平民民主制度裡，農民因
從事非常專業的，為城市市場而存在的商化農業，而成為民主制度的
一部分。至於農民堅決地對抗這類改變的地方，例如印度，要在客觀
環境的領域內找尋解釋也並非難事。一個真正的市場機會並不常有，
對掙扎於生存邊緣的農民而言，很顯然地，現代化是太冒險了，特別
是在既存的社會制度下利潤有可能都歸於其他人手中時，更是如此。
因而，一個非常低的生活水準以及一系列的期望，在這種情勢之下，
是唯一有意義的調整。最後，在情勢不同的地方，有時候我們可以發
現在很短的時間內產生戲劇性的變化。

　　到目前為止，我們的討論集中在兩個主要的變因，其一是地主階
級與君主的關係，以及他們對為市場而生產的反應。第三個主要的變
因，也已經進入我們的討論中：地主階級與城市居民的關係。這裡的
城市居民主要是我們可以約略稱為中產階級的上層人士。在這兩者之
中以及跨越這兩個群體之間所產生的聯盟和對抗聯盟，已經構成而且
在世界上的一些地方仍然構成了政治行動的基本架構和環境、構成政

治領導人必須運用的一連串機會、誘惑和不可能性。用更籠統的話來說，我們的問題就變成是在地主階級和都市居民的關係中，去尋找那些有助於自由社會之發展的情況。

我們最好是從城市和鄉村之間以及在這二種人口之內的某些自然的分界線開始談起。首先，是眾所周知的利益衝突，這種衝突指的是城市需要廉價的食物而對它所生產的物品則要求高價格，而農村卻希求食物的高價格，以及低廉的工藝及工廠產品。這種衝突隨著市場經濟的擴展，可能會變得越來越重要。諸如存在於鄉村的地主和農民之間，主人和職工之間，城市裡工廠所有人和工人之間，階級的不同越過鄉村和城市的分野。當城市和鄉村高階層人士的利益一致與農民和工人的利益相對抗時，其結果很可能不利於民主制度。不過，這種影響大致上還是有賴於產生這類聯盟的歷史環境。

關於土地貴族和城市高階居民的利益結合，有一個重要的例子發生在都鐸王朝和斯圖亞特王朝的英國。這個結合出現於現代化過程的早期，並且在當時的環境下，導向對王權的反抗。這些現象在解釋民主的結果上，具有關鍵性的地位。英國的中產階級熱衷於獨立的對外貿易，同期的法國製造業者，則還侷限在替國王及貴族製造武器和奢侈品上。

在土地貴族和鄉紳這一方面，也有一連串的有利因素。十六世紀及之前，羊毛的貿易是鄉村重要的生產活動，導致了以牧羊為標的的圈地運動。人數雖少但具相當影響力的英國畜牧業的高階層需要替羊毛輸出的城市，這與東部德國貴族控制的穀物生產繞過沒落的城市大異其趣。

內戰前的英國，以這種方式形成地主和城市高階層的結合，因而有利於自由的動因，在當時的主要國家中，是一個獨一無二的特例。
也許整個英國當時的情境，在人類的歷史上，也是史無前例的：從十
七世紀到大部分的十九世紀中，英國的中產階級在人類的自由中，擁
有最大的物質支柱，因爲他們是第一個中產階級，而且他們外在和內
在敵人的勢力還未成熟。不過，從英國的經驗中，我們暫時做些一般
性的推論，也不無好處，看看在什麼樣的情況下，城市與鄉村間上層
人士的結合，會有益於議會民主的發展。正如已經指出的，爲了對抗
君主官僚而結合是很重要的一點。第二點是商業和工業的領袖，必須
在社會中漸漸取得支配的地位。在這些條件下，地主階級始可能發展
出中產階級的經濟習性。這不是僅由模仿就可得，而是他們對一般的
環境和自己特有的生活環境的一種回應。所有這些似乎只可能在經濟
發展的早期產生，在二十世紀的任何地方，似乎都極不可能再出現。

　　具備中產階級的特色，將使得地主階級在稍後的一個基本上是屬
於中產階級的社會中，更容易取得政治領導的地位，一如十九世紀的
英國。其它還有三個因素，也可以算是重要的。第一個，在工、商團
體和舊有地主階級間，存在著相當的敵對情勢。第二個是地主階級擁
有一個十分穩固的經濟基礎。這兩個因素防止上層精英組成堅固的反
動陣線，同時鼓勵爭取大眾的競爭。最後，我認爲土地貴族必須能夠
將他們的某些看法，傳達給商業和工業階級。

　　這種傳達的意義不僅是替舊有的資產找到一個新的保值方式，還
包含許多我們至今仍未完全了解的微妙的態度轉變。我們只知道下列
的結果：中產階級的態度必須更強烈，而不是如德國所發生的一般，
在其它的方向打轉。這種滲透發生的機構，非常不清楚。但教育制度
本身無疑地扮演了重要的角色，雖然，僅靠教育是起不了什麼作用。

坦白討論社會結構的問題，在英國有時與坦白討論性問題一樣是被視為禁忌的，不過，大量傳記文學的研究，可能可以得到豐盛的收穫，而英國在這方面的文獻非常豐盛。在社會、經濟、宗教、和政治分界線不是十分清楚的地方，衝突就可能不會激烈痛苦到足以排除民主協調的地步。這種制度所需付出的代價當然"尚可容忍"此物之長期而大量的濫用——所謂"尚可容忍"無疑是根據那些從這制度中能獲取利益的人士之標準。

簡述英國農民的命運，可以間接地看出對民主的成長具有決定性的另一個條件。雖然英國「以圈地來做為農民問題最後的解決辦法」，也許不如早期的作家引導我們所想像的那麼殘忍和徹底，不過無可置疑的，屬於工業革命一部分的圈地運動，使得農民問題由英國政治上消失。因而，在英國就沒有像德國和日本一樣，地主階級能夠擁有為其反動目的服務的大量農民儲備軍。也沒有辦法像在俄國或中國一般，成為農民革命的群眾基礎。雖然是基於完全不同的原因，美國也從農民問題的政治瘟疫中逃脫開了。法國卻不能倖免，因此法國民主制度在十九和二十世紀中的不穩定性，部分就是為了這個原因。

圈地運動中，不可否認的殘忍性，使我們面對了以和平手段轉移到民主制度的有限可能性的問題，也使我們不禁憶起了在它建立之前，許多公開且激烈的暴力衝突。現在是轉向辯證法，並提醒我們自己革命暴力的角色的時候。這些暴力中的大部分，也許應該說它最重要的特徵，是在朝向西方民主路上，不斷出現的農民問題。英國的內戰制衡了君主的專制權，並在十八及十九世紀早期，使具有商業頭腦的大地主，能夠放手去摧毀農民社會。法國革命則打垮了主要仍然是處於前商業期的土地貴族的權力，雖然他們之中有些人，已經開始走向需要鎮壓機構來確保勞力供給的新型態。如所提過的，在這個意義下，法國革命是另一條可能有利於民主制度的道路。最後，美國的內戰，也同樣打垮了在民主路途上構成障礙的土地貴族的權力，不過，在這個例子中，土地貴族卻是以資本主義的一部分而成長。

不管我們認爲這三個激烈的暴力行動，對於自由和中產階級民主制的發展，是助力還是阻力，我們必須承認它們是整個過程中的重要部分。這個事實本身，提供了許多可以將它們認爲是中產階級的，自由革命的理由。然而，就這件事而論，將革命或任何主要的歷史現象做分類，是有困難存在的。在進一步討論其他問題前，不妨先討論這一點。

基於某些一般性的考慮，我們有必要採用一些較大的範疇歸類。顯然某些制度，如封建制度，專制君主制，和資本主義等，在輝煌一時之後，都沒落了。任何一個特定的制度複合體，先在一個國家興起，然後再傳到其他地方的這個事實，例如資本主義先在意大利，然後荷蘭、英國、法國及美國，並不構成我們對歷史採取進化觀念的阻礙。沒有那一個國家，獨自經歷了所有的時期，任何一個國家都只是在自己的環境及制度下，走了一段而已。因此，傾向私有財產的生產工具的革命，在某些階段，可能比在其它的階段更有成功的機會。這個革命在十四和十六世紀也許時機不夠成熟而且也只是一個小潮流，而在二十世紀的下半期，又是非常地不合時宜。但是跨過某一個國家在某一段時域內的特殊歷史處境後，世界其它地方的情況，譬如工業技藝的水準，政治及經濟的結構等，卻使這個革命情勢大爲看好。

這些考慮使我們得到的結論是，我們必須以革命所導致的制度結果，來區分革命。許多混淆的來源以及不願用較大的範疇分類的原因是，那些爲革命提供廣大支持的人、領導的人以及最後獲利的人，各屬於非常不同的群體。只要這些差別仍然清楚地存在，那麼把英國內戰，法國革命以及美國內戰視爲中產階級民主革命的不同發展階段，就有意義（事實上，不僅爲了分別差異，就是在搜尋類同上，也有它的必要性）。

　　不願意使用中產階級革命這個名詞是有理由的，而且在這裡也值得指出它可能被誤導的方式。對某些作者而言，中產階級革命這個概念，意謂著城市裡商業和製造業階級的經濟權力，穩定地增加到足以與舊有的、控制土地的統治勢力發生衝突的地步。然後在這一點上假設又發生了革命，商業和製造業階級攫走了政權並引入現代議會民主制的一些特徵。這種看法，並不全錯。甚至於在法國，就有一些徵象顯示，一部分的中產階級，在經濟權力增加之後，就對舊王朝所加給的束縛產生敵意。不過，這種意義的中產階級革命，未免過於簡單，以致於變成對歷史事實的一種諷刺。我們只需看看下列幾點就可明瞭爲什麼這是一種諷刺：⑴在英國鄉下，使得英國貴族在整個十九世紀期間，仍能保有政治權力的一項重要因素是資本主義；⑵在法國；任何純粹中產階級的驅力都是虛弱的，它要與舊秩序緊密結合，在革命期間，它要依賴激進聯盟，以及農業經濟一直持續到當代的法國；⑶一個不容否認的事實是，農場奴隸制在美國是依附於工業資本主義而成長的，它是民主制度而非資本主義的障礙。

　　一如我們不久前指出的，最主要的困難在於中產階級革命以及農民革命這類的措辭，對從事革命的人和因革命而獲利的人，毫無分別。同樣地，這些措辭將革命的法律和政治成果，與在革命中活躍的社會群體混而不分。二十世紀的農民革命，擁有農民的廣大支持，但農民卻成爲共產政府推行現代化下的最大犧牲者。不過，我仍決定直接地，雖然不很一致地，使用這些辭彙。在談到農民革命時，我們將談到它們背後的民衆力量，衆所周知，在二十世紀，它的結果是共產主義。在討論到中產階級革命時，我們以一連串的法律和政治結果來爲使用該辭辯護，我認爲前後一致的術語，勢必要另造新辭，這只能使情況更加混淆不清。不過，最主要的問題終究是發生了什麼以及爲什麼發生，而不是標語的正確用法。

現在，非常清楚的是，清敎徒革命、法國革命以及美國內戰，都是屬於邁向現代西方民主制度的長程政治改變中，非常激烈的暴動事件。這個過程有它經濟上的原因，雖然它們絕不是唯一的原因。經由這個過程而創造出來的各種自由，也展現出一種彼此之間很清楚的關係。與現代資本主義的崛起並聯，它們有著特定歷史時期的特徵。在一個自由和中產階級秩序的社會中，關鍵性的因素第一是投票權，投票權衍生在制定法律的立法機關中的代表權，因此，它就不只是行政權的橡皮圖章，而是一個至少在理論上不因爲出生或遺傳的身份而委予特權的客觀法律系統，其它還包括財產權的保障以及去除前代遺留下來的關於財產使用權的陋規、宗敎容忍、言論自由、以及和平結社等權利。縱使實際上沒有條條明文宣示，這幾點早已是公認的現代自由社會的特徵。

農業部門的溫順，是造成這種社會的整個歷史過程中決定性的一點。它正與較爲人所知的工人階級的紀律，具有同樣的重要性，而且這兩部門間當然有密切的關係。英國的經驗確實易於使人認爲避免農作成爲主要的社會活動，是成功的民主制度必備的條件。地主的政治領導權，必須被打破或轉移。農民必須轉而爲市場而生產，以取代爲他自己以及爲大地主的消費而生產。在這個過程中，地主或是變成資本主義和民主潮流的重要部分，一如在英國，或者假如他們是反抗它的，就被革命或內戰的騷動清除掉。簡言之，地主或是幫忙促成中產階級的革命或是被它毀滅掉。

在結束這個討論時，不妨整理一下一些和民主發展有關的重要條件，並拿這些結論來和印度的經驗對照，以便做個初步的驗證。這些條件中的某一部份與印度議會民主中某些較成功的面向、或與這些面向的歷史根源，有明顯的關連，並且那些印度欠缺的條件明顯構成印度推行民主中的困難或障礙的話，我們對這些結論就能擁有較大的信心。

我們在民主發展分析中所面對的第一個條件就是，避免太強的君主或太獨立的土地貴族爲目標的均衡發展。十六世紀蒙古人入侵印度的極盛時期，君權與高階層的關係是君權佔壓倒性的地位。由於財產權缺乏任何保障，正如莫爾蘭(Moreland)的名言，貴族不是統治階級的僕役就是敵人。蒙兀兒人制度的沒落，解放了上層階級，形成地方小國彼此交伐的戰國時代。不過，繼之而來的英國人於十八世紀試圖在印度的土地上，創造出與英國一樣強勁且進步的鄉紳階級，則是一個徹底的失敗。印度的社會也缺乏第二個民主要件：這個條件是，不論土地貴族或農民，皆轉向一種適當形式的商業化農業。相反的，在英國法律和秩序的保護傘下，人口增加了，而且寄生的地主階級與放利者配合，囊括了大部分農民自己沒有吃的東西。這些情況反過來大大地抑制了資本的累積和工業的成長。當獨立來臨時，它的到來部分是因爲農民希冀回到舊日理想的鄉村，這種心理，更侷限了而且甚至危害地拖延了鄉村真正現代化的腳步。對於建立一個基礎穩固的民主而言，上述的情況是主要的障礙，應是不待言的。

　　另一方面，英國人的離去，大大地削弱了土地貴族的優勢。有許多人可能會主張，獨立之後的改革，甚至於摧毀了這個勢力。就在這個有限的程度內，印度民主制度發展，就跟著西方的模式而進行。更重要的是，英國統治印度時的般般措施：將權力鞏固在土地貴族上，資源的利用以英國本土的利益爲依歸，製造城市中商業與貿易階層彼此間的矛盾，大力防止土地貴族與城市中產階級的聯合，所有這些，下一章會詳細說明，就是以後歐亞各地右派集權政體與運動的社會根源。因此，在印度我們就看到了兩個條件的情況：土地貴族的衰弱，以及防止反農民和反工人的貴族——中產階級聯盟的產生。

　　就不經過革命暴力的時期，而能擁有形式民主，以及相當一部分的實質民主——譬如合法的反對勢力、抗議與批評的表達管道——而言，印度確實是一個重要的例子。然而，第五個條件的缺乏——與過去歷史的革命性斷絕，以及直到目前一直沒有朝這個方向的強大動力，是印度長期落後和自由民主仍然面臨艱鉅困難的原因之一。一些研究印度事務的學者，都驚訝於印度一小部分受西方教育的精英份子，他們可以輕易地扔掉民主制度的理想時，卻仍然忠守著它。不過，爲什麼他們要扔掉它？難道民主沒有提供必要的合理化，使他們得以拒絕任何大規模檢視維持住他們特權的社會結構？爲了公平，我們必須再附加一點，任何極端的空想或許容易，但是當反省到實際所需負的責任時，事情就沒那麼簡單了。

　　雖然繼續再討論下去也不錯，但是，就本書而言，印度的政治只是用來測試一個民主理論。印度民主的成就和缺點，以及它現在仍然面臨的阻礙和不確定性，都可以依我們從其他國家的經驗中所得到的這五個條件，來做合理的解釋。這當然不是一種證明。不過，我認爲應該可以說，這五個條件不但闡明了印度歷史的幾個重要層面，它們也由這個歷史得到了強有力的支持。

第 8 章

由上而下的革命和法西斯主義

　　第二條到現代工業世界的主要道路，我們稱之為資本主義的、反動的道路，最明顯的例子是德國和日本。資本主義在這兩個國家，很穩固地紮根在農業和工業中，並且把它們變成工業國家。但是，這些並未經過群眾革命的暴動，在這兩個國家，這種傾向都很微弱，日本尤其如此，而且曾有的傾向不是被粉碎了就是轉向。即令不是唯一的原因，但是農業的條件以及資本主義在鄉村中特殊型態的轉化，都大大地影響了這些失敗並削弱了走向西方民主制度的動因。

　　鄉村中確實有某些資本主義化的農作型態，在經濟上可以說是成功的，但是基於某些很明顯的理由，它們却是不利於十九世紀西方各種自由制度的發展。雖然這些型態多有類同之處，但是，我們仍然可以輕易地區分為兩大類。一如在日本，地主階級可以保持原有的農業社會原封不動，但又引入能夠使農民創造剩餘以供自用或販賣的變因。或者，地主可以按照農場奴隸制的路線，創造一個全新的社會組合。在現代，率直的奴隸制，就相當於熱帶地區的侵入殖民。然而，在東歐的部分地區，本土的貴族得以引進農奴制，它以結果大約相似的方式，重新將農民與土地連結在一起。這可說是居於上述兩者之間的中間型式。

　　維持農業社會原封不動但從中榨取更多,以及在大的生產單位上,利用奴隸式或半服役性勞力的這兩種制度, 需要強有力的政治手段來榨取剩餘、固定勞力的供給、以及使這個制度大致上能夠運作。所有的這些手段, 就狹義的意義而言, 當然並不都是政治性的。特別是在舊有農業社會被保存下來的地方, 就有各種利用傳統的關係和態度, 以鞏固地主地位基礎的企圖。因為這些政治手段, 都有重要的結果, 所以將它們予以命名, 將是有助益的。經濟學家按照勞資比例的多寡將農業型態區分為勞力密集式或資本密集式。談到勞力壓榨的制度, 也許也不無助益, 而奴隸制只是其中一個極端的典型。但隨著這個觀念而來的困難是, 有人很自然地會問, 哪一種型態不屬於勞力壓榨的?我的看法是區別在於, 一方面, 在政治運作的利用上(政治一詞採廣義的用法, 如前所指的), 和另一方面, 對勞力市場的依賴, 這兩者怎樣運作來確保足夠的勞力耕種土地並為其他階級的消費而創造剩餘。在上述兩個例子中, 屬於下層的人, 處境就非常痛苦。

　　要使勞力壓榨的農業制度這個概念有用, 那麼最好是約定它指的是大量的人都以這種方式在工作。而且最好也能明白敍述它所不包括的是什麼, 例如十九世紀中葉美國的家庭式農場。家庭式農場也可能有勞力剝削的現象, 但是這顯然主要是一家之主的個人意願, 與外來的干涉無關。再者, 理論上擁有自由離去的權利但在現實中卻不盡然的農作僱工制, 也不屬於這個範圍。最後, 前商業期和前工業期的農業制度, 假如領主在主持正義和安全的提供方面與耕種者對穀物的奉獻間, 能有大致的平衡的話, 那它也不一定是勞力壓榨制的。關於這個平衡是否具有任何客觀的判準, 在下一章當我們將它和農民革命的因緣並提時, 會得到較佳的討論。在這兒我們必須指出, 在現代化的過程中，勞力壓榨的農業制度，並不一定會較其他型式的制度，爲農民帶來更大的苦難。日本該制下的農民比英國的農民，顯然過得更愉快。不管怎樣，我們這裏的問題是另一個：勞力壓榨的農業制度，如何及爲何不利於民主制度的成長，但又成爲導致法西斯主義的一個重要的制度複合體。

在討論到議會民主制的鄉村根源時，我們發現從君權處得來的有限度的獨立，是有利的條件之一，雖然它並不是在每個地方都發生。雖然勞力壓榨的農業制度可以在反中央權力的情況下展開，不過，它也可能在日後爲了找尋政治支持，而與君權結合在一起。這種情況有可能導致貴族保留軍役制，因而不利於民主制的成長。普魯士國家的進展，就是一個最明顯的例子。既然我們在這部著作裡已經數度提到這個發展，在此，我們僅需簡短地敍述一下。

在東北部的德國，十五和十六世紀莊園的反動，中止了農民自封建束縛中解放出來的發展以及與此密切有關的英國和法國最後導致西方民主制度的城市生活的發展，關於這個反動，我們在其他章節會談的更多，但其最基本的一個原因是穀物外銷的成長，雖然這並非唯一的原因。普魯士的貴族以犧牲農民的方式，來擴增他們的利益，並把農民變成農奴，而這些農民原是在"條頓敕令"(Teutonic Order)的保護下，已經幾近自由了。在同一步驟裏，貴族以外銷貨品繞道城市的方式，使城市對他們產生依賴性。之後，霍亨左倫家族(Hohenzollern)的統治者，設法破壞了貴族的獨立，粉碎階級的區分，使貴族和城市居民彼此傾軋，坐收漁利，藉以牽制投身於議會政制運動中的貴族份子。在十七和十八世紀所產生的結果是一個"北方的斯巴達"(Sparta of the North)，一個混合君主官僚，和土地貴族的軍國政體❶。

　　統治階級與生俱來的優越感以及對身份問題的敏感是來自土地貴族這方面，這是進入二十世紀時仍然很顯著的特徵。由於後來又加入了一些新的東西，這些觀念可能日後被庸俗化了，並以取悅整個德國民族的種族優越觀出現。爲了抵抗來自貴族的強大反對，王室官僚們就引進了一種對超乎階級和個人的某個制度，完全和無異議服從的理想——在十九世紀之前，"國家"這個名詞還是不合時宜的東西。普魯士的紀律、服從、和對軍人堅忍特性的崇拜，主要是來自於霍亨左倫王朝想創造中央集權的君主政制的努力上。

　　所有以上的敍述，當然並不意味著自十六世紀以降，一些無情的命運驅使德國走向法西斯主義，且這過程永遠無法扭轉。其他的因素也必須介入，有一些還非常的重要，例如，十九世紀期間，工業化開始聚集了動力。關於這些，等一會兒必須加以說明。在導向法西斯主義的一般模型中，也有許多不同型式的版本，假如我們希望更精確及更專業一點的話，我們亦可說在由上而下的革命中，在那些保守的現代化的各種主要的途徑中，各自還有一些次級支徑。在日本，對權威全然屈服的觀念，很顯然的是來自封建的體系而非來自君王個人的權威❷。再者，在創生法西斯主義的義大利，並沒有強有力的國家君主政體，墨索里尼必須要退到古老的羅馬才能找到所要的象徵。

　　在現代化過程較晚的時期，一個新的且具關鍵性的因素，很可能以具影響力的地主上層階級和新興的商業和製造業利益間構成一個暫時聯盟的形式出現。綜而言之，這是十九世紀的政治形象，雖然它還繼續地存在於二十世紀。馬克思和恩格斯在討論到 1848 年德國的流產革命時，雖然在其他主要的特徵上他們有錯誤，但是對這個具決定性的因素卻明白指出：一個在爭取權力和統治方面，與生俱來就太弱且又具依賴性的商業和工業階級，將他自己投入土地貴族和君主官僚的懷抱中，以統治的權力去交換發財的權利❸。我們還必須附加一點，雖然商業和產業本身是衰弱的，但它們也必須夠強(或不久變得夠強)才足以成爲有價值的政治伙伴。否則，導致共產主義的農民革命就可能中途出現。在想建立這個聯盟的一連串努力失敗後，這情況就發生在俄國和中國。似乎還有另外一個因素也在比這個聯盟成立稍晚的時間，進入這個情況之中；勞力壓榨的農業制度，遲早會遭遇到其他在技術上較爲先進的國家之競爭因而產生困難。美國內戰末期，美國麥類外銷的競爭，使得歐洲的許多地方陷於困境。這些反動的聯盟當發現這些競爭使它們的經濟基礎下陷時，就會轉而尋求政治上的彌補，以維持它們的統治地位，因而強化了集權和反動的趨勢。

在這種聯盟很成功地建立起來的地方，跟隨著就有一段長時期保守，甚至於專制的政府，但這些政府離法西斯還有一段相當的距離。這些制度的歷史界限時常是模糊不清的。大致而言，我人可以說德國從史坦—哈登堡改革(Stein-Hardenberg)到第一次世界大戰末期、日本從德川幕府到 1918 年都屬這一類型。這些專制的政府，具備了一些民主的特徵：尤其是多少有些權力的國會，它們也許有意朝發展民主的路上走，而這些企圖，也的確獲致了一些不穩定的民主制度。(威瑪共和、二十年代的日本、吉奧利提〔Giolitti〕治下的義大利)。但是由於這些民主制度無法應付當時的嚴重問題，也不願或不能進行一些基本結構上的改變，遂導致法西斯主義的興起❹。從社會結構分析的角度來看，這些政府之所以失敗的一個原因，唯一的原因，就是由於農民未能結合城市階級以造成革命性的突破，遂使地主階級仍然掌握了相當的政治權力。

一些在這個基礎上崛起的半議會制政府，也實行了一些可算是和平的、由上而下的、政治與經濟的革命，這些革命使它們在邁向現代工業國家之途上，跨進了一大步。在這個方向上，德國走得最遠，日本稍少一點，義大利少很多，而西班牙則只有一點點。現在，在這樣一個企圖促成現代化的由上而下的革命過程中，政府必須完成許多在其它國家是由下而上的革命所助成的任務。認爲一個激烈的群衆革命，在促成工業化、掃除封建障礙上多少是必須的觀念，純粹是無稽之談，德國和日本的歷史就是好例子。但是，用由上而下的方式來瓦解舊秩序，因而所產生的政治結果，則是絕對不同的。當這些半議會制的政府在進行保守的現代化時，它們會儘可能地保留原有的社會結構，儘可能在新的架構內嵌入舊有的主件。這結果就有點像目前還存在的維多利亞式的房子，內部裝有現代電氣化的厨房，却沒有足夠的浴室，在粉刷一新的牆壁裏藏的是久年銹漏的水管。最後，當然是這個暫用的代替品垮台了。

一組非常重要的衡量指標是政治秩序的合理化過程。這表示傳統和長期建立起來的領地劃分的瓦解，諸如在日本的封建藩（Han），或在德國和義大利的獨立國以及公國。除了日本以外，這個瓦解都不完全。不過，一段時間之後，中央政府建立了強有力的威權和統一的行政系統，而且，一個大致統一的法典和法院組織也出現。再者，依程度的不同，這些國家很成功地創造了一個夠強大的軍事組織，以使統治者的意願，能在國際政治的舞台上顯現。就經濟上而言，一個強大的中央政府的建立，以及國內貿易障礙的去除，意味著有效經濟單位面積的增加。沒有這種在面積方面的增加，一個工業社會所必須的勞力分工就不可能存在，除非所有的國家彼此都願意和平地貿易往來。

英國是第一個工業化的國家，所以能夠接近大部分可得原料和市場的
地方，但是當其它國家急起直追，並試圖以國家的力量來保衛他們的
市場和供給來源時，英國這種獨佔的情況在十九世紀就漸漸地式微了。

　　然而，政治秩序合理化的另外一面與在新的社會型態之中，公民
的產生有關。對大眾而言，有閱讀書寫能力和基本的技巧是必須的。
建立一個全國性的教育制度，很可能會與宗教權力產生衝突。對國家
這個新的抽象物的忠誠，勢必要取代對宗教的忠誠，假如這些宗教是
超越了國家的界限，或它們彼此之間競爭太激烈以致破壞了內部的和
平時。在這點上，日本較諸德國、義大利、或西班牙問題爲少。然而，
甚至於在日本，一如某些人刻意要復興神道教所顯示的，也有相當的
困難。在征服這些困難上，外國敵人的存在，可能非常有用。然後，
再訴諸土地貴族的軍事傳統中的愛國情操及保守性格，就可以克服這
個團體令人頭痛的地方傾向，並且可以將那些擺不平的、下層階級想
在新秩序中分一杯羹的妄想，置諸幕後 ❺。在執行政治秩序的部署和
合理化的任務上，這些十九世紀的政府，正做着君主專制政體在其他
國家已經完成的工作。

　　在保守的現代化過程中，一個醒目的事實是出現一群傑出的政治
領導人物：義大利的加富爾(Cavour)、德國的史坦(Stein)、哈登堡
(Hardenberg)以及他們之中最有名的俾斯麥(Bismarck)；日本則
有明治維新時期的政治家。雖然個中的原因不是很清楚，不過，在類
似的情況下，出現相似的領導方式，似乎不可能是純粹的巧合。在他
們當時的時代和國家的政治光譜下，他們都屬於保守的，他們獻身於
君主政體，志願而且也能夠將它當成達成改革、現代化，以及國家統
一的工具。雖然他們都是貴族，但是對舊有的秩序而言，是屬於不滿

的、外緣的一群。他們貴族的背景，使他們有好發號施令的習性以及
對政治的天賦，就這一點而言，我們也許可以覺察出農業的舊王朝對
新社會建立的貢獻。不過，在這裡也有很強大的反動力。只要這些人
自外於貴族社會，我們就可以看到這一階層的人，僅僅用他們自己的
智慧和政治資源，是無法克服現代世界的挑戰的。

　　最成功的保守政權，不但在除舊而且也在佈新方面，完成了不少
工作。國家以幾種重要的方法，來協助工業的建設。它被用來當做初
期資本累積的推動器，滙集資源，並把它們導向工廠的建設。在馴服
勞力上，國家也扮演了一個重要的角色，但決不全是鎮壓性的。國防
軍備對工業而言，也是一個重要的刺激。保護關稅的政策也扮演類似
的角色。所有這些策略，在某些階段，都包含由農業中汲取資源或人
員。因此，這個政治制度的主要特徵是，它們經常會對商業和農業的
高階層結合，施以嚴重的壓力。假設沒有外來的威脅存在，不論這些
威脅是真實的、或想像的，或像俾斯麥那股為了解決國內的問題而刻
意製造的土地利益集團就可能中途停止，而危害到整個現代化的過程。
但是，外來的威脅，並不足以完全地解釋利益集團的行為❻。只要他
們能成功地安置農業和工業的勞力資源，物質和其他的報酬──用賭
徒和土匪的術語來講所謂的"分紅"──對這兩方面的合作者而言，就
是非常可觀的。在經濟有實質進展的地方，工人們能夠創造出有意義
的收穫，一如在德國，這個社會政策（Sozial politik）肇始的地方。只
有在仍然較為落後的國家才有剝削當地人的傾向，義大利可以算是個
例子，尤其是西班牙。

　　某些條件，似乎對保守現代化的成功是必須的。第一，它需要強
有力的領導，拖著那些較不敏銳的反動份子來改革，這些人通常是集

中於地主的上層階級。在初期，日本曾經必須鎮壓住一個眞正的叛亂
——薩摩叛變——來控制這些份子。保守派的人士，總是可以提出一
個似眞實的假論調，所謂現代化的領袖人物所做的改變和讓步，只是
提擴了低階人士的胃口並導向革命而已 ❼。同樣地，領導人必須掌握
或具備建立一個夠強的官僚體系的能力，這個官僚體系包括鎮壓的機
構、像軍隊和警察等，德國諺語：「只有軍隊有辦法反對民主人士」
(Gegen Demokraten Helfen Nur Soldaten)，這樣子它自己才能擺
脫掉社會中極端的反動及極端的激進這兩大壓力的影響。政府必須要
與社會分開，這是一件遠較簡單的馬克思主義所能設想的更容易的事。

　　就短期而言，一個強大的保守政府有一些明顯的好處。它可以同
時鼓勵並控制經濟的成長。它能夠留意使在所有型態的現代化下都付
出代價的低層階級，對經濟的成長不至於構成太大的困擾。不過，德
國，尤其是日本，都試著要去解決一個與生俱來就不可能解決的問題，
這就是在不改變他們的社會結構的情況下，來達成現代化。要走出這
個矛盾的唯一方法就是軍國主義，它能聯合所有高階層人士。軍國主
義強化了國際衝突的局勢，然後反過來使得工業的進步成爲所有最急
需的事務，縱使俾斯麥在德國能夠控制情勢於一時，部份的原因也要
歸於當時軍國主義尙未蔚爲風潮。實行全盤的結構改革，也就是說在
不壓榨農民，以及採取同樣的工業策略，簡言之，就是爲人類的福祉
理性的來應用現代化的技術，以促成達到給付式的商業農業的改變，
是超出這些政府的政治想像力之外的 ❽。最後這些政府都毀於對外擴
張的企圖，毀於反動的法西斯主義蔚成風潮時。

　　在討論這個最後的階段前，稍微研究一下在其他國家中所發生的
失敗的反動潮流，也許具有啓發性。如同上面所已指出的，這種反動

的併發症，都可以在我所研究過的所有個例中的某一點被找到。研究在某些國家中反動爲什麼會失敗，有助於使我們更清楚地認識到，它在其它國家所以會成功的原因。當我們粗略地觀察一下英國、蘇聯、印度這類差異極大的國家中所發生的反動潮流，我們將會發現在殊異的歷史表面下，藏有非常重要的類同性。

由法國革命後期的幾年開始，直到大約 1822 年，英國的社會經歷了一個反動的階段，這個階段讓我們想起剛剛討論過的例子以及美國民主今日的問題。在這些年中的大部分時期，英國都在與革命的政體及它的繼承人奮戰，有時候，看來就像是在爲國家的生存奮戰一般。就如同在我們自己的時代一般，國內改革的擁護者，被標幟爲來自國外的、惡魔化身的仇敵。又如同我們自己的時代一般，法國革命運動中的暴力、鎮壓、和出賣，使得支持它的英國人感到厭倦和失望，也使得急於踏熄越海而來的革命火花的反動人士更易於進行他們的工作。法國的大歷史學家哈勒維(Elie Haleiy)在 1920 年代寫道：「貴族和中產階級在英國各處建立了恐怖的統治——這是一個比急進主義者喧嚷的示威運動更可怕(雖然更沈默)的恐怖❾。」自哈勒維氏寫出這段文字之後的四十多年來所發生的事，已使我們的感覺遲鈍，標準降低。沒有一本現在的著作，會認爲這個時期是恐怖統治的時期。鎮壓的直接受害者的數目很少。彼得盧(Peterloo)1819 年的大屠殺，若與更爲有名的威廉頓在滑鐵盧(Waterloo)的勝利相比較，便成爲十分可笑的例子——只有十一個人被殺。然而，改革國會的聚集行動，視法律爲無物，新聞被迫緘默，帶有急進主義色彩的聚會被禁止，賣國審判接二連三的發生，間諜和煽動者穿梭於民衆之間，拿破崙戰爭結束之後效力暫停的人身保護令被取消。鎮壓和苦痛是眞實且普遍存在的，只有一部分能被某些連續而明白的反對所減輕：一如身爲貴族的查理·詹姆士·福斯（Charles James Fox，死於 1806 年）很勇敢地在國會中大聲提到，到處都有法官或陪審團拒絕宣判叛國或其他的罪狀❿。

　　爲什麼這一個反動的暴動，在英國只不過是個過眼雲煙的事？爲什麼英國沒有繼續走這條路而變成另一個德國？盎格魯薩克遜的自由、大憲章、國會，以及屬於這一類的東西，都不能提供一個答案。國會以絕對的多數，投票贊成鎮壓方案。

　　這個答案的重要部分，也許可以在下面這個事實中找到，一個世紀以前，某些極端的英國人，將他們的君王斬首，來破除君主專制主義的魔法。若進入更深一層的因果關係，我們可以說，它的整個先前的歷史，它對海軍而不對陸軍的依賴，以及對和平時期的名譽法官而不對皇室官員的依賴，使得中央政府手中所擁有的鎮壓機構，較後來強大的歐陸君王所擁有的爲弱。因此，建立一個德國制度所需要的資源，也就缺乏，或者發育不良。然而，目前我們已經看到由沒有什麼指望的開始而產生的許多大的社會和政治的變遷，以致使我們懷疑到，假如環境能夠較爲有利的話，這些制度可能就會被創造出來。不過，很幸運地，爲了人類的自由，它們並沒有被創造出來。走向工業主義的動力在英國開始得較早，以致於使得英國的中產階級不必過分依賴王室和土地貴族。最後，地主階級自己也不需要去鎮壓農民，他們主要希望的是這些農民能夠不構成障礙，以便能夠轉入商業化的耕種；一般而言，經濟的手段，就足夠獲得他們所需要的勞力。經濟上一直以這種方式在發展，他們不太需要訴諸鎮壓性的政治措施，來維繫他們的領導。因此，在十九世紀剩餘的時間內，英國的製造業和農業利益，彼此競求大衆的支持，隨著投票權的擴展，他們也在充滿嫉妒的敵意中，撻伐對方的私利心(1832 年的改革方案，1846 年穀物法的取消，士紳支持工廠立法等等)。

在英國的反動時期，有變成法西斯主義的一些可能跡象存在，特別是在一些反激進的暴動之中。不過，這些僅止於跡象而已。時機仍未成熟。稍晚我們可以在世界的其它地方，更清楚的看到法西斯主義的徵兆——這個較晚一點的時間，指的是 1905 年之後，在俄國的短暫的極端主義時期。縱使以今日俄國的標準來看，也是極端的；這個可以當成俄國反動份子發明了法西斯主義的這個說法的強有力的個例。因此，俄國歷史的這一段時期，因為它顯示出法西斯主義的特徵，而特別具啟發性。法西斯主義的特徵有：(1)它可以獨立於特定的社會和文化背景而出現於對工業化主義潮流的反應中；(2)它在農業生活中可以有許多根源；(3)它的出現，一部分是回應走向議會民主制過弱的推動力；(4)但是沒有工業主義或在一個農業背景極強的情況下，無法蓬勃發展——雖然很明顯的在俄國的歷史中可以找到更強有力的佐證，不過，這幾點的確在中國和日本的近代史中也都可以找到印證。

1905 年革命之前不久，俄國居少數的工業和商業階級，已對鎮壓式的沙皇專制政體顯露出不滿而對自由憲政的觀念感到興趣。然而，工人的罷工以及 1905 年 10 月 17 日的皇家宣言裡所包含達成罷工者的一些要求的承諾，又把工業家們安全地帶回沙皇的陣營裡 ⓫。在這個背景下，俄國的保守人士組成了俄國人民同盟(Black Hundreds Movement，又稱 League of Russian People，譯者註)，多少受了美國經驗的影響，他們將"Lynch"(私刑)這個字納入俄國字中，並且要求私刑法(Zakon Lyncha)的應用。他們以突擊隊的型態訴諸暴力，來平定"叛亂"或"暴動"。他們的口號宣稱，只要俄國人可以毀滅猶太人或外國人，那麼每一個俄國人就可以快樂地過"真正俄國人"的生活。
這種反猶太的土著保護政策，非常需要依賴城裡落後的、先資本主義
的小中產階級及小貴族。然而，在二十世紀早期落後的俄國仍然以農
人為主，這種極右的極端主義，並沒有堅固的大眾基礎。只有在那些
混合多種國籍的農業區才獲致些許的成功，因為在這些地區，從他們
自己的經驗來看，農民們較能理解將一切的罪惡都歸諸猶太及外國人
⑫。眾所周知，只要他們政治上很活躍，俄國的農民都是革命的，而且
終是推翻舊體制的主要力量。

　　在那如果不是較落後但至少也是同樣落後的印度，類似的運動也
同樣沒有能夠在大眾中建立起穩固的基礎。當然，1945 年逝世的包斯
(Subhas Chandra Bose)，曾為軸心國家工作，表達出獨裁的情操，
並且有著廣大的追隨者。雖然他對法西斯主義的同情與他在其它方面
的記錄是一致的，而且似乎不是屬於短暫的熱衷或機會主義的產物，
但包斯在印度的傳統中，主要是被公認為一位極端的或是被誤導的抗
英愛國主義者⑬。也有一些零星的土著保護論的政治組織存在，其中
的一些，尚發展出類似歐洲極權政黨的獨裁風紀。在圍繞著分離問題
的暴動和混亂中，他們的影響力達於頂點。在這場風暴中，他們助長
了反回教徒的各種暴動，並且成為印度教徒反抗回教徒攻擊的防衛機
構。他們的政綱缺乏經濟的內涵，而且主要是以軍事的、仇外的印度
教形式呈現出來，他們所尋求的戰鬥對象是被社會階級制度所分裂的
和平而軟弱的印度人的老套觀念。到目前為止，他們在選舉上的吸引
力還是非常小⑭。

　　直到今日，印度版本的法西斯主義之所以衰弱的一個可能原因，
也許是印度沿著社會階級及人種的界限所形成的零亂狀態所致。如是，

一個性質上是法西斯主義的訴求，當訴諸於某一部分人時，就會激起其他人的敵視，而一個具有普遍汎人性主義色彩的一般性訴求，卻又失去它的法西斯主義的特性。就這一點而言，值得注意的是幾乎所有極端主義的印度教團體，都反對階級制度內所訂定的賤民制和其他的剝奪社會資格的規定 ⑮。然而，最主要的理由可能是甘地已經領先掌握了廣大群眾的抗外和反資本主義的情緒。這個廣大的群眾，指的是鄉村工業內的農民和技工。在英國佔領所造成的情況下，他能夠將這種情操與商業階級中大部分人的利益結合在一起。此外，地主階級，一般而言，都站得遠遠地。因此，在印度，保守的潮流曾經很強大，並且自獨立以來，就一直拖延經濟的進步。不過，就以群眾現象而言，印度的運動是屬於與法西斯主義不同的另一種歷史類別。

雖然，如果能夠對德國、日本和意大利在法西斯主義之前的民主制度的失敗，也做一個比較研究或許有用，不過，就我們目前的目的而言，只需瞭解到沒有民主制度，或者不妨更誇張一點地說，沒有群眾的進入歷史舞台，法西斯主義的出現就不可理解，也就夠了。法西斯主義是一個欲使反動及保守主義大眾化、平民化的企圖，經由它，當然保守主義就失去了與自由之間實質上的關係，在前章中，我們已經對這個問題做了某些方面的討論。

客觀法律的觀念，在法西斯主義之下，是無法存在的。它最重要的特徵之一是，激烈排斥任何人道主義的理想，包括任何有關人類平等的概念。法西斯主義的看法是，不但要強調層級、紀律、以及服從的不可避免性，而且還宣稱它們本身就是價值。所謂同志之誼的羅曼蒂克的觀念，只是輕微地修飾了這個看法，那只是順從式的同志之誼。另外一個特徵是對暴力的強調。這個強調遠超出任何對暴力在政治中的實際重要性之冷靜的、理性的評價，而達到對"苛厲"本身的一種神祕性的崇拜。雖然在它較不被宣揚的時候，法西斯主義全然是"健康"且"正常"的，而且也允諾要回歸到安逸的中產階級甚或先於中產階級的農業舊社會，但是血腥和死亡卻經常是讓他們興奮的東西❶。

　　因此平民的反資本主義，就成爲二十世紀的法西斯主義與它十九世紀保守的、半議會制的前身最能區別的東西。它是資本主義侵入鄉村經濟以及資本主義工業後競爭期的壓力下的產物。因此，法西斯主義就在德國發展得最完全，因爲資本主義工業在德國這個由上而下的保守革命體系內，成長得最具成效。而在俄國、中國和印度的這些落後地區，它僅僅是以衰弱的次要潮流出現。第二次世界大戰之前，法西斯主義在英國和美國也未能深染，因爲在這兩個地方，資本主義運作得不錯，或者說，當地的人企圖在民主的架構內來糾正它的缺點，而且長期的戰後繁榮也有助於此。大部分基於反資本主義而來的反大企業，事實上都被暫時擱置下來，不過，我們也不能因此而誤認爲法西斯主義的領袖，純粹只是大企業的代理人。法西斯主義對遭受資本主義威脅的城市中下階級的吸引力，已經時常被提及；在這裡，我們只需簡短地評論在不同的國家中，它與農民之間經常變動的關係。在德國，在鄉村建立一個廣大的保守基礎的努力，遠比納粹還早。亞歷山大‧傑遜克隆(Alexander Gerschenkron)教授曾指出，納粹教條的主要內容，在普魯士貴族 1894 年成功地以成立農業聯盟的方式，來贏得非貴族控制區小農場的農民支持上，就可清楚的看出來。對領導人的崇拜，共同國家的觀念，軍國主義，反猶太主義，納粹對"採奪性"和"生產性"的資本之區別，都是用來向農民爭取反資本主義情緒的策略❷。有足夠的徵兆顯示，之後直到不景氣的連續幾年，有實力且富有的農民，都慢慢地失去基礎而成爲小農。不景氣是一個深且普遍的危機，鄉村對之所產生的反應是民族社會主義。鄉村對納粹的支持，平均約爲 37.4%，這個比例實際上大約與德國在 1932 年 7 月 31 日最後一個較自由的選舉結果一致⑱。

假如我們拿出一張畫有納粹在鄉村地區投票分配的德國地圖與畫有土地價值，耕作方式⑲，或有小、中、大農場⑳地區的地圖相比較，我們所得到的第一印象將是，鄉村的納粹主義，與上述這些都沒有一致的關係。然而，如果我們更仔細的研究一下這些地圖，我們將可發現出重要的現象，證明納粹的訴求大致上對那些田產較少以及在他們所生存的特殊地區獲利不好的農人，才較爲成功㉑。

對於那些生活在資本主義優勢下，價格與抵押等問題經常操縱於城市經紀人和銀行家手中的小農們，納粹的宣傳企圖傳達"自由土地自由人"這個理想化農民的浪漫型象。農民變成是納粹苦心經營的極右派意識型態的關鍵形象。納粹喜歡強調，對農民而言，土地不僅僅是謀生的方法；它有著"家園"的情感含義，對它，農民深感休戚相關，非白領階級與他的辦公室，或工人與他的店舖之間的關係所能比。重農主義的和自由的思想，在極右派的這些敎條中，彼此混合在一起㉒。「一個堅強的中、小農集團」，希特勒在我的奮鬥一書中說——「仍然是任何時間內，對抗一如我們現在所有的社會罪惡的最好保障」。這樣的農民，是國家唯一能夠保障它每天的麵包的唯一方法。他繼續說，「工業和商業從它們不健康的領導地位中退出，並且納入以需要和平等爲基礎的國家經濟體系。這兩者都不再是供養國家的基礎，它們只退居於輔助的地位」㉓。

研究這些概念在納粹取得政權後的命運，就我們的目的而言，並沒有什麼好處。雖然納粹多少零散地做了一些，不過它們之中的大部分都被摒棄，因為這違反了一個強壯的作戰經濟體的要求。它基本上必然還是要依賴工業。所謂由工業中撤退的觀念，不過徒然突顯它的荒謬罷了❷。

　　在日本一如在德國，假激進的反資本主義，在日本農民之中，也取得很可觀的地盤。最初的動力也同樣來自高階層地主階級。另外，它的最極端的形式，例如年輕軍官間的自殺隊，雖然他們宣稱是站在農民的立場講話，但似乎在他們之中並沒有強大的追隨者。無論如何，極端主義是被吸收到較普遍且由農民提供大眾基礎的"可尊敬的"日本保守主義和軍事侵略的架構中。由於日本的例子已在前一章詳細討論過，此處不再重複。

　　意大利的法西斯主義，也同樣呈現出和德國、日本一樣的假性激進以及親農民的特徵。此外，在意大利，這些觀念較屬於機會主義的成長，是為了謀取時勢的利益而做的諷刺性裝飾。諷刺性的機會主義當然也同樣在日本和德國出現過，不過在意大利似乎喧騰得較為厲害。

　　緊接著1914年的戰爭之後，在北意大利的鄉村，社會基督民主貿易聯盟和大地主之間，爆發了激烈的鬥爭。在這時候，也就是1919～1920年間，根據錫隆尼(Ignazio Silone)的看法，墨索里尼對鄉村並不注意，他不相信法西斯主義能征服土地，他認為法西斯主義永遠只是一個都市運動❷。不過，地主和代表受僱勞工和佃農的聯盟，給了法西斯主義一個沒有料到的混水摸魚的機會。他們以反抗布爾什維克共產主義的文明救世主的身份，由理想主義者、被遣散的軍官、以及一般的流氓組成了法西(Farci)，在警察的默許之下，屢次破壞了鄉村聯盟的總部，並在1921年間，摧毀了鄉村的左派運動。那些蜂湧入法西斯陣營中的人，都是已爬到中產階級地主身份的農民，甚至還包括那些厭惡聯盟獨斷作風的佃農 ❷。這年的夏天，墨索里尼做了他有名的觀察，他認爲「假如法西斯主義不想死亡，或走上更壞的自殺一途，它現在就必須有一套自己的學說。……我很希望在我們的國會召開前的兩個月中，法西斯主義的哲學能夠產生出來」❷。

在這之後，義大利法西斯主義的領導人，才宣稱法西斯主義使義大利鄉村化，它擁護農民的主張，或是它主要是一個鄉村的現象。這些聲言都是無意義的。耕種的所有人的數目，在 1921 年至 1931 年間，降低了五十萬人；擁有現金或股份的佃農則約增加四十萬人。基本上，法西斯主義是以犧牲農作佃工、小農和消費者的方式來保護大宗農業和大型工業 ❷。

當我們回顧法西斯主義和其前身時，我們可以發現，在西方和亞洲文明裡，當農業經濟遭受嚴重的困難時，謳歌農民經常就是反動的象徵。在本書的跋裡，我將試著指出這種謳歌，在它敵意最深的時期，最常採用的一些形式。有謂這些概念，只是上層階級以蒙騙的方式灌輸給農民，這是不確實的。因爲這些觀念在農民的經驗中，得到反響，它們可能廣泛地被接受，而且越能被接受，這個國家就越是工業化以及現代化。

有人或許會引用傑佛遜對小農的讚美及彌爾（J. S. Mill）爲農民農場的辯護，來反駁所謂謳歌農民常是反動的象徵。然而，這兩位思想家在早期自由資本主義時尚中，他們所護衛的主要並不是擁有獨立財產的農民。在他們的思想中，並沒有後期謳歌中所常見的軍事沙文主義以及對階級組織和服從的讚美，雖然，偶爾是有對鄉村生活具浪漫態度的寓意。不過，他們對土地問題和鄉村社會的態度，倒是顯示出自由思想家對這些問題在不同的時代裡所能達到的極限。在二十世紀這些觀念若要具有反動的功能，就必須在新的環境裡重新予以著色；二十世紀對粗重工作和小財產所做的辯護，是和十九世紀中期及十八世紀晚期有完全不同的政治意義。

第 **9** 章

農民與革命

　　現代化的過程，是由失敗的農民革命開始的，但卻在二十世紀，以成功的農民革命而臻頂點。我們不可能再嚴肅地堅持，農民是"歷史的客體"(Object of History)，是一種經歷變遷而非促成變遷的生活方式。對那些能夠欣賞歷史諷刺的人而言，的確，農民竟然在現代與機器同為革命的代理人，而且是伴隨著機器的征服，而成為歷史的實質主角。不過，其對革命的貢獻卻是大有不同：在中國和俄國，它佔有決定性的地位；在法國，則非常重要；在日本，很微小；在印度，到目前為止卻無甚意義；在德國則無足輕重；而在英國，在最初的爆發之後，就被打垮了。在這結論性的一章中，我們的任務將是把這些事實彼此之間的關係，加以系統化的組織，以期發現什麼樣的社會結構和歷史情況，可以產生農民革命，什麼樣的則阻止它們的產生。

　　這項工作並不容易，在我們所擁有的資料範圍內，傳統的一般性解釋，就遇到一些重要的例外。沒有一個只強調單一因素的理論，能夠令人滿意。既然反證也有它們的用處，我將從列舉必須揚棄的理論開始。

　　一個現代的研究學者首先會選擇的將是，一個從遭受商業和工業的衝擊，因而農民境遇惡化的簡單經濟解釋。對那些這類惡化大規模發生的地方，革命似乎很容易就會爆發。在此，印度又是一個有用的例子，特別是把它和中國的例子放在一起比較時。並沒有證據顯示十九和二十世紀期間的印度農民經濟境遇的惡化比中國農民更甚。不可否認的，中、印兩國的例子，都缺乏完善的證據。但在印度，卻不斷地有地方性及無效的農民暴動。此外，也極不可能還能找出任何的不同點足以用來適當地說明過去一個半世紀以來，中印兩國農民政治行為的尖銳對比。由於這些不同也存在於向後伸展的幾世紀期間，故而，很顯然的，簡單的經濟性詮釋已不夠說明。

人們也許會反對這種形式的經濟性詮釋太過於簡單，可不可能不只是農民物質情況的惡化，而且是對於他們整個的生活方式，對於他們生存的基礎——財產、家庭和宗教所存在的大威脅，造成了革命性的情況？證據再一次的明白顯示是否定的。因圈地運動而漂泊的英國農民，並沒有成群的造反，倒是只是受到威脅的法國農民如此做。1917年的俄國農民社會主要還是完整的。在這一章中，稍後我將更詳細的陳述，十六世紀時，因領主反動和農奴制的再引用而處境更糟的東德農民，並未起而為血腥的反抗，反而是那些完全保有甚或擴展他們舊式生活方式的南德和西德農民揭竿而起。我們將會慢慢看到，確實是完全相反的假設，比較接近事實。

從十九世紀的浪漫及保守的傳統中，產生了另一個大家所熟悉的論點，這論點提到凡是與農民生活在鄉下的貴族，比奢侈地生活在城市的貴族，較少遭受到尖銳的農民暴動。十八和十九世紀期間，英法兩國貴族命運的對比，似乎是形成這種看法的來源。然而，十九世紀的俄國地主——在他們有生之年的大部分時間，都居住在領地內，但這個事實並沒有阻止農民焚燒采邑，以致將貴族（*Dvorianstvo*）逐出了歷史舞台。甚至於對法國而言，這種論點也是可疑的。現代的研究已經指出，無論如何，所有的貴族都是朝廷的食客；有許多在鄉下過的是中規中矩的生活。

關於認為大量的鄉村無土地的無產勞力階級，是暴動和革命的潛在來源的觀點，可能比較接近事實真相。但印度鄉村無產階級無盡且驚人的困境，似乎又推翻了這個論點。另一方面，印度鄉村有許多無產階級，都是經由小塊土地的擁有及階級制度，而與當時佔優勢的制度連結在一起。在這種聯結中斷或完全不曾存在的地方，諸如由不同種族或奴隸的廉價勞力來運作的農場經濟，暴動的可能性就大得多。雖然美國南部擁有奴隸的人，可能太過於誇張害怕的程度，不過，在其他地方確實有足夠的理由害怕暴動的產生；這些地方是古羅馬、十八和十九世紀期間的海地和加勒比海的其他地方、現代西班牙的一些地區，以及最近的古巴蔗糖種植區。不過，就算這個假設在經過更小心且正確的探究後竟然正確，它也無法解釋一些具有歷史意義的例子。這一類型的鄉村無產階級，在 1905 年至 1917 年的俄國革命中，並不重要 ❶。雖然，有關中國情形的資料並不豐富，而且因不同的原因被迫離開自己的土地成群四處流浪的農民，在中國算是重要的現象，不過 1927 年或 1949 年的革命性暴動，卻肯定不是屬於耕耘廣大領地的鄉村無產階級的。十九世紀革命性的暴動，亦不是如此。就一般性的解釋而言，單單這個觀念是行不通的。

放棄了物質上的解釋，人們可能很自然地轉而尋求宗教角色方面的假定。乍看之下，這可能是一個很有希望的作法。印度教在解釋印度農民的被動性上可能非常有用。賜予統治階級的合法性，並且崇揚接受和順從個人命運及強調宇宙協調的一般性有機宇宙論，假如農民接受的話，很顯然就可能成爲暴動和叛亂的有力阻礙。但在此地，馬上就出現一個難題：這些宗教是都市和教士階級的產物。它們被農民接受的程度如何是很可疑的。一般而言，有別於知識階級而且時常與其相抗衡的信仰暗流的存在，是農民社會的特徵。以口語的方式，一代傳一代，這種秘密傳統只有一些片斷得以尋到進入歷史記錄之路，而且很可能也是在被曲解的形式下達成。

甚至於在宗教氣氛很濃厚的印度，也有許多對婆羅門普遍具有敵意的徵象。很可能印度人和其他農民都相信法術和儀式本身的效力，不過，他們同時亦憎恨主持儀式和要求表演代價的代理人。去除教士以直接接近神和法術的運動，在歐亞長期以來就秘密地醞釀著，且偶爾爆發成異教邪說和叛亂運動。就這點而言，我們也希望知道，在什麼情況之下，才使得農民在某一段時間而不在其他時間內，接受這些運動。它們也不是較重要的農民暴動普遍伴有的因素。在法國革命之前及伴隨著它而來的農民騷動，並沒有任何宗教成份的跡象。而在俄國革命中，由城市裡發展出來的革命觀念，不論是宗教的或世俗的——都不可能有任何重要性。魯賓遜(G. T. Robinson)在他對 1912年以前俄國農民生活的研究中指出，對農民造成衝擊的外來宗教和其他智識潮流，完全是站在保守主義這邊的，而且大大地減弱了來自城裡的革命性思想的特色 ❷。可以理解的是更進一步的研究，可能可以顯露出本就屬於農民而且用宗教語法表達出來的秘密傳統的角色。不過，要更有意義的話，在俄國或任何社會的例子中，這樣的解釋還需要有思想與具體的社會環境如何產生關連的知識。宗教本身，很顯然地並不能提供問題的關鍵。

所有這些假設的缺點是，它們都對農民投以太多的注意力。對於任何一個特定的前工業時期暴動過程的短暫思慮顯示出，如果我們不參考大體上可說是暴動引發者的上等階級的行動，就無法了解它。在農業社會裡，叛亂的另一個明顯特徵是，它們都傾向於具備它們所反抗的社會的特徵。在現代紀元，這個傾向不甚明顯，因為成功的叛亂是徹底地及激烈地推翻整個社會的前奏曲，在早期的農民暴動中，則較為明顯。暴動者在德國的農民戰爭（Bauernkrieg）中，是為了恢復舊法律而戰鬥，而在俄國農民暴動中，則是為了"真正的沙皇"或"好的沙皇"。在傳統的中國，結果時常只是由一個新的、有力的王朝，取代腐壞衰頹的，也就是說，基本上還是同樣的社會結構。因此在研究農民之前，有必要先研究一下整個社會。

　　有這些考慮在心，我們就可以提出是否某些形式的農業以及前現代社會，比其他的更容易產生農民暴動和叛變，以及什麼結構上的特徵，可以用來幫助解釋這些不同？印度和中國的強烈對比，足夠表示相異點是存在的，而且也產生了政治上深遠的結果。同樣的，在印度，其它的暴動不談，光是 1948 年在海德拉巴德所發生的農民暴動就強烈地顯示出，在現代化的過程中，沒有哪一種社會結構可以免於暴動的傾向。此外，有一些社會很顯然比其他的社會較為脆弱。就目前而言，我們可以暫時把現代化過程中所產生的所有問題，置於一旁，而特別專注於前現代社會中結構上的不同❸。

　　印度和中國之間的對比，提供了一個也許較前面所討論的還更可靠的假設。一如許多學者也注意到的，印度的社會類似一個巨大但是卻簡單的無脊椎有機體。一個中央聯繫的權威、一個君主，或再以生物學類推，一個大腦，對於它的繼續運作，並非必要。由大部分的印度歷史到現代，並沒有一個強加它的意志於整個次大陸的中央權威機構。印度的社會使我們想起海盤車的一種，漁人忿怒地把他們撕成片斷之後，每一個斷片都各自長成一個新的海盤車。不過，這種類推是不正確的。印度的社會甚至於更為單純但又分化得更屬害。氣候、農業操作、稅收制度、宗教信仰、以及許多其他的社會和文化特徵，全國各地皆不相同。另一方面，印人皆知的種姓階級制度，是串連他們生活中各個面向的一個中心架構，如此一來，縱使印度呈現出那麼多的地域差異，但這些差異並不會對彼此或整個社會造成損害或重大的損害。就我們目前所要討論的問題來看，更為重要的是這個特徵的另一面。任何革新的企圖，任何地區性的變化，在印度很單純地就只是另一個種姓階級制的基礎。這不僅僅是一個更新宗教信仰的問題。由於神聖和世俗的分野，在印度的社會中曖昧不明，而且帶有宗教色彩的種姓階級制，實際上覆蓋了整個印度人活動的領域，因此任何一個前現代時期的革新或策劃中的革新，都可能變成另一個種姓階級制的基礎。因此，反社會或有害社會的部分，就以惡棍階級制或教派階級制的方式，納為社會的一部分。在中國也是如此，世襲的土匪，人盡皆知❹。但是除了因中國缺乏種姓階級制而使人員的增補較為容易外，兩者的意義也大為不同。在中國，地主需要強大的中央權力，來向農民榨取剩餘。一直到最近，種姓階級制度印度的地主不必依賴中央威權來逐其所願。也因為這個原因，中國的社會需要一個類似大腦且執行較諸基本聯絡更多功能的中央威權。土匪在中國會是一個威脅，而且可能變為農民暴動。

上述的摘要，再加上學者們為避免問題複雜化而常引用的"其它均同"(ceten's pon'bus)，我們可以得到一個一般性的假設，這個假設可以陳述如下：一個依賴密佈的制裁，未達成內部團結，並由下層農民處榨取剩餘的高度分化的社會，幾乎不可能發生農民暴動，因爲任何反對所採取的不過是又一個分化。另一方面，一個農業的官僚制度，或者是一個依賴中央權力以榨取剩餘的社會，對於這類的暴動最爲敏感。而對一個君王軟弱、眞正的權力分散於其下若干諸侯的封建制度，則介於兩者之中。這個假設至少在這個研究中，與主要的事實是一致的。農民革命在傳統的中國和沙皇的俄國，都是一個嚴重的問題；在中世紀的歐洲，則嚴肅性稍減，不過卻時常舉而待發；在十五世紀以降的日本,則非常明顯；但是在印度的歷史中,則幾乎從未被提到過❺。

　　現在轉而討論現代化過程的本身，我們再次發現，上層階級從事商業化農業的成敗，對政治的結果有巨大的影響。在地主階級已經轉向爲市場而生產，並且商業的影響已經滲入鄉村生活的那些地域，農民革命就變成微不足道的事。這種反革命的變化，有數種非常不同的發生方式。在早期明治時代的日本，一個快速翻新過的地主階級，仍然保留了大部份的傳統農業社會，以之用來榨取農民的剩餘。在其他重要的例子中，農民社會則是以斷絕與土地的關聯(如英國)，或再引進農奴制來加強與土地的關係(如普魯士)，而被破壞。相反地，證據明白的指出，如果地主貴族無法在他自己的階級內發展出一個眞正有力的商業驅力，革命運動就極可能發生，並成爲一個嚴重的威脅。那麼，遺留下來的可能是一個雖然沒有變，但卻已受到傷害的農民社會，地主貴族與這個社會不再有多少關聯。另一方面，地主也可能以壓榨更劇的方式，企圖在這個變動的世界中，繼續維持它原有的生活方式。大體而言，十八世紀的法國、和十九及二十世紀的俄國以及中國都是如此❻。

　　1524～1526年的德國大農民戰爭(Bauernkrieg)，以驚人的方式，說明了這些關係，特別是假如我們比較一下爆發激烈戰爭的地區，與只有小段插曲的地區之間的不同。由於它是現代歐洲早期最重要的農民革命，因此值得在此簡短地討論一下。它的意義在與英國社會的變動對比後，再度變得更爲清楚。一部分有影響力的英國地主階級，所要的不是人，而是牧羊的土地。而普魯士的貴族，需要的是人，特別是爲了生產出口穀物而附屬於土地的人。這兩個國家，許多後來的歷史，都溯源於這個素樸的相異點。

在普魯士，同於議會民主制終獲勝利的西歐，穀物輸出的到來，造成了早期潮流的逆轉。十四世紀中期，普魯士的情況類似西歐，雖然它是從不同的路線到達這個階段。當時，它是一塊繁榮且農民較自由的土地。正如日後變成東北德的那些地方，提供移民德國者優厚的條件以及依條頓訓令及追求蓬勃的城市生活而發展出來的強力中央威權，是這些自由的主要原因。德國的農民不但有出售或遺留土地的權利，他們也可以在鄰近的城市出賣產品，他們在金錢和勞力上應繳給地主的很少，地主對村內事務的權威是極其有限的，主要是在主持較高的公正(Higher Justice)上，也就是說，較嚴重的罪上。其他的，就由村民各自處理❼。

遍佈在殖民地區的村子，都被測定土地邊界的人住滿了，他們時常是土地貴族所僱用的，他們促成了殖民者，把他們帶出他們的故鄉，分配給土地，他們測量村裡的田地，並且轉而變成較其他人擁有更多土地的世襲市長 ❽。因此，可以說東北部德國的村子，是那些根據政府的特許狀(Handfesten)來取得他們的權利的人所形成的社區。在這點上，他們的情況有異於長期與地主鬥爭來贏得權利的南部德語區的村子。這個不同點，也許多少可以說明東北部日後的缺乏反抗就被征服，雖然其他的因素可能更為重要。另一個與南部不同的，是居民人種混合上的特性，因為日耳曼人是殖民在斯拉夫的領土上。然而，日耳曼人的村子，通常是在未被佔領的土地上安頓下來的，而斯拉夫的農民不久也就與日耳曼人一樣取得同樣有利的合法身份❾。

十四世紀末期，導致日後將農民農奴化的某些改變，已經開始。城市沒落，中央權力衰微。不過，最重要的是，穀物輸出市場的開始出現。這些力量一起改變了鄉村的政治平衡。德國和歐洲的其他地方，在構成君權式微的一部分之貨幣貶值以及導致貴族更對農民施加壓力的農業危機之下，也同樣遭受打擊，這些都是幫助促成農民戰爭的事件❿。不過，只有在東北，始有重要的穀物輸出貿易。

結果對農民而言是不幸的。地主不再對農民的貸款債務感到興趣，他們轉向農事並進而擴展領地。為此，就需要農民的勞力。勞力服務擴展了，農民與土地連在一起了。他們出售和遺傳財產的權利差不多全被取消了，而且他們不再被允許以婚姻的理由來割讓他們的地產。這些改變中的大部分發生在穀物價格日漲的十六世紀期間。值得注意的是，在這種情形下，勞力的稀少並未有利於農民，反而為了防止逃逸而導致更嚴格的懲戒，而且為數眾多的窮貴族，在缺乏有力的中央政府的幫助下，也能建立一套勞力壓榨的系統。事實上，1825 年條頓勳位正式的結束，是導致剛剛提及的結果之較重要的政治事件之一⓫。

殖民時期，農民的村子經常是與貴族的地產分開的，而且大半是獨立的機構。在十五世紀的下半期，這種情況不復出現⓬，這時期地主滲入鄉村，在經濟上接收了農民的財產，特別是市長的大領地，在政治上則壟斷了法律審判的權力 ⓭。若沒有成功地奪取鄉村社區，並破壞了它的自治，那麼就很難了解一群分散四處的貴族，如何能夠強行他們的意向。

十七世紀末期之際，大部分的貴族在他們的領地之內，都變成小暴君，上下都沒有牽制他們的外在權力存在，十六及十七世紀普魯士貴族“資本主義”的革命，幾乎全是社會性及政治性的。在文獻裡，找不到任何有關在農業中伴隨普魯士貴族的崛起而掌霸權的重要的技術性變動。三田制度(three-field system)一直到七年戰爭時期幾乎仍然是普遍的，而且，十八世紀之際，特別是在普魯士貴族的大領地內，農業的操作遠較德國西部的省份為落後⓮。

農民們只做出有限的反抗。唯一較具重要性的叛亂，爆發於條頓動位取消之後不久的 1525 年克尼格斯堡(Königsberg)附近，是叛亂的背後動力，有一部分是來自城市以及失去較多東西的自由農，這點自然是不足為奇的。而叛亂之所以很快的被平定，是由於城市給予的支持太弱，而在這些城市中，與農民戰爭(*Bauernkrieg*)的地區成對比的是，互助會的生活較為衰弱⓯。

引發 1524 年～1525 年農民戰爭的情勢，在它最重要的幾個方面幾乎與東北部德國的情形正好相反，因而讓我們想起二個多世紀之後，導致法國革命的一些特徵。由於農民戰爭以及許多導致這個戰爭的暴動，是分布在廣泛的地區，包括現在奧國西部，經由幾乎整個瑞士、西南德的一部分，到達上萊茵河谷的廣大地區，這其中自然有着因地區性條件的不同而存在的不同變化，這種變化更增加了決定它的起因的困難，而且還使得有關它們的爭論直到現在還迭生不已⓰。

但是，關於下面這幾點，不同的學者之間，倒是存在著廣泛的一致意見。在德國戰區的領地諸侯，變得越來越強，不像東北部的越來越弱，並且也逐漸採取一些能夠控制貴族身份及設立現代統一行政制度的早期步驟。然而，由於皇帝將德國的精力，分散在與教皇做無謂的爭執上，這種型式的專制主義只是一個微小而零碎的拼湊體。城市的生活，在這一部分的德國，蓬勃發展；中世紀末期是德國公民(*Bür-ger*)的黃金時代。

　　如是，農民有些時候就可以依靠都市平民的支持。不過，如果就此概括的認定那些社會階級是農民聯合的對象，那些是他們反對的，則未免太過冒險。在不同的時間和不同的地點，他們以聯合其它團體的方式幾乎對抗過每一個想像得到的團體：在萊茵區，與貴族聯合反抗修道院的地產❶，在其他地區則反抗貴族，又在另外的地區與貴族聯合，或者又反對中產階級以及領地諸侯❶。我們所能肯定的只是，衝突主要皆由小康農民適度的要求而起，然後衝突愈演愈烈，到後來就變成類似湯姆士•孟哲(Thomas Münzer)天哲式的幻像。這種漸近的激進化，一部分是由於拒絕早期適度的要求而來，一部分則是由於農民轉向從改革中演化出來的新的宗教觀念，來爲他們在經濟、政治和社會上的苦難尋找理由❷。與城市的聯結，可能加速這個在早期已有預兆的激進化現象❷。雖然我未曾發現任何有關這個關聯的明白的陳述，但是激進化仍可能源自於農民中較低階層的抱怨，一如在十八世紀晚期的法國，這些農民分裂成富裕的和窮困的。

　　當時的貴族面臨雙重的壓力：一方面，來自領地諸侯奮力要建立他們的權威，另一方面，商業經濟的擴展，所帶來的更爲一般性的效果。他們需要金錢，設法用不同的方法獲得它，並千方百計的力圖恢復他們舊有的權利，或者從農民的眼光來看，試著創造農民對他們的新義務。誠然，農民不滿的第一次騷動，是以奮力維持或返回"舊有權利"(*Das Alte Recht*)的型式出現❷。除了些許小規模的以外，貴族所沒有做的，就是去從事以市場為目標的農耕。這就是存在於農民戰爭區和普魯士的貴族間，最基本的不同。

對農民自身而言，一大部分人的經濟和社會地位，已經改善了有一段時間。二十多年前，一位學者的觀察指出，中世紀末期，德國戰區的農民和國民生活富庶的證據是如此豐富，以至於所謂經濟衰退引發革命的說法，不再使人信服❷。這個事實，當然與強有力的貴族，試著竭智盡力來壓榨農民的觀點非常符合❷。幾世紀以來，農民社區和地主之間，為了他們各自的權利，已發生了交替的鬥爭現象，這個鬥爭，包括了他們在許多方面共享的利益。結果就週期性地聚合而成被稱為習慣性（*Weistum*）的書寫記錄，習慣法的經典（*Rechtsgewohnheitex*），這些是由社區內富有經驗的長者於宣誓後所做的問答記錄。以習慣法的形式續存的記錄，在 1300 年後，數量上有大量的增加，在 1500 年至 1600 年之間，數量最多，之後就急速下降❷。所有這些文件和其他類似的證據顯示出來的是一個緊密結合在一起的鄉村地區，雖然在這個社區中還有因為與地主在敵對性合作的緩慢變動情況下，在財產上所存在的漸增的差別❷。服勞役以及領地的耕耘，似乎重要性漸減，而以錢付稅則重要性漸增，在東北，情況正相反。雖然仍有許多地方存在著封建領地，不過大量的農民都已經擺脫掉大部分封建領地的烙印，而幾乎擁有事實上的財產權❷。

在暴動的早期，農民們所要求的時常即是早期習慣法中的內容❷。這個事實更明顯的指出，暴動是以鄉村社區內，受尊重且重要的成員的"合法"苦境為起點的❷。

農民戰爭失敗了，而且受到血腥的鎮壓。激進的和保守的言行，都不得不轉入秘密的行列。一如我們所看到的，基於各種原因且無強大抵抗下，德國東北貴族的勝利局部導致了德國自由民主制的遠景，被中斷了幾世紀之久。直到十九世紀，德國才開始朝這個方面，再度提起蹣跚而結果仍然是失敗的腳步。

英國的鄉紳和普魯士貴族各自的勝利，顯示出地主階級可能可以成功地以完全相反的模式，轉入商業化的農業。它們也正表示出，農民在破壞政治行動基礎方面，所採取的完全相反的途徑。就算失敗了，在農民戰爭的地區，這個行動還是生龍活虎的，而地主階級在這個地區，並沒有對農民社會做經濟上的猛擊，而是很明顯地試著要從農民外，取得更多的金錢。

我希望這個暫離主題所討論的具體個案足以指出，在面對商業化農業的挑戰，地主階級的反應如何創造出有利或不利於農民暴動的環境。在現代紀元中，農民革命具有最大重要性的地區──中國和俄國，也具有同樣的特徵，在這兩個地方，地主階級大致上並沒有很成功地轉入商業和工業世界中，而且也沒有破壞農民生活中重要的社會組織結構。

現在我們可以將貴族的行動暫擱一旁，先來對在農民本身中運作的因素，加以較具分析性的討論。對農民而言，除了遲早都會成為現代化的犧牲品的這個簡單而殘酷的事實之外，現代化到底還意味著什麼？一般而言，似乎很顯然的是，在不同的農民社會中所發現的不同型式的社會結構，加上現代化過程本身的特質和發生的時間先後，對於農民對現代化的反應是革命性的或被動性的，可能有相當的影響。不過，貫穿這些變因的東西是什麼？讓我們先來看看在這複雜的過程中，發生了什麼一般性的變動。

就農業上而言，經濟的現代化意味著市場關係在一個遠較過去為廣的地區上的擴展；爲市場而生產，日漸取代了爲謀生而耕的現象⑳。
再者，就政治上而言，成功的現代化包括了將和平和秩序建立於廣大
的地區，以及強有力的中央政府的成立。在這兩個過程中，並沒有普
遍性的關聯：羅馬帝國和中國兩者在當時都建立了強大的且統轄範圍
廣的政府，但卻沒有激發出任何走向現代社會的重要動力。然而，從
十五世紀以來，正是這兩者的結合，才在世界上不同的地方，都造成
了現代化。國家權力的擴展和市場的侵入，這兩個發生時間可能不同
的因素，影響了農民與地主的關係、村裡勞力的分配、權力的系統、
農民階級的分類、領地和財產的權利。在某一點上，這些外在力量的
影響，可能在農業生產力的水平和農業技術上，引起變動。就我有限
的知識來看，在農業中，並沒有主要的技術革命由農民之中興起的個
例，雖然就我們所知，日本在德川時代末期曾有稍具重要性的被報導
過。到目前爲止，技術性的變動在西方遠爲重要；亞洲的稻米經濟、
生產力的增加主要是由於強化了的人類勞力。

　　在這個相關變動的複雜體中，有三方面，特別在政治上具有重要
性：農民社區和地主之間的關係的特性，農民之中，財產和階級的劃
分，以及農民社區中所展現出來的團結力和內聚力的程度。因爲這三
方面彼此休戚相關，因此我們在追索這三者各自所有的現代化的特有
模式時，難免會有重疊和重覆的現象。

　　再回到這個過程的起點。我們可以發現，在許多農業文明中，農
民社區或村子本身，以及他們與外在世界的關係，有某些廣泛的相似
點。先以一般性的用語，來描繪這些社區的一般基本藍圖，並從這個
藍圖中能夠瞭解到許多在政治上具有重要性的引端，我想是有幫助的。
誠然，假如我們首先抓住這一般性的模式，那麼就比較容易體會出這

些引端的意義。我將把討論的範圍侷限於村莊、一塊四周由耕地圍繞的聚落。雖然,分散四處的個別耕地的制度,也廣泛地存在,但除了在殖民和拓荒時代的美國部分地區外,在任何其他地區,這都不算是一種主要的類型。這制度本身,就是一個拒絕將美國農人稱為農民的理由之一。

不管是直接地或間接地,關係最接近的地主,在鄉村生活中扮演了一個不可或缺的角色。在封建社會中,他是領主;在官僚制的中國,他是依賴帝國官僚制而存在的地主;在印度的一些地區,所謂的中間人(*zamindar*),是約略介於官僚制官吏和封建領主之間的人物。世俗地主一般的任務是對抗外來的敵人以提供安全。並且經常雖然並不總是就鄉民間所發生的爭端,給予仲裁並提供解決方法。與世俗地主並立的,時常是僧侶或教士。他的任務是協助賦予現行的社會秩序合法性,並提供個別農民因傳統經濟和社會技術不適當,所產生的不幸和災難的解釋及應付的方法。這些功能所獲致的相對報酬是,地主和教士,以勞力、農產品甚或金錢的方式,向農民榨取經濟剩餘,雖然這在前商業時代,一般而言並不重要。至於這些義務在農民之中,又是如何分配的,變化非常大。農民耕種土地並留下一部份收成以為己用的權利,一般而言,有賴於他們對上述義務的實踐。

有相當的證據足以支持,農民社區和地主間關係愈緊密,農民暴動(及日後的革命)的傾向就愈微弱的論點。在中國和俄國,這個關聯相當微弱,而其農民暴動也屬地方性的,雖然這兩個國家的農民社區本身的結構,有天壤之別。在農民革命受到控制的日本,農民和地主間的關聯就非常有力。我們掌握的證據中,有一些疑惑和矛盾的地方。在印度,除了在英國佔領前的某些地區,純粹的政治勢力是達不到鄉村的。不過經由僧侶的關係，與中央權力仍有強大的關聯存在。

要使這個關聯，有效地成爲社會安定之所恃，可能還需要兩個基本條件。第一，在農民和地主之間，不應該有爲了土地或其他資源的嚴重競爭存在，這裡所牽涉的不僅僅是有多少土地可資利用。在決定農民是否渴望土地上，社會制度與土地的數量同等重要。因此，我認爲第二個相關的條件應是：政治的安定性需要地主和(或)僧侶，加入鄉村社區裡成爲成員之一，並在農業周期以及鄉村社會團結之所需上，提供約略相當於他們所接受的特權和物質的服務。因爲這一點引起了激烈的爭論，所以，我們需要進一步再深入地討論。

這其中的困難是來自高階層人士因所提供的服務而獲得的相對報酬和特權的觀念上。在一個封建社會中，一年之內的某一段時間裡，多少隻雞和蛋，以及在地主的田地上，多少日子的工作，才算是與地主所提供的保護和仲裁，成比例的報酬？一件只能以力量的大小來決定的事，是否可能絕無武斷？更一般而言，"剝削"這個概念，難道不就是一個純粹主觀、帶有政治意謂的渾號，無法得到任何客觀的確認或客觀的衡量？今天大部分的社會科學家，對這些問題的答覆很可能都是肯定的。假如我們的立場也是如此，則剛剛所提的主張，就變成是無謂的套套邏輯。這意味着當農民承認貴族的特權以及他們對貴族的義務爲合法時，他們就不會反叛。但是農民爲什麼承認它們，則和以往一樣仍舊是個問題。在這種看法下，武力和欺瞞是這個問題唯一可能有的答案，因爲某一組的報酬和任何其它另外的一組，同樣都是武斷的。對我來說，就在這一點上，剝削的整個主觀性的詮釋於是瓦解，並且很明顯的具有自我矛盾的現象。以擷取農作物的十分之九或三分之一來判定榨取，我們如何判別何者較不武斷？

　　我承認，另一個認爲剝削在原則上是一個客觀概念的意見，一般而言，較有意義，而且至少也提供了一個解釋的可能性。爭論的癥結點是我們是否能對貢獻不同而有助於特定社會繼續生存的本質上完全不同的活動，諸如戰鬥和耕耘，做一個客觀的評估？（經濟學家慣於告訴我們至少經由競爭性的市場，這是可能的，不過，我目前並不想討論得這麼遠），對我而言，這對一位超然的觀察家是可能的，而且他所提出的是下列傳統的問題：(1)這些活動對社會而言，是否必須？如果活動停止或改變，將會發生什麼？(2)爲了使人們有效地從事這些活動，哪些資源是必不可少的？雖然這些問題的答案總是會有某種程度的不定性，不過，它們也會有共同的客觀核心。

　　在允許社會運作的界限之內，剝削的客觀特徵似乎明顯到導致懷疑它的客觀性，反而是一件需要解釋的事。要說出農民社區何時由它的地主處取得眞正的保護，以及何時地主無能驅逐敵人，或是與敵人聯盟，並不是難事。一個無法維護和平，奪走農民大部分的糧食及強娶他們婦女的地主階級———一如十九、二十世紀期間，在中國廣大的地區所發生的———很顯然是剝削性的。在這種情形和客觀的判斷之間，存在著各種不同的等級，對提供的服務和由農民取得的剩餘的比例，仍然爭論不已。這種爭論，也許會引發哲學家的興趣。它們也不太可能使得社會分裂。此處所提的論點只是，那些提供戰鬥、治理和祈禱的人的貢獻，對農民而言，必定是清晰可見的，而農民相對提出來的報酬，並不一定非要與所接受的服務完全成正比。再以另一種方法表示，人民對於正義的觀念，是有著理智和現實的基礎的；而且遠離了這個基礎的作法，依遠離的程度可能就需要不同程度的欺瞞和武力。

　　某些型式的現代化，特別可能推翻任何存在於農民社區和地主階級之間的平衡關係，並且在聯結兩者的結構中，注入新的動力。當王權增加以至於爲了應付擴充軍備及行政官僚體系之所需，猶如奢侈富麗的宮中排場，會加重農民的稅負，事實上，君主專制權的成長，很足以導致農民的暴動 ❸。波旁王朝的國王和俄國的沙皇，各以相異其趣的方法，綜合利用這些政略，以實際上使農民遭殃的代價，馴服了他們所屬的貴族。引起的反應是間歇性的暴動，在俄國比在法國遠爲嚴重。英國的都鐸王朝和斯圖亞特王朝，面臨的則是完全不同的情形，並且失去了一個國王的頭顱，一部分原因是因爲農民在對抗那些已經商業化的貴族之"反社會"的行爲時，國王企圖保護這些農民所致。日本德川將軍斷然地與外界隔絕，因而，就不像歐洲的專制君主一般，需要設立昂貴的軍事和行政機構。農民的騷亂，直到這紀元的下半期才變得重要。

　　一般而言，中央集權君主制的產生，意味著與農民關係最直接的地主，喪失了他的保護功能而將之歸給國家。在法國和俄國，這種改變是以大體上地主對農民享有一系列義務的權利，仍然沒有受到影響的方式發生。這些地主的權利，由國家的新權力支持著，因爲君主無法完全與貴族遠離。其次，地主所需要或認爲他們所需要的由城市製造出來的商品，逐漸滲入鄉村，加上朝廷舖張消費的需要，加重了地主對農民的榨取。商業化農業無法廣泛的生根，使得情形更糟，因爲它意味著除了榨取農民外，別無選擇。一如我們所看到的，朝著商業化農業進行的潮流都是屬於勞力剝削的。在法國、俄國及東歐的其他地區，小地主成爲最反動的份子，這可能是因爲他們已經沒有了諸如朝廷、好的婚姻或是從事商業化農耕的其它選擇，所以，在這兒並不需要仔細去分析已經由許多歷史學家所指出的這些潮流和農民不滿情緒之間的關聯。

　　在農民叛變的地方，有足夠的跡象顯示，新的、資本主義的方法已經加入榨取農民經濟剩餘的行列，同時舊的傳統的方法仍然存在，甚且進一步加強。這點在十八世紀的法國確實如此，當時，有助於推翻舊王朝的農民運動，具有強烈反資本主義及反封建的特徵。在俄國，沙皇由上而下瓦解農奴制的作法，無法滿足農民的要求。緊接着而來的債務的累積已可看出，贖價太高而土地的授與太少。在缺乏任何使鄉村全盤現代化，且在阻止農民取得"合法"屬於他的土地的情況下，贖金的給予，只不過是由農民處取得剩餘的新方法。再者，在中國，農民以他們的行為，來表現他們怨恨國民黨政權內，所存在的舊有徵稅稅吏及商業地主。

　　這些事實並不暗示在這些情況下，農民肩上的整個負擔必然的增加。誠然，農民經濟情況的改善，可能是革命發生的前奏曲的看法，已成歷史性的老調㉜。這個事實，在 1381 年暴動之前的英國鄉間，十六世紀的德國農民戰爭以及 1789 年之前的法國農民，似乎已經得到適度地確認。在其他的例子中，最重要的是俄國及中國，農民的負擔很可能是增加了。

　　無論如何，在進入商業和工業社會的轉變的早期，舊王朝最大的危險之一，就是失去上層農民階級的支持。一個最常見的解釋是心理上的，大意是這一階層的人，經濟地位有限的改進，會導致越來越多的要求，最後產生革命性的爆發。這種期望漸升的革命概念，也許有點解釋的力量。不過它不能成為一般性的解釋。對俄國和中國而言，甚至於在二十世紀，這個概念過份曲解了事實證據以至於不被承認。從特定的歷史環境和它對不同型態的農民社會的衝擊，富農可以用許多不同的方法改變舊有的秩序。

　　農民生活中，變動發生的時間，包括同時受影響的人數，本身就是關鍵性的因素。除了非常突然及巨大的變動外，我懷疑它們比糧食、屋舍及衣着上的物質變化還要重要。漸進性的經濟衰退，可以被它們的受害者視爲正常的情況而接受。特別是沒有其它清楚可見的選擇時，漸進的窮困，可以慢慢地在農民所具有的對錯標準中，得到認可。使農民(或不止農民)無法忍受的是，頓時打擊到許多人並與傳統的規則或習慣分裂的新的且突如其來的強制或要求。甚至連傳統上一向馴服的印度農民，當英國地主爲了突然興隆的紡織市場而以超低價試著逼迫他們去生產靛青染料的作物時，他們在 1860 年代也爆發了集體的罷工，並且在大部分的孟加拉省高舉農民抗暴的旗幟❸。在法國萬底省(Vendée)的反抗教士的革命策略中，亦有極其類似的效果。毋需再找更多的例證。重要的一點是，在這些情況下，個人曇花一現的苦境，聚合起來就會變得清晰可見。假如所產生的衝擊恰好就是那一類(突然、廣泛、但沒有嚴重到使得集體的反抗自始即胎死腹中)，它可以激發農民社會中任何種類的叛亂或革命的團結。就我所知，沒有一種型式的農民社會可以倖免。然而，不同型態的農民社會，也會有不同的爆發潛能。

　　在這部研究的過程中，我們已經注意到，在農民社區內，合作的程度和相關的勞力分工，有著相當廣泛的差異。我們可以將萬底省的農民與他們各自獨立的農場，視爲相對於文明社會農民的另一種非典型的極端類型。就另一極端而言，可能是高度統合的日本鄉村，這個統合持續了整個現代紀元。一般而言，由於它是個人賴以維生的社會關係的整個網狀組織的表現，因而農民所表現出來的團結程度，在政治傾向上，顯然似乎就有重要的意義。然而，由於這個因素與許多其他因素糾結在一起，因而對它的重要性的評估，就產生了困難。當我審視證據時，團結的缺乏(或更仔細地說，微弱的團結狀態，因為某些程度的合作總是存在的)，在任何政治行動中，都會引起嚴重的困難。雖然剛剛討論到的突如其來的衝擊，可以凌駕這個保守趨勢，並促使農民採取激烈的行動，不過，它的結果還是保守的。然而，在團結力很強的地方，我們就可能分辨那些是保守的類型，而那些則是傾向於叛亂和革命。

　　在一個反叛的和革命的團結型式之中，制度的建制正好可以將苦難情況傳播到整個農民社區，並把社區變成與地主互相敵對的團結團體。有明顯的證據顯示，十九世紀晚期二十世紀初期，這種現象曾經發生在俄國的鄉村中。農民社區(*Mir*)中產物定期再分配的主要結果之一，似乎綜合了土地匱乏這一事實，並使得較富有的農民與較窮苦的聯合在一起。這當然是史勒賓(Stolypin)的結論，他推翻了早期官吏對農民社區(*Mir*)的支持，並試圖建立俄國版本的強壯的自由民，以支撐搖搖欲墜的沙皇羅曼諾夫的王位❸。還值得一提的是，中國共產黨在取得政權前，也必須從困難的社會物質環境中創造出這種類型的團結。

　　完全相反的另一種團結，也就是保守性的，是以將具有實際及潛在苦難的人，與現行的社會結構連結在一起的方式，達成它的結合。一如有關日本和印度的資料顯示，這是經由具有強大制裁力量的勞力分工、再加上提供那些具有少量財產的人，雖卑微但仍獲承認的地位。激進和保守的團結其不同型式很可能就是在這個關鍵上。激進的團結在俄國可能就代表企圖對稀有資源進行公平的分配，如土地；保守的團結則是基於勞力的分工。一般而言，要人們在一個共同的任務上合作，似乎比在稀有資源的利用上、和平合作來得容易㉟。

　　將這個觀點，換個方式來表示，財產的安排，會隨著農民與現行社會結合方式之不同，以及政治後果之不同，而有很大的差異。為了要充份成為中國鄉村的成員之一，且在親屬關係和宗教義務這個網狀組織的保守影響下，擁有某一最低數量的財產就成為必要的條件。現代化的過程，顯然大幅減少了符合這個條件的農民數目，這是在前現代紀元也會發生的事，而且也因此增加了許多潛在的激進勢力。另一方面，日本和印度的鄉村，在現代之前和之後，則為那些只有少量甚或沒有財產的人，提供了雖低下但卻合法的身份。

　　無法從事任何政治行動的這種軟弱團結的類型，則主要是一個現代的現象。在資本主義建立了合法的架構以及商業和工業造成了實質的衝擊之後，農民社會可能到達了一種新的保守穩定的狀態。這在十九世紀的上半期，發生於大部分的法國、西德的一些地區以及西歐的其他地區。當他比較了由小農的土地到成袋的馬鈴薯所組成的法國鄉村時，馬克思抓住了這種狀況的本質㊱。缺乏合作關係的網狀組織是其中最主要的特點。這使得現代農村與中世紀的相反。最近對南義大利這一類型農村的研究，顯示出組成鄉村的家庭單位之間的競爭，如何阻止了任何型式的有效的政治行動。非道德的家庭主義的根源———一個資本主義的諷刺———是根植在這個鄉村的特定歷史中，這是與較具合作關係的義大利其他地區成對比的極端發展㊲。較為重要而且較具一般性的因素，可能是：共同權利以及在農作循環期內以共同方式完成某些任務的情形消失；由家庭勞力所耕耘的小塊土地，具壓倒性的重要性；以及由資本主義所引進的競爭性關係。在工業發展較爲前進的時期，這種分散的小農村類型，一如我們在德國的一些地區所見到的，可能成爲鄉間保守的反資本主義情緒的溫床。

總而言之，農民革命最重要的原因是，在由地主階級領導的農業中缺乏商業革命，以及當農民社會承受了新的壓力和拉力時，舊的制度亦伴隨着進入現代的紀元。日本是個例子，在農民社區繼續存在的地區，要避免革命，則鄉村與掌權的階級，必須緊密的結合在一起。因而，引發農民革命的一個重要原因就是，農民社會與上層階級之間的環結太弱，以及因而所具有的爆發性的特質。在農民革命的一般性徵兆中，有一部份是政治體制失去了由富農所組成的上階層的支持，因爲這些富農已經開始轉入更資本主義化的耕作模式，用以建立能夠對抗的獨立地位，一如十八世紀的法國貴族以強化傳統義務的方式來維持他們的地位。缺乏或與這些條件相反的地方，農民革命就爆發不起來，或者爆發也很容易弭平。

在君主專制下的龐大的農業官僚體制，包括中國，有利於農民革命的各種因素特別容易結合。他們擁有眞正的力量，得以阻止獨立的商業和製造業階級的成長。頂多，一如十七世紀的法國，爲了壯大聲勢和戰爭的緣故，他們可能會以一種分裂的但仍和皇室保有裙帶關係的方式產生。以馴服中產階級的方式，王室減低了進一步走向由中產階級革命性突破來帶動的現代化動力。這個效果，甚至於在法國都是清晰可見的。俄國和中國，則在避免了中產階級革命的情況下，變得更易於發生農民革命。此外，農業官僚制度，由於它的苛稅政策，使它必須冒著促使農民與城市中的地區性精英份子結合的風險，由於這種結合意謂著分隔人民與政府官吏，因此是個特別危險的情況 ❸。最後，就其接收了地主在當地的防衛和司法功能這一點而言，君主專制這個制度削弱了聯結農民和高階層之間的這個關鍵性的環結。或者，假如它只是部分地或暫時地接收這些功能時，很可能它會發現當它向農民榨取資源時，事實上它正與地方的精英份子在競爭，在這種環境下，地方人士自然會企圖站在農民這一邊。

　　讓我們繼續討論一般性的因素。農民社會中各種團結典型的重要性，主要是在於它們能夠形成一個明顯的農民社群用以對抗統治階級，並且成為廣大農民建構一個和統治階級不同的公義或不公義觀念的基礎。保守或激進，則有賴於促成農民團結的那些特定形式的制度。農民之間的團結，或有助於具支配力的階級，或者成為對抗這些階級的武器，有些時候，這些功能也會互相轉變。在一些前現代的社會中，譬如中國，我們亦可發現在那裏有一種內聚力較差的分工產生。因此，在現代化的衝擊下，革命性的潛力，在不同的農業社會間會有很大的不同。另一方面，各種更極端化的，足以嚴重阻止任何有效政治行動並能產生強大的保守性效果的分離化，似乎發生在資本主義的較晚期。這種自我貧乏性(Selfish Poverty)的文化，可能只是那些尚未受到先進工業主義影響的落後文化中，一個過渡性的轉型期。

　　前述的因素可以解釋，革命性的潛力是如何在農民中釀生。這種潛力是否能夠具有政治效力，端賴農民和其他階層人士的苦境，是否有可能融合在一起。農民自己本身並沒有能力去完成一個革命。雖然馬克思主義者在其他關鍵性的問題方面不甚切題，但在這一點上，他們則完全正確。農民們須要從其他階級來的領袖人物。不過，單單領導是不夠的。中世紀以及中世紀末的農民暴動，是由貴族或市民所領導的，但仍然被平定。這一點可以用來提醒並不全是馬克思主義的現代決定論者，他們認為只要農民一被激起，大的變動必然逐漸形成。

實際上，農民的暴動被平定的遠較成功的爲多。要使它們成功，需要那些只會產生於現代紀元的某些環境因素能夠形成一些特殊的組合。成功本身就是一種純粹的否定。農民提供了摧毀舊式建築所需的炸藥。至於接下來的重建工作，他們則毫無貢獻。尤有甚者，譬如在法國，他們還是第一個犧牲者。在革命性的突破成爲可能之前，基於某些特定的歷史環境，上層人士必須表現出某種程度的盲目性，而這其中也總是會有一些重要的個別例外。

當然農民運動不會在精英份子中，尋找盟友，雖然他們可以吸引一小部份的精英份子成爲領導者，尤其是那些現代紀元中的少數不滿的知識份子。知識份子本身，並不能起任何政治作用，除非他們能夠把自己和巨大的不滿情緒結合。這些進行靈魂探索的不滿的知識份子，吸引了與他們的政治重要性全然不成比例的注意力，這一部分固然要歸因於這些探索後來有留下文字的記錄，另一部份則是由於那些寫歷史的人，自己就是知識份子。因爲其領導人恰巧是專業人士或知識份子，就否認革命是起源於農民的苦境這一點，實在是一個極具誤導性的幻覺。

農民的不滿情緒所能找到的聯盟，端賴該國家所達成的經濟發展階段，以及較爲特定的歷史環境；這些因素同時也決定了在什麼地方，這些聯盟會轉而攻擊農民運動，使其成爲無害之物或乾脆消弭之。農民戰爭中的德國農民，不但由城市中而且亦由分歧的土地貴族中得到助力，不過卻沒有達成任何成果；地主階級所能享有的集體權力，仍然佔優勢。在法國，農民運動和中產階級的要求合而爲一，這種現象主要是由於先前所產生的封建反動，已經使小康階級的農民，彼此對立起來。由於許多中產階級在鄉間都有地產，而且也受到農民暴動的騷擾，因此，在我看來，這種聯合似乎並不穩固，而且可能會因而瓦解。另外一個主要的革命伙伴，是巴黎的市民。不過我們要瞭解，此處所用的伙伴這個詞，不一定意味彼此間的政策必須是協調的，或者，就革命這件事而言，每一個階層，都有眞正前後一貫的政策。無褲黨人士(The *Sans-culottes*)，主要都是較小的技工及職工，在革命中，他們一般都扮演了遠較我們能從馬克思理論中引伸者爲重要的角色。

1917年的俄國，商業和工業階級，對正在怒吼中的農民而言，並不是很適當的同盟對象。雖然在貿易和工業存在的地方有著較高的技術水準，但在鄉間的俄國中產階級，整體而言，遠較法國的中產階級小而弱。雖然他們也激盪著西方憲政的觀念，不過，歸因於各種因素，俄國的中產階級還與沙皇政府保持連繫，這大部分是爲了軍事上的理由，這些與沙皇政府的關係，鼓舞了一些溫室資本主義的發展。也許，最重要的是，大部分的俄國農民，不同於法國者，對反抗封建遺留以保衛財產權制並不感到興趣。俄國農民的要求是極其簡單的：免除地主，劃分土地，以及理所當然的，停止戰爭。帶有中產階級色彩的主要政黨憲政民主黨，原先曾經考慮屈服於農民的要求之下。但是當財產權的問題必須很率直的去面對時，農民對之所做的正面攻擊，卻使得他們無法接納。此外，至少在當時，在劃分土地的觀念中，並沒有絲毫騷擾工人的成份在內。屠殺中主要的犧牲者——農民希冀停止戰爭，而且他們沒有多大的興趣去護衛拒絕做讓步的政府。農民之中，並沒有眞正的布爾什維克共黨份子。不過，以一個與現存體制沒有任何關聯的唯一政黨而言，爲了奪取政權，他們暫時還能夠屈服於農民的要求下。這點他們在接管政府後以及內戰混亂後，都做到了。當然，接着而來的是布爾什維克發覺他們必須反抗那些使他們得權的人，而且爲了使這些人成爲社會主義式的原始資本累積之主要基礎和代罪羔羊，於是將農民趕入集體農場。

在中國，我們還看到另外一類的環境因素組合，關於這個組合，現在所知仍少，這其中的原因，可能是因爲這些事件發生的不夠久遠，以致尙未成爲廣泛歷史研究的主題。雖然，共產黨最後的勝利可部份歸因於對國民黨的不滿充斥了當時中國社會的每一個階層，但是，我們仍然很難找出一個清楚的社會階層，使其和農民的聯盟，可以成爲中國共產黨獲勝的主要佐力。一如一位當代學者頗具說服力的指出，如果共產黨人對無產階級是革命性階級以及要在反帝國主義的鬥爭中扮演先驅的角色上，仍然抱持着馬克思主義的觀點，他們就沒有什麼進步❸。他們的確得到廣大農民的支持。不過，若沒有都市的領袖人物，農民也不可能組織紅軍，不可能從事一種特殊的游擊戰，這種游擊戰使這區革命有別於先前的戰爭，並且頗能配合其往後各種企圖的需要。這種戰爭模式對其敵人的影響，是很奇妙的；西方一些想學習游擊戰"課程"的熱心人士，憶起十九世紀日本有關民主制度的觀念：這是一種簡單的技巧，透過這種技巧，人們可以輕易地將敵人的各種優點借用於自己的團體中。

在俄國和中國，沒有農民革命而要停止衰退的機會是非常小的，主要的原因是缺乏培植自由主義的或反動保守的貿易與製造業的有力基礎。對印度而言，同樣的情況是否亦眞，有待將來給予回答。由於彼此主要的農業社會結構正好相反，因此，若我們以中國爲基礎，對印度驟下結論，是不智的。假定目前印度政府的農業政綱，無法解決印度的糧食問題，而且有相當多的跡象顯示對政府的失望，則某一類的政治暴動，就很可能發生。不過，它倒不一定要以共黨所領導的農民革命行之。徵諸印度的社會結構，偏右或是依區域性的不同而分段的，或是兩者的組合，似乎更爲可能。印度的情形令我們不得不問，到目前爲止，屬於二十世紀最明顯特徵之一的農民革命這個大波濤，是否已經聲嘶力竭。任何想嚴肅思考這個問題的人，將需要有關拉丁美洲和非洲的詳細研究資料，這個大工程需得留給他人去做。不過，一個考慮值得在此提出。總體而言，在現代化過程中，農民生活的環境，極少能使農民成爲民主資本主義的聯盟，這個民主資本主義，無論如何已經是盛極而衰了。假定革命的波濤，仍將在可見的將來，繼續拍打世界上的落後地區，那也幾乎不可能採取這種形式。

結語
保守性和革命性的意像

　　由一個新社會誕生過程中的破與立，或者由阻止這個新社會出現的努力中，一個新社會應該是什麼樣子或不應該是什麼樣子，在約略可比較的情況下，類似的觀念就會呈現出來。很顯然地，要在一個比較性的架構下，適當地討論對社會所做的激進或保守的批評，必須另外成冊書了 ❶。在這裡，我將只對那些與高階層地主階級和農民所面對之某類的歷史經驗有關的廣泛觀念領域中的少數課題，做簡短的詳述。我們對這些觀念本身是如此的熟悉，以至於不需要更詳細的指陳。這些觀念，不論是有貢獻於人類一般所持有的自由社會的觀念，或者是對這類觀念所做的攻擊，它們是一體的，而且彼此之間存在著有趣的關係。我對這些觀念的研究，非止於簡短而已，我還希望能有助於激勵他人更進一步地研究這些課題。一開始就釐清理念與社會運動間的關係這個概念，會有很大的助益。雖然我不可能始終謹守這個原則，但是我的研究成果是做到了。

　　這個問題，我們在考慮到有助於或阻止高階層的地主階級，從事商業化農業的力量時，曾數度提到過。在解釋結果時，我們對於當時盛行的理想、行為的法則或價值觀究竟應該付與多大的比重？我認為雖然證據顯示我們應該將當時不同的團體所面對的環境做為解釋的重點，但是謹慎的讀者或許仍會懷疑，觀念，或者用另一個名詞，文化主題，已悄悄地滲進了這個解釋之中。這個懷疑是非常正確的。我不相信它們可以被忽略掉，同時我還認爲在這類的解釋中，有一部份相當重要的眞理未能被解釋到。我的反對，是針對它們被引進解釋中的方式，在我看來，這種方法在科學中立性和客觀性的外表下，實際上是產生了極大的保守性偏見。當然，這種偏見並不屬於存心欺騙的個例。在嚴謹的思想家中，這種存心欺騙毋寧是稀少的，而且長期而言，比起社會結構和社會環境對思想方向所做的影響，實在微不足道。

尋常的觀察就能顯示，不論是個別的或集體的人類，對於一個"客觀"環境的反應，與試管中的化學物質是截然不同的。但我認爲這種嚴格的行爲主義，是錯誤的。在人和"客觀"情況之間，總有介入的變數存在著，我們可以說這個變數是一個濾網，它是由各種不同的慾望、期待、和過去的其他觀念所形成。這個介入的變數，或者可稱它爲文化，把客觀情況的某些部分隔開，並且強調其他的部分。由這個來源出來的知覺和人類行爲的變異度，是有限的。文化解釋中所存在的殘差項，是指對某一群人來說可能是一個機會或一種誘惑的東西，對另一個有著不同歷史經驗和生活在不同型式社會中的另一群人，並不一定代表著相同的意義。文化解釋的弱點，不在於對這些事實的陳述上，而在於它們被引用到這種解釋的方法上。雖然這些事實的陳述所具有的意義，還有討論的餘地。唯物論者在文化解釋之中，想去除理想主義的惡魔所花的心血，是白費了。

眞正的問題是在可能是借自物理學的社會慣性這個概念。在現代社會科學之中，有一個普遍的假設言及，社會的連續性，是不需要任何解釋的，它被假定是毋庸置疑的 ❷。需要解釋的是改變。這種假設使得研究者，對社會現實的某些關鍵性問題，視而不見。文化，或者傳統——一個較不是技術性的用語——並不獨立或自外於群居社會中的各別個體。文化的價值不是由天而降以影響歷史過程的。它們是抽離自研究者觀察到在不同的時或地，或時地皆不同，人們的行為仍然具有某種相似性而來。基於這些抽象後的東西，雖然我們可以很正確的預測群體或個人在短期內的行為，但預測不等於解釋。從文化價值的角度來解釋行為，就是去從事一個循環論證。假如我們注意到地主貴族反抗商業化企業，我們不能說因為過去貴族也如此做，或者說因為某些傳統使得他們對這些活動產生敵意，所以就解釋了這個事實；真正的問題是我們要決定過去與現在經驗中的那一部份，使得我們感興趣的這個"事實"產生並維持下去。假如文化有經驗上的意義，我們可以說它是一種「人們取自於社會生活」，並深植於心的特殊行為模式。引號中的語詞是引自泰勒（Tylor）那著名的、廣為學術圈流傳的定義。

　　有關文化和社會連續性不需要解釋的慣性假設，磨滅了一個事實，就是這兩者在每一個新生代都必須重新創造出來，而且在創造的過程，時常帶有大量的痛苦和災難。為了維持和留傳一套有價值的系統，人類是被驅趕著、被威脅著、被送入監獄或集中營、被誘惑著、被賄賂著、被捧成英雄、被鼓勵看報、或被逼迫面對牆壁受槍決、或有時候甚至於被教以社會學。提到文化的慣性，就是無視於教條化、教育，和把文化由一代傳給另一代的整個複雜過程所注重的具體利益和特權。我們可以同意十九世紀中國鄉紳的成員，在判斷經濟機會的方式上，時常與二十世紀的美國商業農人非常不同。之所以如此，是因為他生長在中國這個帝制社會下，而這個帝制社會的階級組織、報酬的制度，特權和制裁的制度，對那些有害於領導階級之權威和支配權的經濟交易方式，都會給予懲罰。最後，若以價值當成社會學解釋的起點，則人們將難以了解價值層隨着周遭環境而變的這個明顯的事實。在美國南方，民主觀念的曲解，是一個衆所週知的例子，若沒有棉花和奴隸，我們就難以了解這個觀念的曲解。我們如果缺乏關於人們如何認知這個世界以及人們對於他們所看到的現象會做什麼樣的反應的一些概念，就難以下手分析。將觀念由人們如何養成的過程中抽離，使其脫離歷史環境，並將其提升爲因果分析中獨立自足的解釋要素，實即意味著所謂的公正研究者，已經屈服於統治階級爲其殘酷行爲辯解所用的主張下。我擔心，這正是今天無數學院派社會科學所正在做的。

現在讓我們回到較爲具體的問題上。在這裡，我們不可能完整地討論上層地主階級的歷史經驗，對自由社會這個概念所做的智識上的貢獻。我們只需提醒讀者，英國的議會民主制大部分是這個階級所創造出來的，而且直到第一次世界大戰前夕，他們還肩挑着這個制度的運作，並且從那時起，一直具有很大的影響力。許多有關合法權威及開放社會的現代觀念，是來自不是十分團結的這個階級和君權之間的鬥爭。我想評論的是業餘理想這個主題，因爲這個理想的命運，表現出一度曾爲優勢階級的理想和合理化，如何在某些情況下，變成馬克思主義者所稱的批判性以及前進性的理論。這個問題值得一提是因爲它有超越地主貴族的涵義。一如由我們對農民的討論中會再看到的，可能是那些即將消失的階級，對自由社會的構想做出了決定性的貢獻。

雖然在許多國家，地主階級提供了業餘者的理想得以成長繁榮的合適的社會氣候，不過，這個理想當然有它分佈更廣的根基。不論是以何種型態出現，它很可能是大部分前工業文明的特徵。這一連串理

想的主要特徵，也許能以下列方式表達之。因爲貴族的身份常被視爲
一種在質上較優越的生命，而這種質是來自遺傳，而非個人的努力，
因此，我們也就不會期待貴族們，能在一個單一的方向上，貢獻出長
期且熱心的努力。他可能很傑出，但是不同於因爲長期之訓練所獲致
的對某一項活動的專精；後者是較平民化的。值得提出的是，遺傳並
不完全是具有決定性。因此，業餘者及紳士的觀念，在古典的希臘及
帝制的中國，是很重要的。這兩個社會，在理論上已經將遺傳所佔的
地位，儘量降低到某個水平上，譬如奴隸。然而，在這樣的社會中也
一樣，只有少部分的人，被認爲有能力取得完全的貴族身份。對他們
而言，"眞正"的統治者紳士，是人類品質最傑出的型態。在這些社會
以及其他具有較明顯的階級結構的社會中，人們所期望於貴族的是他
們所有的事都能做得很好，但是，不是做得太好，甚至於做愛亦如是。
在西方的社會中，這個觀念隨着工業社會的勝利而大大地消失。例如，
在美國，帶有對業餘認可性含意的業餘和職業之間的區別，只存在於
一般街坊非嚴肅的生活領域中。我們可以提到業餘運動選手，或業餘
演員，以及在一些領域內，甚至提到業餘歷史家，不過，除非是帶有
貶損的意味，否則我們幾乎不會提到業餘商人或業餘律師。

　　一如可以預期的，傳統的業餘觀念，在英國很清楚的倖存下來。
在此地，貴族使用業餘一詞是包括了大部份的紳士階級，因此得以最
少的損失來維持自己的生存。納米爾（Namier）觀察到，「英國的貴族
比其他地方有較多的知識作品，而且反過來，科學家、醫生、歷史家
和詩人，也被加封爲貴族……。不過，沒有任何一個德國的學者（Gele-
hrter）曾經被加封爲子爵或伯爵」。貴族對於財富本身是否就是一個可
希冀的目標所抱持的懷疑態度，有助於使他們保持住生命的美感。甚

至於今天仍然有少數的人相信，藝術、文學、哲學和純科學在創造生活的嚴肅事業中，不只是屬於點綴性的附屬品，而且也是人類生命中，最高超的目的。這樣的觀點之所以能很認真的被接受，主要歸因於一個能對這些觀念施予特權及庇護的獨立貴族團體的繼續存在，雖然沒有一個貴族曾經認真地依這些準則來行事。

同樣的，對於技術人員的價值只存在於服務其無知的主人的這種觀點所持的質疑，亦來自貴族對業餘的觀念。奈米爾再度觀察到這些觀念在二十世紀的英國，所具有的重要性：

「我們比較喜歡讓它看來像是這些觀念是很偶然地、不經意地出現在我們之中，一如帝國一般。……專業化必然引起心態的歪曲和喪失平衡的現象，而且，典型的、非科學的英國式想法，是來自保有人性的希求上。……在英國，不具價值的東西是指以抽象的知識為職業，因為英國文化的傳統是，職業必須是實用的，而文化則為有閒階級的工作」❸。

這個理想充其量肯定了受教育的人，對於廣泛的問題，必須有足夠正確且資料豐富的瞭解，同時對科學及藝術也擁有一些基本概念，用以評估他們的社會和政治含意。

縱使在今天，這也不是烏托邦的理想。典型的反對意見認為要學的東西太多，因此不可能達到這個理想，事實上這種看法實即在逃避一個最主要的問題：什麼才是值得知道的東西？對於那些因為所知太狹，因而害怕與他人公開討論的技術人員和觀念虛無主義者而言，上述反對的意見正好替他們提供了意識型態上的庇護。如是，貴族和平民之間的舊式爭鬥，以新的姿態，在學院派的圍牆內，繼續進行著。

所有這些主題，都有著強烈的負面。業餘家的理想，能夠且已經被用來當做膚淺和無能的藉口。假如貴族制有助於維持住美感範疇的獨立性，那麼它對單純的裝飾和諂媚一定也施予了非常強的壓力。純粹的講派頭、充紳士，換句話說，不具任何理性基礎的地位劃分和特權授予，扮演了重要的角色。韋布倫(Veblen)在《論有閒階級》(*Theory of the Leisure Class*)一書中，抓住了基本的眞理。最後，吾人必須承認西歐貴族制中，有非常強烈的反知識特點，甚至在英國亦如是。在鄉紳及其上的許多圈子裡，交談中若有踰越運動和園藝的題材時，就很可能引起令人痛苦的驚奇，同時人們會懷疑說話者同情布爾什維克(Bolshie)。對於每一位傑出的智識份子的贊助人，對於每一個會替少數者的主張進行奇怪辯護的人，以及毫無疑問的對於每一個利用自身的獨立來達成眞正智力成果的貴族而言，存在著許多空洞、無價值的生命。對於每一個羅素(Betrand Russell)而言，傲慢保守的軍人總是存在的。假使貴族制度繼續地存在有助於維持住心靈的生命，那麼它大半同時也造成知識份子的窒息。雖然就我所知沒有任何嚴肅的企圖來評估這種平衡，不過在貴族所擁有的經濟和人力資源中，只有少部份再度找到進入智慧及藝術生命的途徑。因而，貴族對於一個自由社會的觀念和實現方面所做的貢獻，是以付出可怕的社會代價來達成的。

　　假如有理由把業餘的觀念看成是積極的貢獻的話，那麼對於一些其他的概念，就有明白的理由做一個否定的評價。然而，我們將討論到的，則是來自一個完全不同的社會情況。保守的社會理論，在掌權的高階層地主階級中，很容易蓬勃發展，雖然這個階級在經濟上漸漸失去勢力，或者可能遭受到一個新且陌生的經濟勢力的威脅(這是美國戰前的南方，存在一些思潮下的恐懼)。在這本書中，有幾個地方讓我們有機會注意到，在商業關係開始損壞農民經濟的地方，社會上的保守人士，很可能開始發動頌揚農民是社會主幹的論調。這種現象的存在，不限於近代，也不限於西方的文明中。這種論調的重要成分——絕對美德的主張，軍國主義，對沒落的外國人的輕視，以及反知識主義——至少早在奴隸勞工耕種領地的加圖（Cato the Elder）時期（紀元前234～149）就出現在西方。因此將這個複雜的概念冠以他的名字，是非常合適的。根據一些也對於傳統農民經濟的威脅有所反應的權威人士指出，在公元前四世紀左右，同樣的論調在中國也與法家一起出現。加圖主義的功能太明顯了，因此只需簡短的評論，它用來替當權者為鞏固自己的地位而進行的鎮壓做辯護。它否認有任何傷及農民的變動存在，它否認更進一步的社會變動的必要性，特別是革命性的。也許加圖主義可以減輕主其事者的罪惡感——畢竟，軍事的擴張，摧毀了羅馬的農民。

隨著市場關係對農業經濟漸增的侵入，加圖主義的現代版本也因較高階層的地主階級使用壓制性和壓榨性方法而產生。在十九、二十世紀的普魯士貴族圈中、日本的農本主義運動、剛進入二十世紀時，俄國的俄國人民同盟（Black Hundreds），以及在法國以維琪政府裝飾品的姿態出現的極端保守主義內，我們都可以看出其中有這類的觀念❹。在美國內戰之前的南方辯護者中，我們也可以看到這觀念中的要素。在二十世紀歐洲和亞洲的法西斯主義以及蔣介石先生為中國所頒佈的政綱中，加圖主義也是重要的組成因素，當然，所有的這些運動彼此之間都不相同。然而，要識別它們所共有的觀念和傾向，並不困難。

在這些複雜的徵兆中，一個主要的病癥是，有關徹底道德重建的談論大量地出現，這些言論對於那些可能威脅到加圖主義背後既得利益者的現行社會條件，缺乏現實的分析。對於那些大談道德美德的政治和知識領袖，採取存疑的態度，可能是一個很好的處事原則；許多窮人很容易受到激烈地傷害。宣稱道德缺乏內涵並不完全正確；雖然指出加圖主義所反對的比指出它所贊成的還要容易，不過，加圖主義還是在找尋某一類型的重建。在加圖主義的論點中，充滿了渴求道德的氣氛。這種道德無濟於事；也就是說，政策的制定不是為了要使人更快樂也不是為了使人更富有(快樂和進步被貶為是沒落的中產階級的幻想)。它們是重要的，因為它們被認為對歷史中某一類的生活方式有貢獻。加圖主義對歷史的觀點，是一種羅曼蒂克式的曲解，則無庸置疑。

這種生活方式，被認為是有機的整體，而且與土地的聯繫，當然是使它成為有機體的要件。誠然，"有機的"以及"整體的"在加圖主義裡的確是極受歡迎的模糊字眼。鄉間有機的生活，被認為是優於現代科學和現代都市文明下的個體與分裂性的生活❺。所謂農民對土地的依附，變成讚美而非行動的對象。帶有擬古意味的傳統宗教的虔敬，成為時尚。實際上，一如日本的神道，大部分的傳統都是按照當事人的意願塑造成的。服從、以及經常帶有種族意味或至少有社會生物學隱喻的階級組織，變成了流行的口號。不過，這種階級組織，並不一定要具備現代那些非人性的官僚體制的特徵。誠然，有不少談論提及同志愛及人類的溫情。社團(Gemeinschaft)，會社(Genossens-chaft)，家園(Heimat)，這些比它們英文同義字的"Community"，"Association"，"Home"還帶有更強烈的感情意義的字，不只在德語社會，在其它的社會也可能激起強烈的反應。

　　的確，對人類溫情的強調，似乎與道德重建的觀念同樣是一個具決定性的因素。在整個意識形態的範圍內，這種組合導致對性方面的矛盾態度。從加圖主義一般反知識及反工業的這個觀點來看，現代的都市文明被視爲是對性的貶抑，並且使人類的關係變得冷淡而無人性。因此，一如在《查泰萊夫人的情人》(Lady Chaterley's Lover)一書中所描寫的，到處充滿了對冷感、無能的偏見、對性的頌揚。但是，對於所有的這些，還存在著帶有罪惡感的色慾，因爲性是家園、家庭及國家的基礎。當納粹德國一方面鼓勵婦女與秘密警察製造非婚生子女，另一方面又試圖爲婦女創造一個包括孩子(Kinder)、教堂(Kirche)、和厨房(Küche)的"健康"環境時，這種矛盾再度出現。政治上的示威當然是「以熱血來思考」(Think with the Blood)排斥理性的分析，認爲理性是"冷淡"或阻礙行動的"機械性"的東西。此外，行動是屬於"熱"的，通常是就戰鬥的意義而言。而對死亡和破壞懷抱著性慾般的憧憬也是顯而易見，日本人尤其是如此。終極，生命是要爲死亡而犧牲，戰神吸收愛神。那是親切且適合的……(Dulce et decorum est……)❻對所有表現溫情的言詞，對出以溫柔形式的人類感情，加圖主義表現出極深的恐懼感。

　　再來看其他怪異矛盾現象。加圖主義憎惡那些對死亡和分解所持的"不健康"之成見，這種憎惡是以波特萊爾(Baudelaire)的型式表現。在加圖主義者看來，這種成見等同於外國人以及"沒落的世界主義"。藝術必需是"健康的"、傳統的，而且最重要的要易於了解。加圖主義的藝術觀念，圍繞在民俗及地方藝術上，這也是它對受過教育的都市階級所下的功夫，以期農民習俗、舞蹈和慶典因而能復甦。當加圖主義者有權了以後，不論是那一種政權，其對藝術的看法，很明顯地有一致的傾向，傾向於強調社會的整合、傳統的促進和學院派藝術型式的發揚。一如時常被提到的，納粹和史達林信徒的藝術觀之間，存在着驚人的相似點。兩者在從布爾什維克主義(Kunstbolschewis-mus)和無根的"世界主義"來判定藝術成就上，具有相同的強度。同樣的情況，在奧古斯都的羅馬，也可以找到❼。

要勾劃出什麼是加圖主義所贊同的，就必須先提及什麼是加圖主義所反對的。具體而言，他們對商人、放高貸者、大財主、世界主義和知識份子都具有反感。在美國，加圖主義的表現是怨恨城市裡的滑頭人物，或者更普遍的以超越最原始的民族智慧的任何推理形式來表現。在日本，它則是以激烈的反財閥情緒出現。城市則被視爲充滿了隱形的、欺壓善良農民的陰謀人物聚集之所。在市場經濟下，處於極不利地位的農民和小自耕農，無疑地可以在其日常生活中找到這一類情感的現實基礎。

只要感覺(就我們眞正所知)和怨恨的原因繼續發展，農民在極左和極右之間，並沒有多大的選擇餘地。主要的區別在於對苦難的原因做了多少現實的分析以及對未來的憧憬是什麼。加圖主義不談社會分析並且勾勒出一個繼續順服的未來。急進派的傳統則強調社會因果分析，其未來的藍圖則是最後解放(eventual liberation)。情感和動因相似的事實，並不意味著唯有操縱這些不滿情緒的技巧，才能決定何者將化成一股政治勢力。歷史上衆多運用心理戰的技巧，企圖勸誘激進農民接受保守主張而失敗的例子，就很清楚地指出了這一點。這些心理及組織上的技巧是重要的，不過也只有當它們與領導者企圖鼓動的農民的生活經驗相一致時，它們才能發揮功效。

因此，加圖主義就不純粹是上層階級加諸農民的神話，相反地，

由於它對農民在遭逢了市場力量侵入後的命運，能夠提供解釋，因此
在農民之中能夠得到回響。加圖主義同時也是由被同樣力量所威脅的
地主貴族的生活條件中所提煉出來的。假如我們審視一下在貴族的反
應中那些最後發展成自由民主制的主題，我們將會發現它們也同樣發
生在加圖主義中──只是換了不同的要點。對大眾民主制度的批評，
合法權威的觀念以及習俗的強調，對財富所具有的權力以及對單純的
技術性專業的反對，是加圖主義中的主題。其區別只是在於組合方式、
尤其是最後目標的不同。在加圖主義內，這些觀念是用來強化壓制性
的權威。在貴族自由主義內，它們則被組合成一組智識武器，用以反
抗非理性的權威。此外，加圖主義缺乏任何多元論的觀念或對階級和
服從制衡的企圖。

　　一如上述，現代加圖主義主要是與過渡到勞力剝削形式的資本主
義農業的企圖，結合在一起的。它同時也是徹底的反工業和反現代的。
這其中可能就存在著限制加圖主義的廣佈和成功的基本因素。我認為
在韋布倫(Veblen)很謹慎但卻反覆表達的期望中可能存有相當重要
的真理：機器的進步可能可以將人類的非理性沖入歷史的下水道中。
勞力壓制和剝削性農業等較為極端的形式，可能是資本主義發展中決
定性的附屬物，一如美國奴隸制和英國與美國這兩個工業資本主義之
間的關聯一般。不過，工業資本主義若要依靠本地的勞力剝削制度，
來建立自己時，就會遭遇很大的困難❽。為了培養順服的民眾，上層
階級必須要構建一個反理智主義、反都市、反物質主義以及更粗略地
講，反中產階級的世界觀──這是一個摒除任何進步觀念的世界觀。
而且，我們很難看出，如果沒有那些對進步抱持唯物論的觀點、要求
下層階級的生活有具體改善的人的推動，工業主義如何能鞏固自己。

相對於進步的工業主義，加圖主義似乎在最後，與現實達成了妥協，且與較屬都市及資本主義的羅曼蒂克的懷古形式，合而爲一。這些屬於在知識上較爲可敬的極右派，在西方過去的二十年中，變得越具影響力，尤其是美國。對未來的史學家而言，假如他們存在，加圖主義在這個危險的混合中，僅只提供了最具爆炸性的成份。

當史學家要從上層地主階級由經驗所得的概念轉到農民的概念時，馬上就會遭遇到困難，因爲資料分散而且眞實性亦有待商榷。要決定在農民之中所流傳的觀念是什麼，格外地困難，因爲他們本身所流傳下來的記錄太少，而且有政治任務在身的城裡人，也會加給他們許多原來不屬於他們的觀念。在此處，我們不想去從事這整個任務甚至於也不想去勾劃它們的輪廓。取而代之的是，我將在對現代社會所做的革命性批評，和受到現代衝擊，農民對他們自己的世界所擁有的經驗之間，找尋可能的關聯。我懷疑，遠甚於一般所知的，鄉村的世界可能是人們據以判斷和反對現代工業文明的半自覺標準的重要來源，也是形成他們有關公正和不公正觀念的重要背景。

爲了要辨別出那些是農民眞正的觀念、那些是城市保守和激進的思想家爲了他們自己的政治目的而加於農民身上的，稍爲審視一下在現代衝激之前的農民生活條件是有用的。某些特徵一再地出現。爲了降低天然災害和風險，以及在某些情況下，爲了對付地主的收稅方式，世界上許多地區的農民，已經發展出本身具有資源平等分配傾向的保有制度。零星分佈在村子土地上的帶狀土地制度，在歐洲和亞洲兩地，都廣泛存在。此外，對不可分的公地，有個人人都有平等使用權的習俗。雖然公地在牛群分擔了一部分人類負擔的歐洲較爲重要，它們也存在於亞洲；例如，在日本，它們是額外資源的來源，例如肥料。各地的制度仍有極大的差異，但其主要的觀念卻是非常明顯的：社區內的每一個成員，在社區為生存而做的集體奮鬥中，有權利取得足夠資源以實踐對社區所負有的義務❾。包括地主和教士，每個人都有各自的任務。雖然它們曾被不同的知識份子所羅曼蒂克化了，不過，這些觀念，在農民的經驗中，仍有穩固的基礎。

而農民在判斷自己和他人行為時所用的習俗和道德標準就是由這些經驗發展而來。這些標準的精髓，是有關公平的一些粗淺概念，強調公正以及為了實踐基本的社會任務強調必需擁有最低限度的土地。這些標準通常都含有一些宗教制裁的成份，而且很可能由於對這幾點的強調，以致農民的宗教與其他社會階級不同。在現代化的過程中，農民應用了這些標準，來評估並且在某些程度之內也解釋了他們自己的命運。因而，就出現了反覆強調恢復舊權利的情形。陶尼（Tawney）很正確地指出：農民中的激進派，若聽到有人指責他正在瓦解社會的基礎時，將會很驚奇；他所做的只不過是在設法取回長久以來，合法屬於他的東西❿。

當商業和工業世界開始破壞鄉村社區的結構時，歐洲農民是以強調"自由"、"平等"、博愛的激進方式來反應，他們對這些主題的了解，顯然與城市裡的人，特別是較為富有的中產階級截然不同。歐亞各處的鄉村對現代化的反應，各不相同，有時候與城市裡的合而為一，有時候則走向完全相反的路。對農民而言，三者之中最重要的不是自由，而是平等。而且，農民的經驗，使其對中產階級的平等觀念，極不贊同，待會兒我將更具體的陳述。簡而言之，農民問道，「當富人仍在壓迫窮人時，你們所謂的好的政治制度究竟意義何在？」自由同樣也意味著遠離那些不再保護他們的地主，這些地主利用舊有的特權，剝奪農民的土地，或者要求農民爲他無償地工作。"博愛"不過是意味著把鄉村當成合作性的經濟和領土單元。這個觀念似乎是由農民傳給了知識份子，知識份子經由模糊的幻想，自以爲目睹了鄉村生活的景象，從而發展出有關現代生活缺乏人性以及充斥龐大的官僚制度的禍源理論。我認爲所有的這些，對於那些每天連在自己的村子裏都要爲財產和女人而爭吵的農民而言，實在是非常奇怪而且不可理解的。對農民而言，"博愛"毋寧是一個較消極的觀念，是屬於地區主義的一種形式。農民在供養城市時，並沒有任何抽象的興趣。他對社會的有機概念，在利他主義之前即停止。對他而言，"外地的人"以前是，現在主要也是稅賦和債務的來源。另一方面，鄉村的伙伴們，雖然也屬於必須要小心周旋的人，但是在農業輪作的重要階段，還是必須與他們一起工作。因此，合作在群體之內，是一個最重要的主題，至於對外地人，則是敵對和不信任，而這些問題是農民每天都會經歷到的。因而，農民的地區主義並不是天生而是具體的經驗和環境下的產物。

　　根據我們剛剛所描述的，這些觀念同樣地也引起那些在城市裡被債務和大貿易商所壓迫的小技工和職工的興趣。由於小市民中有一些人識字，所以時常是他們或是神職人員，將苦難的情況用筆記載下來，因而得以留給史學家討論。這些情況使得我們要分離出純粹農民的經驗，變得更加困難。然而，假如我們審視一下英國內戰及法國革命中，極左派的示威運動，像名字頗具有啓發性的"挖掘者"(The Diggers)以及"格拉修斯"、巴貝夫("Gracchus"Babeuf)以及 1917 年以前，俄國激進主義的某些論點，就不難找出它們與農民生活問題間的關聯。

　　再提一些具體的細節，可能有助於給這些一般性的研究一些內涵。在英國內戰期間，國務會議(The Council of State)於 1649 年 4 月

16 日接到令人煩惱的消息，述及有一人數不斷增加的小團體，開始在色瑞(Surrey)的聖喬治山坡(St. George's Hill)上，挖掘土地，並且播植防風草、紅蘿蔔、豆子，而且這些人手中還有一些政治計劃。在國務會議尚未決定如何面對這個處境時，這些挖掘者的領導人，包括傑哈·威斯坦利(Gerrard Winstanley)出現在他們面前，爲自己的行爲辯護，並且提出了一個農業共產主義的綱要。由這個及日後接著而來的與有關當局的衝突中，我們可以看出這個政綱最重要的特徵是，它認爲政治民主制度若缺乏社會改革則是不適當的。「我們知道」，威斯坦利說，「除非所有的窮苦人民，都能自由利用土地及受惠於它，否則英國就不可能是一個自由的國協；因爲如果沒有這種自由，我們這些窮人的處境就會比在王國時期還糟，當時我們雖然仍受壓迫，但我們還有屬於我們自己的一些領地，而現在，屬於我們的領地被用來交換自由，而我們仍然在曼奴爾(Mannours)領主們的獨裁壓迫下」。這群挖掘者，雖然是屬於激進派，但他們卻不孤立；其他類似的運動也存在，特別是在圈地運動快速進展的地方。不過，挖掘者後來並沒有什麼進展，而且對財產權過早的攻擊，不久也失敗❶。

喬治·勒費佛(Georges Lefebvre)研究了法國北部一個地區的農民記事錄，上面很清楚地說明了該地在受到強大的現代化衝擊時，所具有的態度，雖然在這個地區，仍然有四分之三的人是農民。雖然某些史學家對這些記事錄，能否做爲研究農民問題的資料來源，仍然採取存疑的態度，勒費佛仍然提出了這些記事錄大部份可以接受的理由。至於那些少部份要持保留態度的，主要是指地方陋習的部份，而這一點，我們可以忽略掉。一般興趣所在之點，都是消極性的：一如所期待的，農民對使得巴黎騷動的權力組織問題沒有多大的興趣。其他的，勒費佛的評斷，就非常犀利：「對幾乎所有的農民而言，所謂自由，就是要掙脫領主的束縛；自由、平等，這兩個字合起來講，也就是革命的精髓。」(Pour presque tous les paysans, être libre, c'était être débarassé du seigneur, liberté, égalité, deux mots pour une chose qui était l'essence même de la Révolution.)

勒費佛也是有關革命極激進派的名領袖法蘭斯圭·愛彌兒巴貝夫 (*François-Emile Babeuf*，譯者註：應爲 *François-Nöel Babeuf*，此處恐爲原作者筆誤)的兩篇簡短但具啓發性研究的作者❸。巴貝夫的觀念是書本(特別是盧梭及馬伯利)的理論，加上他在畢卡地(Picardy)的農民環境中生長的經驗的混合。在這些經驗之中，最具衝擊力的是，他以小封建律師(Commissaire Feudiste)的身份，爲貴族制度所做的工作。這項工作主要是審查在商業影響力快速擴展的地區，地主對農民的權力有何法律基礎❹。閱讀加上經驗，使他產生出堅定的信念，他認爲財產和財富的不平等，是那些經由虛矯的法律掩飾下的偷竊、暴力及狡猾的結果。他所提出來的藥方是粉碎現行制度中的財產關係，實行分配上的平等以及生產的社區性組織。根據最近所發現的一封他很謹愼地保留住而沒寄給某一位自由的貴族人士的信中指出，早在 1786 年，巴貝夫就想到將鄰近的大農地，轉變成類似蘇維埃的集體農場，只不過還保留付租稅給地主的制度❺。爲了確保眞正有效的平等，以及量需生產，他終究意識到需要一個強大的中央集權控制❻。

與在他之前的威斯坦利一般，巴貝夫認爲若沒有經濟權利的支持，政治平等只是一個純粹的騙局。他對中產階級民主制的勝利以及由羅伯斯比爾的挫敗所刻劃出來的社會民主制的失敗所做的批評，在最初的遲疑之後，變得尖酸刻薄。1797 年使巴貝夫喪命的"匹敵者的陰謀"

(Conspiracy of Equals)的眞相，是屬於專家該研究的問題。對我們而言，最主要的一點是很淸楚的。巴貝夫派的人士，期待眞正平等的一天：「從來沒有」，他們肯定的說，「一個更廣泛的計劃曾經被提出且執行。隔了很長的一段時間，一些聰明的人和賢者，曾以低沈顫抖的聲調提及它。但他們之中卻沒有一個人有勇氣說出整個事實的眞相……。法國革命只不過是另一個更爲廣大、更爲莊嚴，而且將是最後一個革命的先驅❶」。

於是，由巴貝夫的例子中也可以看出來，農民的經驗，有益於對中產階級社會的批評，這個批評日後變成激進派的通行想法之一部分。勒費佛認爲武裝叛亂的傳統和無產階級專政一般，都可能是與巴貝夫同時出現在歷史記錄表面的整體觀念的一部分，直到十九世紀後期，才由表面轉爲地下。

在十八和十九世紀的俄國鄉村社區，農民對平等所具有的觀念，例如在定期的土地再分配上所表現出來的，至少是類似於在不同的物質條件下對租稅制度的反應。它最主要的特徵是假定每一個家庭，都應該有足夠的土地，使他們可以付得起以社區爲課稅單位的稅款和租稅。衆所週知，俄國人民黨(The Russian Populists)的黨員，是從一個理想化的鄉村社區的版本內，來訂定他們的目標，及做出他們對現代工業社會的許多批評。雖然在十九世紀前馬克思主義激進派的這群人當中，有許多的不同點存在，不過對於視平等爲首要的原則，以及視民主制度的政治形式，對那些正處在飢餓邊緣的人，是無意義及無用處的，卻有著一般性的認同❶。因此，雖然，城市裡思想家的角色，在法國和俄國變得越來越重要，不過，農民的日常經驗，顯然是那些著名的、流行於英國、法國、以及俄國等地的不滿言論的主要來源。

要想分辨出流傳於俄國農民中的其他明顯的政治假設，不消說，是比在西歐遠爲困難。雖然有這些不便，嚴謹的研究，仍然可以呈現出較有用的資料來，不過，在這個特別的主題上，卻幾乎沒有這種研究出現 ❹。從十九世紀俄國農民眞正所做的、特別是在解放時期所做的去判斷，我們可以知道他們第一個願望是停止無價地在地主的領地上工作。由於他們認爲存在於他們和領主之間的社會關係，剝削了他們，他們希望打破這層關聯，並且由他們自己來經營鄉村社區。這是他們對"眞正自由"的主要概念 ❷。他們非常希望保存沙皇，並認爲他是反抗貴族的盟友，這是十九世紀期間，有著許多悲慘及悲劇性表現的一個錯誤觀念，不過，這在早期的歷史經驗中，也不是沒有它的基礎的。這個鄉村自治的觀念，仍然是一個重要的農民傳統，它的潛伏性很可能仍然沒有完全消失。也許它最後公開的表現是出現在 1921 年克濃史塔叛變(Kronstadt Rebellion)的「沒有共產黨人的蘇維埃」口號中，而它被布爾什維克的平定，揭露出俄國革命的"秘密"，一如挖掘者(Diggers)的被平定，揭露出英國革命的"秘密"一般。

在亞洲，農民的不滿情緒，一直到被共黨人士掌握之前，都是以不同的型態出現。有關其知識上的內涵，資料很少。我們可以從其相同於及相異於歐洲農民運動的一或兩點來評論並結束之。在印度，農民的不滿情緒還沒有染上任何重要的革命性色彩，因此，主要也僅止於甘地以"博愛"爲主題的版本，這又是訴諸理想化的鄉村社區。中國則經歷了一連串無止境的宗教叛變，每一個都在反抗廣泛的農業危機的背景。有關中國農民的不滿情緒，除了以宗教的形式表現出來外，很可能還有更多可發現的，一如中世紀及早期現代的歐洲一般。然而，西方的資料來源，除了有關道教以返璞歸眞爲治療複雜文明病症的藥方之外，並沒有有關中國的、任何足以比擬剛剛所討論到的對西方社會的批評㉑。暫時可提出的理由有兩個。儒家的正統，就其本身而言，是一種針對過去黃金時代的反顧，因此可能在回顧過去的模式時，汲取了農民的傾向，以批評目前的現況。同樣的，上層階級儒家思想的世俗特徵，可能有助於促使農民的不滿情緒以神秘及宗教的形式表現出來。無論如何，這種傾向是非常強烈的。較這些考慮為重要的是另一個：我們幾乎不可能期望中國農民能夠發展出對政治民主制在平等這方面的批評，因為在中國，並沒有發展出對政治民主制提出批評的本土傳統。在德川治下，日本農民的不安和混亂的狀態，似乎從來沒有達成一致性的政治主張，或者至少在歷史記錄中找不到。在較現代的時期裡，農民的不滿情緒是以保守的型態出現。在這個討論裏，我們有許多機會提到農民激進主義的落後型態及其保守的一面。雖然這些都被明智的保守人士挑出並頌揚一番，然而它們絕不是純粹保守人士的產物。知道了這一點，我們就可以進行更圓滿的討論。

因為農民不滿的情緒時常是以保守的形式表現出來，因此馬克思主義的思想家時常以輕視和懷疑混合的態度或者頂多是以具恩人氣派的謙卑，來看農民激進主義。嘲笑這個盲點，並指出馬克思主義的成功是來自農民革命，幾乎已經變成反馬克思主義的主要消遣，以致於蒙蔽了較具意義的事項。當吾人審視一下現代革命的傳佈，從它在德國農民戰爭以及英國清教徒革命為起點，經由往西到達美國，以及往東經過法國、德國、俄國及中國的成功及失敗的時期，有兩點顯得特別突出。第一，一個時期中的烏托邦激進觀念，變成下一個時期中被接受的制度及哲學上的陳腔濫調。第二，激進主義的主要社會基礎是農民及城裏的小技工。從這些事實，我們可以得出一個結論是，人類自由的源泉不僅僅來自馬克思所看到的地方，亦即階級對權力的渴望，更可能是來自於即將爲進步的浪潮所席捲的那些階級的失聲哀號中。工業主義若繼續發展，在不久的將來，這些聲音將持續不斷，並且將使得革命性的激進主義變得像楔形文字一樣不合時代。

要一位西方學者替革命性的激進主義說幾句好話，並不是一件容易的事，因爲這正與其根深蒂固的心理反應相抵觸。深植人心的一個假設是，漸進而逐步的改革，已經顯示較諸激烈的革命，更有助於增進人類的自由，因此，縱使只是對這個假設提出質疑都似乎是很奇怪的。在結束本書時，我還希望最後一次提醒大家注意到由現代化的比較歷史研究中，我們對這個問題所能學習到的東西。現代化的代價至少和革命的代價一樣慘痛，也許還更甚於此，這點是我在很不情願的情形下，漸漸了解並得出的結論。

公平的前題要求我們承認一件事實，那就是幾乎所有的歷史撰述，都承襲了反對革命性暴力的壓倒性偏見。當我們了解到這個偏見的深度時，也就能了解這個偏見有多可怕。把被壓迫者反抗壓迫的暴力與壓迫者使用的暴力，相提並論，足夠誤人於歧途。不過，尤有甚者，從史巴達庫斯(Spartacus)經由羅伯斯比爾到今天，被壓迫者爲反抗他們的主人所使用的武力，幾乎是衆人一致指責的目標。同時"正常"社會內每天的鎮壓，卻在大部分歷史書籍的背後，隱隱約約地搖晃著。甚至於那些強調前革命時期的不公正現象的激進歷史學家，通常也專注於革命將爆發前的短暫時刻。這種方式使他們也可能不經意的歪曲了記錄。

這個論點是要反對那些聊以自慰的漸進主義的神話。還有一個更重要的論點是，我們要注意那些缺乏革命所付出的代價。我們看看法西斯主義及其侵略戰爭下所造成的犧牲，這是一場缺乏眞正革命的現代化的後果。在今天的落後國家中，沒有起義的人們的苦難仍舊繼續存在著。在亞洲大部份的地區，都爲民主遲緩付出了代價，在印度，我們已經看到這個苦難，把這種情況稱爲民主停滯並沒有過份曲解事實。對於革命，也有一些正面的論據。在西方的民主國家中，革命性的暴力(以及其他形式的亦同)是使得接著而來的和平改變成爲可能的整個歷史過程中的一部分。在共產國家中也一樣，革命性的暴力是爲了隔絕鎮壓性的過去以及建立一個較不具鎮壓性的將來的努力中的一部分。

漸進主義的論調似乎動搖了。不過，也就正好在這點上，革命性的論調也垮台了。毫無疑問的是，現存社會主義的國家，較西方民主資本主義的國家，代表著較高的自由型式的主張，根據的只是承諾而不是表現。無可否認的顯著事實是，布爾什維克的革命並沒有爲俄國人民帶來自由。至多，它帶來了自由的可能。史達林時代的俄國，是世上少見的血腥獨裁者之一。雖然，關於中國，所知尙少，而且共產主義的勝利可能意味著，在大約一世紀普遍的搶刼、外侮和革命之後，給人民大衆帶來了某些程度的個人安全的增加，不過我們仍然可以很安全地認定，社會主義的主張，在中國也一樣是基於承諾而不是基於表現。共產黨人的確是無法主張，人民大衆在他們工業化的型態下，比在先前的資本主義型態下，承受了較少的苦難擔子。在這一點上，最好要想起並沒有證據顯示任何地方的人民大衆曾經希求工業社會；反之，有很多證據顯示他們並不希望要。基本上，到目前爲止，工業化的所有型式，都包括有由上而下的革命，是一小部分無情人士的傑作。

　　對這項控訴，共產黨人可以反駁說，他們的政體內所具有的鎮壓性特徵，大部分是因為在貪婪的資本主義敵人包圍下，為了急忙建立他們自己的工業基礎而必需做出的反應。我不認為對於真正所發生的，有可能將之視為一個個例。史達林的鎮壓和恐怖的範圍及深度，太廣太大以至於無法經由革命性需求的一些觀念來尋求解釋，遑論辯護。史達林的恐怖可能在許多方面，不但無助於反而更阻止了革命性目標的達成，一如在第二次世界大戰爆發之前，殺去軍官團的十分之一。而且很可能史達林的統治方式，在俄國的整個行政組織，包括工業部門，造成了一種混亂與僵化的混合。將所有的譴責針對史達林個人，也是行不通的。史達林時代的醜陋面，有其制度上的根源。有著一整套觀念和制度的共產主義，對史達林主義，是不能免其責的。一般而言，革命性獨裁最具叛亂性的特徵之一是，它們利用恐怖來對抗小民，而這些小民是革命家本身的犧牲品，一如在舊秩序之下是犧牲品一般，而且經常還更甚於此。

　　也有人認為我們在時間上太接近共產主義的革命以致於不能很正確地下判斷；過去的革命所具有的解放效力，要長時期才能出現。就共產主義的恐怖是來自反抗資本主義這一點上，這個論點和前述的論據，都是不能輕易被放棄的。然而，有足夠的理由相信，他們對於過去和將來，都抱持極其天真的態度。他們對於過去是天真的，因為每一個政府對於它的敵人，都譴責它的鎮壓性特徵：假使敵人能夠離開，則所有的人民都能永遠快樂地生活下去。就算他們彼此間仍戰鬥著，所有強有力的精華份子，在其敵對狀態中，仍然是有益的。他們對將來是天真的，因為他們忽略了革命的變形在統治當中所能造成既得利益的程度。整體而言，共產黨的防衛，需要極度地包括放棄批評理性的對於將來的信仰行動。

　　我將強調一種看法來取代批評理性的放棄，西方自由主義和共產
主義(特別是俄國版的)兩者，已經開始呈現出許多昨日黃花的徵兆。
它們開始由成功的教條轉而成爲辯護及隱藏許多鎮壓形式的意識形
態。這兩者之間，有天壤之別是毋庸贅言的。共產主義的鎮壓，曾是
而且至今也是主要在反對它自己的人民。在早期帝國主義之下以及現
今在落後地區反對革命運動的武裝戰鬥中，自由社會中的鎮壓，大部
分是用來對外的，用來反對其他人。然而，由自由的談論所掩飾的鎮
壓行動中的這個普通的特徵，可能是最具意義的一個。在這種情況下，
誠實思想的任務就是將它自己由兩組先入爲主的偏見中分離出來，期
待克服這些偏見，去發現在這兩個制度之中，壓迫性傾向存在的原因。
這些偏見是否眞能被克服，大有疑問。只要強有力的既得利益反對社
會走向壓迫性較少的轉變，沒有一個走向自由社會的行爲可以免除掉
革命性高壓政治的一些觀念。然而，那是一個最終的需求，一個政治
行動的最後訴求，而它在時與地方面可做的合理辯護太多，以致於無
法在此討論它。西方古代對自由和理性社會的夢想，是否一直只是個
幻想，無人可以肯定的知道。不過，假如將來的人得以衝破目前的鎖
鍊，他們就必須了解到鑄造它們的力量所在。

補論
論統計資料及保守的歷史敍述

　　任何一位在其他學者的著作中，想找尋特定問題的一般知識或資料的人，很可能遲早都會發覺每一代之間，至少都存在著一如屠格涅夫名小說中所描寫的劇烈衝突。對於同一系列的事件，保守和激進的詮釋，在十分規律的連續中，彼此互相跟隨。任何一個人，都可以為他自己而首先去看譬如一如泰恩（Taine）或一如米西來（Michelet），然後再去看幾乎任何一個有關法國革命的現代標準記錄，我們就會發現，由衝突之中，確實可以增加對歷史的理解，人類的本性儘管如此，也許人類事務的知識也不能以其他的方式成長。

　　但是，在對過去的歷史做累積性瞭解的有效過程中，是有許多代價和損失的。一個損失是來自傾向於毫不批評地接受認為目前的這一代，已經多多少少真正地永遠解決了某些問題的看法。就長期而言，這種傾向，在政治上的左派是否和在政治上的右派一樣，同樣盛行起來，並非絕對清楚的。有兩個理由使得我認為在右派方面，比在左派方面，還來得多。第一個理由，是偶然的。這本書是撰寫於正當政治氣候屬於保守的時代，當時學術界的氣氛，也充滿著強大修正主義的潮流，以對抗可能引起對瞭解我們自己社會的舊著作。在這本書完成的時刻，已經有明顯的反抗這股潮流的反應。另一個理由，較為簡單：

教條式左派的偏見，時常不成熟到有點滑稽。沒有人會看不出這點。

　　爲了上述的理由，下列的短評，主要是針對某一種保守的偏見而做的。目的是要警告好奇的門外漢以及初出茅蘆的年青學者，不要太相信極端保守修正主義的說詞。根據這種保守修正主義的看法，認爲實際的、現代科學的以及計量的研究，目前已經粉碎了以前的各種詮釋，因而如果固執於以前的各種解釋，那麼只不過是一種「對宗教性神話的肯定」而已。這種說法在口頭交換意見時，頻頻出現著，可是，如果詳細看這種批判所根據的統計資料，則如後面所討論的一些重要實例所顯示的，我們可以知道，根據這些統計資料，反而有時可以證明以前的觀點是對的。在技術性的討論之後，我將對這些論調的一般趨勢，提出一些意見。不過，在剛開始時，我希望把我的研究得以進行的旨意先說明清楚。我不擅長統計學，但對那些馬上排斥數字的人，也不能忍受。將這種歪曲人道主義心智者命名爲 Luddite（譯按：指1811-17 年英國工人破壞機器的運動），對他們而言，實際上是不公平的；他們毋寧是聰明的。本篇補論也不應該被當成是在暗地裡苛評所有保守修正主義的文章。凡是瞭解本書所根據文獻部分的人，將可看得出來，一些我的論證和著名的修正主義著作的論證之間，是有相似之處的，最後，作品將被討論的學者，並不會像那些將暫時性結論，視爲是專家一致意見之一部份的學者（這種意見，是研究人類的一切意見中最不忠實的）。

　　首先，我想談一談布朗頓（Brunton）及培寧頓（Pennington）的關於長期議會所作的重要研究。它是歷史著作具影響力的傳統中的主要作品，而這個歷史著作是不願意承認在英國內戰的背後，存在著任何明顯的社會裂痕❶。初看之下，他們的研究似乎證實了這種論題，而且特別是反駁了陶尼(Tawney)的觀點。

這個統計上的研究認為，在保皇黨和支持議會的人士之間，關於長期議會，最大的不同點是關於年齡方面的：保皇黨的人通常都較年輕。不管是上層或下層士紳，保守地主或前進地主，大都會的商人或地方商人，在兩方面的人數比例都不相上下，沒有什麼太大的不同。❷陶尼一般性地觀察著，並在他的研究序文中寫道：

> 只要一提到目前這個研究所唯一涉獵的下院的議員人數，由它裡面的數字而作的推論，是很清楚的。保皇黨人和支持議會的人士之間的分野，與經濟利益和社會階級的多樣性是沒有關聯的。除非有同樣可理解的證據被引證出來支持相反的論點，否則這個結論應該可以成立❸。

然而，這個研究本身，有明顯的證據證明階級和經濟利益的重要性，不過，不知怎麼的，這些證據卻是陶尼沒有注意到的。以好學者的身份，作者們提供了詳細的數字以表現這些因素的重要性。當我們去研究長期議會的議員之中，保皇黨和議會派人士的勢力在地理上的分配時，這些詳細數字就出現了。讓我們來區分一下議會派人士佔多數和佔少數的地區。相關的數字如圖4所示。它們標示的是在敵對情況實際發生之前的1640年11月至1642年8月之間佔有席次552位的"原始"議員。

對於任何一位甚至於對內戰一無所知的社會歷史學者而言，在他看到這些數字時，很可能會猜測，在英國不同的地方，由於歷史原因，已經發展出多多少少彼此發生衝突的截然不同的社會結構。(只有在西南部，這種劃分始轉為平均。)這些區別，對歷史學者而言，當然並不陌生。崔維揚(Trevelyan)很具洞察力地討論了它們的意義，並且以生

圖4　1640年～1642年長期議會的議員

議會派佔多數之區：

	東部		中部		東南部	
	席次	百分比	席次	百分比	席次	百分比
保皇黨	14	20	32	37	28	27
議會派	55	80	51	59	70	68

議會派佔少數之區：

	北部		西部		西南部	
	席次	百分比	席次	百分比	席次	百分比
保皇黨	37	55	43	67	82	50
議會派	28	42	20	31	78	48

動的方式討論了階級利益，對上位者忠誠的傳統關係，宗敎信條，以及存在於全國各地不同階層之間保持中立的希求等等。結果大約如我們所期待的一樣，資本主義的以及一般較爲近代思想和行動方式，已經侵入舊有的社會組織。這個新世界的中心是在倫敦，並以更強的方

式，向南方及東方擴散它的影響力，此外，國王的力量，則位於較爲落後的地區，特別是北方和西方，而清教徒區和海港則屬例外❹。

　　要很完整地解釋出這些地區性的相異點，是超出本篇補論以及超出我有限的知識範圍之外；坦白說，在西南方等量齊觀的情形，使我很迷惑。然而，得指出的是從布朗頓(Brunton)與培寧頓(Pennington)研究所引用的數字，按地理區域來加以整理後，可看出有些徵象指示出圈地的大地主和議會派之間有所關聯。根據陶尼(Tawney)的看法，英格蘭的中部和東部地區，是十六世紀的圈地運動，引起最具社會性分裂效果的地區❺。它們同時也是眞正議會派多數的地區。關於議會派力量主要地區的南方和東方，有較多使我們得以更清楚的知道眞正發生何事的資料。往南的肯特(Kent)和艾薩克斯(Essex)，由於大部分的地區已經事先完成圈地，因此在十六世紀期間，極少分裂的情況出現。肯特郡曾是一個特別的研究對象，而且似乎是中立主義濃厚的典型地區。在這些地方，鄉紳是心不甘情不願地加入議會派，但也由於有強烈的尊重國敎主與尊重適當的旣得所有權，這兩種感情混合一起，因而在一段混亂的時期，他們便由衷地歡迎王政復古❻。克倫威爾的地盤──東部的索佛克(Suffolk)，也曾是特別研究的對象而且也是議會派的根據地。關於該地議會派的領導，在最近的某篇論文中，被形容成「包括郡中大部分智力和大部分財力的一種排外的郡俱樂部」。一如其他的郡，索佛克的農村和都市經濟都特別進步。它也是一個貿易和農業企業相互之間的滲透，發展到不尋常的高程度的地方。在地主的家庭之中，「很少是不具有緊密的商業關聯的，而且對於他們自己領地的農業發展上，索佛克的地主比起其他地區來，是同樣熱衷的」❼。

　　這種對於主要的議會派根據地的描述，與我們在陶尼的論文中所能發現到的，幾乎毫無瑕疵地吻合了。當吾人更仔細地研究布朗頓和培寧頓書中的統計數字以及這些統計數字背後的社會多樣性時，我認爲它們不但不會推翻陶尼的看法，反而提供更強的論據。

　　由認爲可以反駁舊著作的統計證據中，也可能得到同樣的判斷，這兒所謂的舊著作強調的是十八世紀末期和十九世紀早期，圈地運動所帶來的衝擊的嚴重性。在《十八世紀農場的規模》一書中，明格（Mingay）論及小農場的沒落是圈地運動以及其他因素所造成的結果的問題。結論認爲有沒落的事實存在的這篇論文，整體而言，我對它沒有任何異議。誠然，這本書闡明了許多問題，例如"精神飽滿的地主"（Spiriten Landlord）與其說是身居純粹的經濟角色，不如說是扮演了司法和政治的角色。然而他的詮釋中，有問題的地方在於，論文以文章開頭的統計資料爲基礎所推出的一連串見解。在這裡，我把明格的論點整理如下：十九世紀的人口調查統計顯示英國的農村社會，與任何認爲前一世紀中，小農的地位遭到非常嚴重的破壞的主張，有不符合的現象。「想要相信小農在十八世紀就"消失"的人，必須要準備去解釋爲什麼在十九世紀時，他們再度以同樣的強度出現」。由人口調查中所得到的證據，明格總結爲一句話（請參照克萊普〔Clapham〕的《經濟歷史》"Economic History" II, pp.263-264)：「在 1831 年，幾乎一半的農民，除了自己家裡的成員以外，並不僱用勞工，而在 1851 年，62%佔有五畝或以上的農地的人，都少於一百畝。1885 年的報告所呈現的大致也相同……❽」。

　　由明格的這些研究，吾人很容易得到一個印象，就是在十九世紀時，小農仍繼續蓬勃發展，並組成鄉村人口的大部分，這個比例仍在

「幾乎一半」到 62% 之間。但是，關於學術用語上，是有個難題的。由於明格的論文是在英文學術雜誌上刊載的，顯然他是沒有任何義務要指出，在英文的語法內，"農人"（Farmer）這個字通常是指佃農，他或有或無僱用勞工來幫他耕作。這個名詞很少是用來指自己擁有並耕作土地的人。因此，"農人"這個字本身就已經將在鄉村生活中，扮演重要角色的一些人，摒除於考慮之外，這些人指的是在社會階層之上的地主，以及在基層的農業勞工。不過，單以英文的用法，並不足以檢討明格的研究。儘我們之所能，我們希望看到真實的情況，這就是說把除了小農以外的人，亦帶入我們英國社會的圖像中。如此做之後：由明格的數字所得到的印象，將會有極大的變化。小農和小農場，都可以繼續生存得很好。不過，在十九世紀之際，他們的社會環境已有很大的變遷，因而只提及「繼續生存」，若非完全錯誤的話，也是毫無意義的。英國的鄉村社會已經變成一個大部分由少數大地主和大多數幾近無寸土的勞動者所組成，也就是說，英國是一個小農場已變成不甚重要的國度。

　　在進入實際的數字之前，以類推的方法可以使得我的異議更加清楚。讓我們想想在廣濶如曼哈頓島的土地上，在不同的時間內可能存在的不同形式的住宅數量，在這個世紀初，它們只不過是一群農舍的集合，而在這個世紀結束時，卻是一個玻璃和水泥的大都市。當貪婪的投機商，到處拆毀整個由小木屋所集合成的村莊並蓋高樓大廈時，很可能小屋子的總數（包括木屋）也有增加。如果只強調在這種情況下小屋子倖免於難而繼續存在的事實，將因為大大疏忽了更具意義的變動而導致我們對問題的誤解。

　　現在我們可以討論數字了。1831 年之際，第一次可信的人口調查顯示，在英國大約有 961,000 個家庭務農。這其中❾：

    I. 144,600 個家庭，是有僱用勞力的土地所有者家庭。

    II. 130,500 個家庭是沒有僱用勞力的土地所有者家庭，他們可以被認為是小農。

    III. 686,000 個農業勞力家庭。

明格提到，在 1831 年，幾乎有一半的農民，除了他們的家人之外，是不僱用其他勞力的，很顯然的，這是指 II 與 I 大抵不相上下的事實，而且兩者一起就組成了農民的主體。他的觀察是正確的。不過，II 所代表的只是務農的家庭總數的 1/7。對我而言，這個事實就小農掙扎而續存——如真是掙扎而生存的話——的數字，給了一個較為清楚的概念。

同樣批評的觀察研究，也適用於他對 1851 年人口調查資料的見解。當時，在英格蘭、蘇格蘭和威爾斯，共有二百四十萬弱的人口，仍然在經濟和社會上與土地有所關聯。他們大約可分為下列幾種：

A.約有 35,000 人是地主。屬於這類的，可能包括帶爵號的貴族和仍具有影響力的鄉紳。

B.約有 306,000 人是農人（和畜牧者，後者大約只佔三千人）。這些農人向大地主承租土地，而且在大部分的情況下，以僱用的勞力或他們自己家族成員，來耕作土地。他們所耕作的地域可說佔了最大部分。

C.約 1,461,000 人，是在農地上肉體勞動的男女，主要屬戶外勞工。

其他不包括在上述分類之內的，是屬於雜類，包括婦女、小孩和農民們其他家庭中的親戚 ❿。一如我們在前面所述的，明格由克萊普（J. H. Clapham）的書中得出他的數字，且在討論到 1851 年的人口調查時提到，62%佔有五畝和以上的佔有者，都不超過的一百畝。不過，

克萊普的數字，只提及本文表上所列的 B 項。他沒有討論到其他的 A
與 C 二項。克萊普很清楚的提到這點❶。然而，如果我們沒有回過頭
去看看人口調查本身的數字時，我們就無法瞭解把討論限定在 B 項所
代表的意義。不過，由於無法找到原始數字的資料，所以是否可能是
明格簡短的研究所造成的錯誤印象，當然，就非我所知的了。

總結以上的討論，我們必須重覆強調這些統計數字所代表的只是
大略的估計。實際的百分比是無法真正算出的。不過，統計數字本身，
完全是與舊有的見解吻合的，這個舊有的見解認為：十八世紀的社會
變動，把小農在英國社會結構上所扮演的重要角色取消了。

第三個而且也是最後一個將被討論到的研究，是原來就有的，這
即是格爾(Greer)對法國革命中，恐怖時期的衝擊所做的統計學上的
詮釋。在他公開的否定階級衝突的意義時，他的論點就非常類似布朗
頓和培寧頓對長期議會的分析。在他所研究的恐怖時期犧牲者之社會
組成一書中，他發現 84％被處極刑的人，是屬於第三階級的人，基於
這點，他總結道，「法國社會的分裂是垂直的，不是橫斷面的。恐怖時
期是屬於階級內部而不是階級之間的戰爭」❷。這個結論非常引人注
目，如果一字不改的接受他這個結論，當然，它就與任何一個社會學
的詮釋，形成顯著矛盾的情形。這是使得某些學者們將馬蒂亞斯
(Mathiez)等人當成是不合時代潮流的證據。在最好的學問傳統之下，
格爾提供了足夠的資料來解決這個矛盾並放棄這個結論。

把我們的注意力集中在第三階級最低階層中佔犧牲人口 79％的
工人階級和農民，我們可以問，他們是在何時、何地遭遇到他們可怕
的命運。答案很簡單：絕大多數是反對萬底省以及里昂反革命的革命
性鎮壓中的犧牲者。雖然統計數字的證據也強烈地指陳出這個結論，

不過，若再提這些數字，也沒有太大的意義，因為它們原本就不是很完全，這並非格爾的錯。例如，它們既不包括萬底省反革命最悲慘的一段之一的犧牲者，也就是約 2000 人葬身在盧耳河之中，也不包括在都隆(Toulon)的集體槍殺中約 800 人的犧牲者❸。

　　如此，法國社會中的分裂是介於革命者和反革命者之間。這是一個垂直的分裂嗎？一如格爾很清楚的指出，反革命派的根據地只有有限的地理基礎，它們的社會結構與法國其他地區不同。它並不是一場遍佈法國的農民對農民、中產階級對中產階級的戰爭。可確定的是，在敵對的雙方，大都有同一個社會階級的成員。不過，他們是為了完全相反的社會目標而戰，那就是舊秩序的恢復或取消。任何一方的勝利意味的是階級特權的勝利或失敗。僅僅基於這些理由，我們似乎無法否認，恐怖時期至少在它基本大綱上，是階級戰爭的工具。

　　也有一些一般性的理由，讓我們認為在任何激烈的衝突中，犧牲者的社會組成本身，並無法很明顯的呈現出這場戰鬥的社會和政治的特徵。讓我們假設，革命在政府由富有地主和少數富商控制下的某一個拉丁美洲的國家爆發。讓我們再假設，軍隊大部分由農民應徵軍組成，而且其中的一部分變節與企圖推翻政府並建立共產政體的叛徒結合。在幾場激戰之後，統計學者將無疑地會發現雙方的死傷主要都是農民。以在這個個例中的主要分裂是垂直的，以否定階級衝突是政治鬥爭中的關鍵而下結論，顯屬荒謬。另外，假定叛徒沒有推動社會要求而僅僅尋求以某些其他的人取代現有的地主和商賈，那我們就有理由肯定某種垂直的分裂是存在的。簡而言之，重要的不只是誰在戰鬥，而是為何而戰。如果考慮到這個問題，那麼以下所說的一般論點就有問題了。

　　到目前爲止，我們的討論，都只侷限在統計資料的架構內。不過，一些對統計提出批評的普通論題，也激出了超越統計資料的問題。爲了要使這幾點呈現出來，我將以我自己的方式，把剛才所討論到的論據的一般性導向，重新加以系統整理。這個論據的主旨似乎如下：在被假定有反對壓迫者的大革命之中，我們可能以計算的方法看出，事實上只有很少的或根本沒有反對壓迫者的暴動。淸敎徒革命和法國革命中，並沒有明顯區分兩邊的重要不同點。同樣地，在被假定由壓迫者的高級階層所帶動的革命性社會變動中，如英國的圈地運動，我們也可能以計算的方式看出，事實上也沒有太多的壓迫事件存在。犧牲者的數目卻不斷增加，也可能過於誇張。如是，一切激進解釋的傳統，就變成充滿了無意義的傷感了。

　　雖然其中的含義可能很淸楚，不過，很可能這個系統化的整理超越了被討論到的作者的意圖。情況雖然如此，這種類型的論據確實存在而且也需要討論。這個論題部份也需要用它自己方式找尋答案。我已經試著指出，統計資料並不能產生這種結果。雖然統計資料對這類論題能夠大大地加以闡明一番，不過，在此我將提出一個新問題，這就是也可能在某一點上，我們無法應用計量的證據，數量化本身有它的界限。也就是說，從某個社會組織質變成另一種社會組織，例如由封建制度變成工業資本主義的過程，統計的手法是有它無法有效利用的界限。

　　蓋爾文(Kelvin)爵士說：存在的每一樣東西，都是以數量存在。不過，這句格言並不是表示說，每一種存在的東西，都可用同樣的尺度來衡量，或是所有的不同點都可以化約爲數量上的不同。就我所知，統計學者並沒有如此主張；肯定的是這也不是數學家們一般性的主張。到某一個程度時，社會結構的改變，確實會反映在統計數量的變化上。例如，在不同行業的人員數目，在一段時間之內的改變，就告訴了我們許多在社會結構方面的改變。不過，在時期很長或社會結構的改變很明顯的地方，就產生衡量標準的困難⓮。鄉村和都市人口之間，相同的比例，在兩個一如美國內戰前的南方和另一個前商業的不同的社會中，可能就有著非常不同的意義。在某一個程度之內，統計學的研究，可以謹慎的界定它的分類範疇，用以解決這些困難。然而，這類包含原則問題的修正，也有它的界限。數量化，必然會忽視所衡量不同點外的一切不同點。為了要數量化，它要求把證據都變成相同的單位。人類就要按照年齡、性別、婚姻狀況及其他各種不同的標準，被分成不同的統計類別。我認為計算上的需要，會使得我們遲早必定會忽略結構上的差異。研究者為了要捕捉結構上的改變而下更多的定義時，他所仰賴的統計資料的類別就變得越小，越沒用處，也越不可靠。實際上，不同類別的大小是結構變化的結果。他們不是變化本身。

這些結構變化是人與人之間關係上的質的改變。它們是有關例如擁有財產並以一些簡單的工具及自己的雙手生產產品者，與沒有財產、替別人工作、並以複雜的機器生產產品者之間不同。姑用非常中立、抽象的詞語來加以形容，它們是社會類型的形態變化。這些形態和類型的不同，對我而言，並無法化約成數量上的不同；它們是不能比較的⓯。然而，正是這些不同，對人類的關係最大。它們是變動產生最激烈衝突的地方，是歷史大事件的來源。

既然統計學的方法有與生俱來的限制，那麼以客觀的方式來描述和解釋這些質變是否還有可能？我認為原則上仍是可能的，雖然資料不足，以及史家的人為之過，意味著客觀性僅是一個曾經沒落的理想。

客觀性意味著對眞相(Truth)的信仰，這即是社會事件是以可確定的
理由而以它們的方式發生的觀念。由於這個觀念可以導致與現行保守
觀點以及一些激進傳統非常不同的評價，我將很簡短地描述出它的含
意。

　　在知識傳統上，是存在著一個否定客觀性全然爲可能或甚至在原
則上可能的可敬主張。這種否定，似乎是基於對歷史事件的原因和它
們的結果或意義之間的混淆不淸而來的。美國內戰的起因，是由在舒
姆特堡(Fort Sumter)的第一聲槍響而引起。關於這些原因，沒有一位
歷史學家的意見對它們的眞相，有任何些微的影響。然而，其所導致
的結果是另一件事。今日，其結果與我們共存，而且只要人類歷史繼
續不斷，它就有可能一直與我們共存。關於歷史永遠的兩義性，對我
而言，這個主張的第二層面似乎完全妥當。史學家關於美國內戰原因
的記述，不管這些作者的意圖是什麼，現在已經引起論戰的結果。就
是在這種意義之下，公正是不可能的，而且是一種幻想。不論他了解
或不了解，要繼續這個論據，歷史學家必須要樹立一些原則來選擇和
排列他的歷史事實。對研究當代事務的社會學家而言，道理相同。依
據他們所採用或所不採用，所強調或不強調之點，這些原則就會產生
政治的或價值判斷的結果。因此，原則不可避免的就是價值判斷。要
從這糾葛中脫離出來是不可能的。試圖脫離，且採取不偏不黨的立場
的行爲本身，事實上乃是意味著支持現狀，而僞裝成一種非政治性的
假客觀而已。

　　中立是不可能的論點，是有力的，對我無論如何是具有說服力的。
不過我不認爲它會導致否定客觀社會、歷史分析的可能性。對同一組
事件不同的見解，可能導致互補和一致而不是矛盾的詮釋。再者，原

則上否認客觀眞理是可能的，乃是對知識不誠實的最壞形式敞開了大門。這種粗淺的議論約略如下：因爲中立是不可能的，所以我就站在弱者的這邊，並爲這邊作史，以這種方式幫助達成一個"更高的眞理"(High Truth)。更清楚地說，那只是欺騙。不管他無可避免的道德前提和偏好是如何，任何一個研究人類事務的學者，遲早都註定要碰到非常擾人的事實。這之後，他的任務就是很誠實地與它周旋。

就我的評斷，眞理(Truth)的等級，引起令人懊惱的猜疑。不過這並不意味著客觀性和眞相(Truth)就會導致令人愉快的滿足。客觀性與習慣性的明智，不是相同的東西。對於在我們自己的社會中，忽略了它醜惡和殘酷的特徵，以及無法面對它吸引人和殘酷特徵之間的關聯所引起的問題之美德的歌頌，縱使是以最愼重的學院式語氣說出來，它也僅僅是一種辯護。有一種強烈的傾向假定：有利於現狀的溫和性的陳述是"客觀的"，而任何其他的都只是"修辭的"。

這種型態的偏見，這種對客觀性的錯誤詮釋，在今天的西方是最普遍的。它把客觀性和瑣碎事以及無意義混爲一談。如前述理由，任何有關政治制度或事件的簡單、乾脆的眞理，註定是會引起論戰結果的，而且會傷害到一些集團的利益。在任何一個社會中，佔盡優勢的集團，對於社會的動態，是有最多要隱瞞的。因此，往往分析眞實，不得不會帶有批評的聲音，不得不用揭發而不是用一般所使用的客觀陳述。(假如在共產國家，他們也允許對他們的過去做一個溫和坦白的陳述，那麼在共產國家亦如是)。對研究人類社會的所有學者而言，對歷史過程中的犧牲者擁有同情心，並對勝利者的主張採取懷疑的態度，將能提供作爲免於掉入強大神話陷阱的基本安全措施。一個試圖客觀的學者，需要這些感覺，來作爲他通常作業裝備中的一部分。

註　釋

第 6 章

❶ Brecher, *Nehru*, p.638.

❷ Moreland, *India at Death of Akbar*, p.6.

❸ Moreland, *Agrarian System*, xi.

❹ Moreland 在他對於蒙兀兒社會的詳細描述中，很少提到當代以及幾世紀之後都非常隆盛的種姓制度，這似乎有點奇怪。其中的理由可能是由於 Moreland 必須從蒙兀兒行政資料及當代的旅行家的遊記中，去做出他的陳述。沒有一種報告是集中注意力於種姓制度以分工的基礎變成活生生的事實的農村共同體。對於種姓制度運作上的認知，就算很少，一個人也可以收稅，補充兵源，或者若是外國人，也可從商。充斥了阿卡巴官員的蒙兀兒領土，一般的稱呼爲 *Ain i Akbari*, Abul Fazl 就好幾次提到種姓制度，不過主要是把它當成一種趣味掌故。Habib, *Agrarian System* (1963)，在許多關鍵要點上，更正並延伸了 Moreland 的觀點，特別是下層貴族的角色以及他們與農民叛變的關聯。在其他點上，他確認了 Moreland 的分析。他雖然比 Moreland 提到較多的種姓制度，不過觸及的程度並不深。

❺ *India at Death of Akbar*, p.63.

❻同前書, p.256. 根據 Habib, *Agrarian System*, p.154,土地的權利是可以買賣的。

❼ Moreland, *India at Death of Akbar*, p.67,以及他的 *Agrarian System*, p.

9-10.

❽Moreland, *India at Death of Akbar*, p.71,263; Moreland and Chatter-jee, *Short History*, pp.211-212.

❾ Moreland, *India at Death of Akbar*, p.65.

❿同前書, pp.69-71.

⓫同前書, p.257.

⓬同前書, p.259.

⓭同前書, pp.88-89.

⓮同前書, p.73, 很清楚地由 Moreland 所承認的。

⓯ *Travels in India*, II, p.144.

⓰ Moreland, *India at Death of Akbar*, p.13.

⓱引自同前書, p.26.

⓲同前書, p.239.

⓳同前書, p.160, 184, 187.

⓴同前書, p.41。亦參看 Habib, *Agrarian System*, 第II章。

㉑ Moreland, *India at Death of Akbar*, pp. 35-36.

㉒ Moreland, *From Akbar to Aurangzeb*, pp.277-278.

㉓同前書, p.280.

㉔ Moreland, *Agrarian System*, pp.5-6.

㉕ Moreland, *India at Death of Akbar*, p.33.

㉖ Moreland, *Agrarian System*, pp.9-10, 93.

㉗ Moreland, *India at Death of Akbar*, p.31.

㉘ Habib, *Agrarian System*, pp.154, 160, 165, 170, 174, 180, 183, 189.

㉙同前書, p.184.

❸⓪參照同前書，pp.165-167.

❸① *India at Death of Akbar*, pp.96-97；亦參看他的 *Agrarian System*,xi
　　—xii.

❸② Moreland And Chatterjee, *Short History*, pp.241-242.

❸③ Moreland, *Agrarian System*, p.130.

❸④引自同前書，p.205.

❸⑤ Habib, *Agrarian System*,第 IX 章，亦參看 Moreland, *Agrarian System*, p.
　　147; *From Akbar to Aurangzeb*, p.202.

❸⑥ Habib, *Agrarian System*, pp.335-336.

❸⑦引自同前書 pp.90-91；亦參看 pp.350-351.

❸⑧參看同前書；pp.338-351.

❸⑨ Moreland, *India at Death of Akbar*, pp.102, 104. 較詳細的調查，參看
　　Habib, *Agrarian System*,第 1 章。

❹⓪ Moreland, *India at Death of Akbar*, pp.105-106.

❹① O'Malley, *Popular Hinduism*,引述一位現代印度作家有關對牛的態度之
　　作品:「牛是所有動物中，最神聖的……它的排泄物也被神聖化了……它
　　所排泄出來的尿，應該是最好的聖水之名而被保存——它是一種能使它
　　接觸過的東西神聖化的去除罪惡的液體，而且沒有一樣東西能像牛糞一
　　樣具有潔淨的作用。任何一隻牛下糞便的地方，其後永久都成爲聖土」。
　　利用牛糞當燃料的事，不單單是因爲木材奇缺，因爲它在其他燃料不缺的
　　地區，也被利用著。參看 Buchanan, *Bhagalpur*, p.445. 由於它燃燒得很
　　慢且很均勻，而且不需太多注意力，直到今天，它的實用性上的優點，是
　　它被廣泛使用的原因。

❹③ Buchanan, *Purnea*, p.343.

❹ Bhagalpur, pp.410-412.

❺ Habib, *Agrarian System*, p.117.亦參看 Moreland, *Agrarian System*, XII, pp.161-163, 165, 169, 171. 然而，逃到森林區，就有著返回的大困難存在。參看 Baden-Powell, *Village Community*, pp.50-51.

❻ Spear, *Twilight of the Mughuls*, pp.123-124, Moreland, *Agrarian System*, p.162, 203; Baden-Powell, *Village Community*, p.13, 23-24; Habib, *Agrarian System*, p.185.

❼ Spear, *Twilight of the Mughuls*, p.120.

❽ O'Malley, *Popular Hinduism,* pp.190-191.

❾ Kaye, *Sepoy War*, I. pp.182-183.

❺⓪十八世紀末十九世紀初，婆羅門所從事的各種職業，可參看 Abbé Dubois, *Hindu Manners*, I. p.295；其後的時代，則參看 Senart, *Caste*, pp.35-36.

❺① 參看例如 Buchanan, *Purnea*, pp.360, 429-430, 439. Bailey, *Caste and the Economic Frontier*,提及早期，在 Orissa 的這一地區，戰士家庭把農業勞工的家庭劃歸階級之外。Abbé Dubois, *Hindu Manners*, I, pp.55,57, 58 中，報導了無階級人士近於農奴的一種農奴制的形式，雖然他亦說在他的時代時，已經比較稀有了。

Patel, *Agricultural Laborers in Modern India and Pakistan*, p.9, 認為傳統的印度共同體，缺乏明顯的農業勞工階級。他的證據，摘自 Campbell, *Modern India*, p.65.以及 Sir Thomas Munro 摘自一篇現代印度作品的引文。我相信這種主張代表了將英國佔領時期之前理想化的印度民族主義趨勢的一個例證。Buchanan 在南印度的許多地區，發現農業勞工。參看他的 *Journey from Madras,* I，p.124, II, pp.217, 315, III, pp.398, 454-455. 在 *Journey from Madras*, III, p.398 中，特別提及奴隸很普遍的

問題在他對三個北部地區做詳細研究的報告中，農業勞工以階級型態出現，就變得非常頻繁。參看 Purnea, pp.119, 123, 162-164, 409, 429, 433, 443-446；*Bhagalpur*, pp.193, 423, 460, 468；Shahabad, p.343,以及其他的，我在此不贅述。亦參看 Moreland, *India at Death of Akbar*, pp.90-91,112-114; Habib, *Agrarian System*, p.120.

(52) 階級會議通常在任何詳細的地方報告中，都有記載。亦參看 Blunt,"Economic Aspect of the Caste System," in Mukerjee, *Economic Problem*, I, p.69.

(53) Buchanan, *Bhagalpur,* pp.281-282.

(54) 參看 Hutton, *Caste*, p.79.

(55) 參看 Lévi-Strauss, *Pensée Sauvage*, pp.117-119.

(56) Habib, *Agrarian System*, p.256.

(57) 直到最近，他們仍然還是非常普遍的，而且就我所知，有許多還仍然存在。有關最近的著作，參照 Blunt, *Caste System of Northern India*, p.158.

(58) 比較 Brown, "Traditions of Leadership", Park and Tinker 出版社, *Leadership and Political Institutions*, p.7.

(59) 上述所描寫的整個過程，可參看 Woodruff, *Founders*,第Ⅰ部，及第II部的第一章。雖然是傳記式的，而且也較屬軼事的形式，不過，是一本極佳的讀物，主要的地方以順序慢慢出現。*Cambridge History of India*,Ⅴ, p.141-180 間或提供有用的額外細節，不過很難讀下去。Spear, *Twilight of the Mughuls* 是一本一流的分析，主要是十八世紀末期，德里近郊的情形。

(60) 有關英國的偏見之詳細分析，參看 Stokes, *English Utilitarians*,第II部。十九世紀末，Baden-Powell 以適合於英國行政官的最少背景資料的形式，來介紹這些歲收徵收制度的工作時，他發現三大本幾乎不適合這項工作的書。參看他的 *Land Systems*。我在本章的主要描述, 是採取 Baden-Powell 的著作。Stokes, *English Utilitarians*, p.105 認爲, 有些時候, Baden-Powell 過分強調英國程序的實證面; 我認爲在沒有充分認識主題而下肯定判斷的情況下, Stoke 的討論, 過分強調了英國理論的影響力。

❻❶ Baden-Powell, *Land Systems, I,* pp.401-402, 432-433; Griffiths, *British Impact on India*, pp.170-171; Gopal, *Permanent Settlement in Bengal*, pp.17-18. Habib, *Agrarian System*, 指出在孟加拉留有濃厚的蒙兀兒地方慣例。

❻❷ Cohn, "Initial British Impact on India," pp.424-431.

❻❸ Sir Henry Thomas Colebrooke, *Remarks on the Husbandry and Internal Commerce of Bengal*, pp.30, 64, 92-93, 96-97.

❻❹ 參看 Buchanan, *Journey from Madras*, 關於市場和商業的: I. pp.19, 39, 40, 265-266; II, pp.452, 459; 關於地主的: I, pp.2-3, 124, 298; II, pp.67, 187-188, 213, 296, 477; III, p.88 以及索引 S.V. Ganda; 關於農民及土地: I, p.271; II, p.309; III, pp.34, 385, 427-428.他的報告於1807年刊行。

❻❺ *Cambridge History of India*, V, pp.473, 463; Baden-Powell, *Land System*, III, pp.11, 19, 22.

❻❻ Gadgil, *Industrial Evolution*, pp.37, 43, 45; Anstey, *Economic Development*, pp.146, 205, 208; Raju, *Economic Conditions in Madras*, pp.164, 175, 177, 181.亦參照 Dutt, *India in the Victorian Age*, 內有現今大部分無法獲得的具體資料, 特別是 pp.101, 105-106, 108, 112。

❻❼ 參看前述 Dutt 的資料及 Woodruff, *Guardians*, p.91.

❻❽ Baden-Powell, *Land System*, II, pp.21;亦參看 Woodruff, *Founders*, pp. 293-298, 301.

❻❾ Chattopadhyaya, *Sepoy Mutiny*, pp.94-95. Metcalf, "Influence of the Mutiny,"是一篇非常傑出的文章，雖然我認爲作者太過於強調反亂前後英國政策的對比。

❼⓪ Metcalf, "Influence of the Mutiny"中，有這個論題的極佳的現代陳述；Kaye, *Sepoy War*, I,第IV章中，有關於地主階級的怨恨，引發叛變的觀點的傑出舊式說法。

❼① Chattopadhyaya, *Sepoy Mutiny*, pp.100-101. 以前的歷史家；有人將反亂的主要原因歸諸於回教徒，而且甚至於認爲它是恢復蒙兀兒帝國的最後嘗試。可是，這樣的看法，未免是太過於主張反亂是在明確的計劃下而發動的。實際上，反亂完全是混沌狀態，而且有些地區純粹是自然發生的反亂。不過，叛變主要侷限在北印度的回教徒區。畫出叛變主要中心的地圖，可參看 Chattopadhyaya, *Sepoy Mutiny*, p.28 及 pp.150-153 中的討論。

❼② Woodruff, *Founders*, p.255.

❼③ 短評是歸於1843年Sind的征服者Sir Charles Napier, Woodruff, *Founders*, p.327 中。

❼④ Woodruff, *Founders*, p.257.很顯然地，具耐性的阿卡巴也不喜歡習俗，而且很可能避免介入。Woodruff 在下列摘述中，提到他：「男人必須經由他們妻子的自我犧牲以求得解放的男性之偉大，是一種奇怪的紀事」。

❼⑤ Chattopadhyaya, *Sepoy Mutiny*, p.37.

❼⑥ 同前書，pp.33-34.

❼⑦ Kaye, *Sepoy War*, I, pp.195-196, 提及在監獄中，不同種姓之間，分開

烹煮的廢止；Chattopadhyaya, *Sepoy Mutiny*, p.37 提及馬德拉斯軍隊和孟買士兵高階層中，是沒有種姓偏見的。不過，注意 p.103 所引用的啓發性的叛變宣言。

⑱ Chattopadhyaya, *Sepoy Mutiny*, pp.95-97, 159-160.

⑲ 有著可以將大衆化的成份帶引出來的優點之相反的詮釋，參看Chaudhuri, *Civie Rebellion in the Indian Mutinies*；第Ⅵ章。

⑳ 由於地方案件的不同而造成的對比，可參看 Metcalf,"Struggle　Over Land Tenure," pp.295-308.

㉑ 關於胡椒方面，參看 Buchanan, *Journey from Madras*, Ⅱ, pp.455, 465-466, 523 中有趣的討論；Gadgil, *Industrial Evolution*, pp. 48-50, 則有靛青和耕植制度的其他方面。Anstey, *Economic Development*, p.115 提到單一的種植，一般都操在歐洲人手裡。

㉒ Great Britain, *Report of Famine Commission*, 1880,Ⅱ, p.125。Great Britain, *Report of Commission on Agriculture in India*, 1928, p.9 提到早在 1837-1838 年的飢荒中，價格的上漲很明顯。直到 1871 年第一次的人口調查時，從人口成長的調查而來的證據尚未開始，雖然幾乎肯定地是價格的上漲，早已開始。以十年爲期的增加表呈現出，直到 1921 年輪流交替的十年期的增加情況，而在這之後，比率就快速且穩定地加強。參看 Davis, *Population of India and Pakistan*, pp.26, 28.

㉓ Darling, *Punjab Peasant*, p208.

㉔ Moreland, *India at Death of Akbar*, pp.111-112; *Agrarian System*, Ⅱ,p. 126; *From Akbar to Aurangzeb*, p.304, Darling, *Punjab Peasant*, pp.168-169, 列出在英國佔領之前的時期，放債人是重要人物的許多地區。

㉕ Darling, *Punjab Peasant*, pp.6-7.

⑧⑥同前書，xxiii，p.170.

⑧⑦同前書，pp.6-7，167.

⑧⑧ Metcalf, "British and the Money Lender," pp.295-307.

⑧⑨ Darling, *Punjab Peasant*, p.180; Gadgil, *Industrial Evolution*, p.166.

⑨⓪ Anstey, *Economic Development*, pp.186-187; Gadgil, *Industrial Evolution*, pp.30-31, 164; Darling, *Punjab Peasant*, pp.191, 197; India, *Report of Famine Inquiry Commission*, 1945, p.294.

⑨① Great Britain, *Report of Famine Commission* 1880, II, p.130.

⑨②參照 Gadgil, *Industrial Evolution*, p.166.

⑨③ India, *Report of Famine Inquiry Commission*, 1945, p.271.

⑨④ Darling, *Punjab Peasant*, p.20；亦參看 pp.218-222.

⑨⑤ Great Britain, *Report of Commission on Agriculture in India*, 1928,p. 442.

⑨⑥ Thirumalai, *Postwar Agricultural Problems*, p.178, 這種評語也許有點嚴格。參看 Lewis, *Village Life* 中，在某一鄉村中技術改革的表，其中有一些非常重要。

⑨⑦ India, *Report of Famine Inquiry Commission* 1945, p.288.

⑨⑧ Anstey, *Economic Development*, p.154.

⑨⑨ India, *Census* 1951, VI, 第 IA 部，pp.445-446.

⑩⓪ Metcalf, "Struggle Over Land Tenure," p.299. 由於下述理由，我認爲 Metcalf 對於有利的影響的評估，可能太過於樂觀。

⑩① Mukerjee, *Economic Problems*, I. pp.221-223, 227-228, 230.

⑩② India, *Report of Famine Inquiry Commission*, 1945, p.282.

⑩③同前書，p.278.

⑩ India, *Census*, 1951, VI, pt.1A, p.355.

⑩同前書, IX, pt.1A, pp.121-122.

⑩同前書, IX, pt.1A, p.119.

⑩參看 Raghavaiyangar, *Madras*.

⑩同前書, pp.132, 134.

⑩同前書, pp.135-136.

⑩同前書, pp.137, 135.

⑪同前書, p.133.

⑫ Great Britain, *Report of Famine Commission 1880*, II, p.123.

⑬ Mukerjee, *Economic Problems*, I, p223; Gadgil, *Industrial Evolution*, IX.

⑭ India, *Census*, 1951, IV, 第Ⅰ部, pp.16, 60.

⑮ *Punjab Peasant*, p.98.

⑯ Great Britain, *Report of Famine Inquiry Commission*, 1945, p.442.

⑰ *Punjab Peasant*, pp.99, 109-110, 257.

⑱ Darling, *Punjab Peasant*, p.48.

⑲同前書, pp.157-158.亦參看 E.D. Maclagan 所寫的前言, 英國政策之後的思想。

⑳ Gadgil, *Industrial Evolution*, p.63; Thirumalai, *Postwar Agricultural Problems*, p.131; Great Britain, *Report of Famine Inquiry Commission* 1945, p.258.

㉑ India, *Report of Famine Inquiry Commission*, 1945, p.265.

㉒ Thirumalai, *Postwar Agricultural Problems*, p.133 中, 有好的討論, 其中相關的數字都有。亦參看 Thorner and Thorner, *Land and Labour*, 第Ⅹ章, 有詳細的分析。

⑫ India, *Report of Famine Inquiry Commission* 1945, p.258.

⑭ India, *National Sample Survey, Report on Land Holdings*, iv, p.16. 亦參看附圖 4.3, 4.4, pp14, 15.

⑮ Patel, *Agricultural Labourers*, pp7-8, 14-15. India, *Agricultural Labour Enquiry*, I, p.19 報導, 大約有 1/3 的農村家庭是農業勞工, 其中的一半沒有土地。Thorner and Thorner, *Land and Labour*, 第 XIII 章指出這個調查幾乎在完全忽視社會現實的情況下, 集中注意力於選樣的技術問題。並毫不留情地批評其收集資料的方法。

⑯ Nair, *Blossoms in the Dust*, p.83 乃引自 National Council of Applied Economic Research 的資料。

⑰ 參看 Buchanan, *Purnea* p.443 中有關早期的一些簡要記載; *Bhagalpur*, pp.193, 460, 468.

⑱ 參看簡短但深刻的 Lamb, "The Indian Merchant", Singer 出版社, *Traditional India*, pp.25-35 的論文。

⑲ Anstey, *Economic Development*, p.208.

⑳ 更進一步的細節; 參看 Misra, *Middle Classes*, 第 XI 章。

㉑ *Great Britain, Report of Indian Statutory Commission*, I, p.23.

㉒ Gadgil, *Business Communities*, IX. 主要的經濟事實, 可以在 Misra, *Middle Classes*, 第 VIII 章中找到。

㉓ Gadgil, *Business Communities*, pp.30, 66; Brecher, *Nehru*, p.52.地主們當初在國會中也佔了重要的位置。參看 Misra, *Middle Classes*, p.353.

㉔ Majumdar et al, *Advanced History*, pp.895, 928, 981.

㉕ Brecher, *Nehru*, pp.176-177.

㉖ 同前書, pp.72,76.

⑬同前書，p.75.

⑬ *Speeches and Writings of Mahatma Gandhi*, pp.336-337, 341-342.

⑱直到1933年，甘地才將他的精力轉移到不可觸民的廢止。英國人認爲這樣會議派的注意力不再集中於政治問題上，故對甘地的這種動向表示歡迎。參看 Nanda, *Mahatma Gandhi*, p.355.

⑭ *Economic and Industrial Life*, I. p.119.

⑭同前書，I，p.123.

⑭同前書，III，pp.178, 180. 亦參看他1934年的陳述，III，p.189.

⑭ *Economic and Industrial Life*, III, pp.190-191.

⑭同前書，II，p.157.

⑭同前書，II，p.162.

⑭ Nanda, *Mahatma Gandhi*, p.188.

⑭ *Speeches and Writings*, pp.699-700.

⑭ *Economic and Industrial Life*, II, p.159.

⑭同前書，II，p.160，亦參看II，p.163.

⑮ Nanda, *Mahatma Gandhi*, p.135.

⑮同前書，p.165.

⑮ *Speeches and Writings*, pp.1049-1050.

⑮同前書，p.1048.

⑮ Brecher, *Nehru*, p.202.

⑮ Chaudhuri, *Civil Disturbances*, 參看該書的索引 Peasantry 及 Peasant Movements 之項。有八個在孟加拉的例子，列舉在 p.28, 註2上。這些註解中，14, 15, 18, 22, 23 是關於印度教以外的集團。在孟加拉之外，有另外兩個挿曲。pp.141, 172, 有一些主要的事件請參照。由於印度制度

在外表上常受回教的影響，而我對印度的認識程度，並不夠足以讓我正確地判斷那一個個例可以反映出印度的社會條件，或那一個個例不能。此外，提倡全民平等的伊斯蘭土著保護運動，似乎與這個討論的主題無關。從社會激進的觀點而不是從民族主義的觀點而做的較短的研究是 Natarajan 的 *Peasant Uprisings in India*. Natarajan 收集了四個主要的暴動系列的資料：（i）由非印度教的土著群所發動的 1855-1856 的 Santal 反亂；（ii）包括種植經濟特例的 1860 年靛青種植者的罷工；（iii）似乎唯一包括普通印度農民的 1875 年的 Marathra Risings 或稱 Deccan Riot；以及（iv）回教耕者反抗印度教地主而在 1836-1896 年間開展的 Moplah Uprisings。雖然這本小冊子蠻有用的，不過它卻無法找出印度農民暴動的激進傳統。

⓯ Chaudhuri, *Civie Disturbances*, pp.172, 141, 65-66.

⓱ Natarajan, *Peasant Uprisings in India*, pp.23, 26, 58.

⓲ Smith, "Hyderabad," pp.28-31, 有一般性的極佳描述。

⓳ Qureshi, *Hyderabad*, Ⅰ, p.30.

⓴ 同前書, pp.39, 61, 67.

㊀ 同前書, p.72.

㊁ 同前書, pp.133-134, 這地方叫 Telingana, 亦拼作 Telengane, Tilangana。

㊂ Smith, "Hyderabad," p.32; Harrison, *India*, p.162.

㊃ Smith, "Hyderabad," p.33.

㊄ 同前書, pp.33-40.

㊅ 同前書, pp.45-47.

㊆ 細節參看 Overstreet and Windmiller, *Communism in India*. 可惜這本厚書太少提到共產主義和印度社會潮流的關係。

⓰ Mellor, *India since Partition*, p.45.

⓱ Harrison, *India*, pp.222-223 提供一個好的例證。

⓲ Neale, *Economic Change*, pp.204-205 中，有一些生動的例子。

⓳ Beals, *Gopalpur*, p.78.

⓴ 撤除管制的插曲，參看 Brecher, *Nehru*, pp.509-510; pp.390-395 是關於兩頭政治和 Patel 的特徵。

⓭ Brecher, *Nehru*, pp.432-436, 520, 528-530.

⓮ India, *Planning Commission*, Third Five Year Plan, pp.14, 23.

⓯ *Far Eastern Economic Review, 1964 Yearbook*, pp.174, 168. 根據對 1962-1963 年的估計，每人的平均收入稍有下降。

⓰ Patel, *Indian Land Problem*, p.402.

⓱ 同前書，p.477.

⓲ 參看 *Times of India Yearbook*, 1960-1961, p.102.

⓳ Patel, *Indian Land Problem*, pp.478-479.

⓴ Planning Commission, Third Five Year Plan, pp.224-225. *Far Eastern Economic Review*(1963 年 11 月 7 日), p.294 引述 Planning Commission 因土地改革缺乏進步而做的持續的批評。

⓭ *Land and Labour*, p.5。p.4 有在 Etawah,對於原始社區開發計劃的第一手研究資料。

⓮ 參照 Neale, *Economic Change*, p.257.

⓯ 數字由 Mitra, "Tax Burden", Braibanti and Spengler 出版社, *Administration and Economic Development*, p.299 所提供。

⓰ 第二版，（Oxford, 1929）。

⓱ Dey, "Community Projects in Action," Park and Tinker 出版社,

Leadership and Political Institution, p.348. 整篇論文是描寫有關社區開
發計劃的官方神話的好例子。

⑱ *Times of India,* November, 27, 1963.

⑲ 根據 Nagpur 決議，"未來的農業型態必須是合作的聯合農耕。土地聯合
耕種，農民繼續取得財產權，並以耕地的比例，分得作物"。無土地的工
人亦可分得非特定的分量。參看 *Congress Bulletin*（1959 年 1 月至 2 月）
pp.22-23.

⑱ 參看 Dube, *India's Changing Villages,* p.22.

⑱ Tinker,"The Village in the Framework of Development," Braibanti
and Spengler 出版社，*Administration and Economic Development,* pp.
116-117. 亦參照 Retzlaff, *Case Study of Panchayats,* 特別是 pp.43, 72,
110.

⑲ Mitra,"Tax Burden," p.205.

⑲ India, *Report of Food Crisis,* p.98. Thorner, *Land and Labour,*第八章
認爲「糧食危機報告」是以創造出對農業的恐慌而針對轉移政府集中注意
力於工業成長的急促政治運作。雖然就我的判斷,「糧食危機報告」並沒有
觸及問題的根本部分，它悲觀的研究部分，一部分也被後來的事件所證
實；它也包括了一些有價值的事實點。

⑲ India, *Report of Food Crisis,* pp.6, 85, 71.

⑲ Dube, *India's Changing Villages,* p.12; *Times of India Yearbook, 1960-
1961,* p.264; *Times of India,* November 27, 1963.

⑲ U.S. Department of Agriculture, *Foreign Agriculture,*（1964 年 2 月 10
日），p.7.

⑲ 參看"Food Statistics in India", *Studies in Agricultural Economics,* III, pp.8-11, 對這點有更完全的討論。

⑲ India, *Report of Food Crisis*, p.180.

⑲ *Madras in Maps and Pictures*, pp.41-42.

⑲ Dupuis, *Madras*, pp.130-131, 144-145.

⑲同前書, pp.125, 132, 151-152.

⑳ 參看 E.G., Tinker, "The Village in the Framework of Economic Development," Braibanti and Spengler 出版社, *Administration and Economic Development*, pp.94-133, 是最近一份很好的簡短調查, 雖然它觸及的政治問題比經濟問題還多, 它還是依靠社區開發計劃的估計報告。Dumont 的 *Terres vivantes* 非常有價值, 不過卻屬軼事性的。Epstein 的 *Economic Development and Social Change*, 可能是個研究中最有用的。其他有用的資料, 包括 Mayer et al, *Pilot Project India*, 這是較現代的第一個嘗試, Marriott, *Village India* 中的收集; Mayer, *Caste and Kinship*; Lewis, *Village Life in Northern India*; Dube, *Indian Village* 及 *India's Changing Villages*, 兩者都在早期所做, 不過, 對於主要的問題, 都非常具啓發性。Singer 出版社, *Traditional India,* 以及 Srinivas, *Caste in Modern India*, 則比較一般性, 不過也引出了重要的地方。

㉑ Epstein, *Economic Development and Social Change.*

㉒ Beals, *Gopalpur*, pp.79, 82.

㉓ *Terres vivantes,* pp.144-145; 亦參看 pp.124-127.

㉔ Singh, "Impact of Community Development," Park and Tinker 出版社, *Leadership and Political Institutions*, pp.361-365.

㉕ *Terres vivantes,* p.139.; Beals; *Gopalpur*, p.79 指出富有的人, 從他的隨從的經濟地位的改進方面, 並得不到什麼。這種情形與明治時代早期的日

本所發現的完全不同。

⑳ 把種姓制度當成控制的方法的詳細研究，可參看 Gough, "Social Struc-ture of a Tanjore Village," Marriott 出版社，*Village India*, pp.36-52，雖然 Gough 的著作，對我來說可能是最好的且最簡明的，不過種姓制度的這項功能，似乎多多少少都很清楚地出現在所有的記載中。

⑳ 甚至於種姓制度也可能變成與民主制度可以協調。參看 Rudolph and Rudolph, "Political Role of India's Caste Association," pp.5-22，作者主張種姓制度可以提供適當的運作裝置以使文盲的農民進入民主的舞台上。消極方面，傳統印度人口調查的觀念的保守和烏托邦的特徵，以及在經濟發展中農村創造性行動的可能性方面，它們予以限制的方法，則參看較爲悲觀的論文，Rudolph, "Consensus and Conflict"，特別是 pp.396-397.

⑳ Epstein, *Economic Development and Social Change*；甘蔗方面，pp.30, 31, 34, 35, 53；稻米和對比方面，pp.63-65; "乾旱"鄉村以及一般對比方面，參看總結的一章。

⑳ Tinker, "Village, in the Framework of Development," Braibanti and Spengler 出版社，*Administration and Economic Development*, pp.130-131.很清楚地指出這個事實以及它的結果。

⑳ 引述在 Great Britain, *Report of Commission on Agriculture in India, 1928*, p.481.

⑳ 引述在 India, *Census* 1951；VI, pt.1A, p.80.

⑳ 由英國人的立場來看的背景之記述，參看 Woodruff, *Guardians*, pp.333-337.

⑳ 這個問題被一些研究農業問題的印度學者所注意到。參看例如，Khan,

"Resource Mobilization from Agriculture and Economic Development in Agriculture," pp.42-54, 以及 Mitra, "Tax Burden," Braibanti and Spengler 出版社, *Administration and Economic Development*, pp. 281-303, 雖然此中, 經濟專門性的問題比政治問題談論得遠為多。

第 7 章

❶參看 Hintz, *Staat und Verfassung*, I, "Weltgeschichtliche Bedingungen der Repräsentativverfassung, (1931)", pp.140—185; "Typologie der ständischen Verfassungen des Abendlandes(1930)", pp.120—139; 以及"Wesen und Verbreitung des Feudalismus(1929)", pp.84—119. 符合現代的同樣觀念, 則參看 Coulborn, ed. *Feudalism*(1956)。

第 8 章

❶參看 Rosenberg, *Bureaucracy*; Carsten, *Origins of Prussia*。

❷ Sansom, *History of Japan*, I, p.368.

❸ 參看 Marx, *Selected Works*, II, "Germany: Revolution and Counter-Revolution,"主要由 Engels 所寫。

❹波蘭、匈牙利、羅馬尼亞、西班牙以及甚至希臘, 大約都經歷類似的過程。

以我有限的知識爲基礎，我認爲拉丁美洲的大部分都還停留在極權的半議會制政府的紀元。

❺ 保守的加富爾之與激進的加里巴而地之間有困難的理由之一，是義大利土地貴族軍事傳統的薄弱。

❻ 十九世紀末期德國情況的分析，可參看 Kehr, *Schlachtflottenbau.* Weber "Entwickelung stendenzen in der Lage der Ostelbischen Landarbeiter," in *Gesammelte Aufsätze,* 特別是 pp.471-476, 很清楚地指出了普魯士貴族的地位。

❼ 這種論調，在英國也是非常的突出，是對法國革命的反應的一部分。有許多收集在 Turberville, *House of Lords* 中。然而，托勒黨的改革，在十九世紀的英國可以運作，至少一部分是因爲它是一場假戰爭：中產階級勝利了，而且只有最遲鈍的才看不到他們的權力。

❽ 就這點而言：德國和日本當然不是唯一的。自從第二次世界大戰以降，西方的民主制度大約在相同的理由之下，漸漸地呈現出同樣的特徵，但是這些理由與農業問題已不再有許多關聯。Marx 在某個地方指出，在沒落狀態的中產階級，又創造出他們原先所戰鬥的惡魔和不理性。因此，社會主義如奮力地樹立自己，就允許了二十世紀的民主制度，將它沾滿泥濘和血水的自由之旗，與一個缺乏坦率、譏諷性虛僞的東西，一起飄揚。

❾ Halévy, *History of the English People*, II, p.19.

❿ 在這段時期，生命對英國低階層人士的意義，可在 Thompson 的 *Making of Working Class* 中找到詳細的描述。政府的主要方案及其結果，可由 Cole and Postgate, *British People*, pp.132-134, 148-149, 157-159, 190-193 中描繪出。其他有用的進一步細節，參看 Halévy, *History Of The English People,* II, pp.23-25. 貴族對鎮壓的反對，可參看 Trevelyan,

History of England, III, pp.89-92, 以及 Tuberville, *House of Lords*, pp. 98-100.

⓫ Citermann, *Geschichte Russlands*, III, p.403, 409-410; Berlin, *Russkaya Burzhu auiya*, pp.226-227, 236.

⓬ Levitskii, "Pravyya Partii" *Obshchestvennoye Dvizheniye v Rossii*, III, pp.347-472。特別參看 pp.432, 370-376, 401, 353-355.

⓭ 參看 Samra, "Subhas Chandra Bose", in Park and Tinker, eds *Leadership and Political Institutions*, pp.66-86, Esp.78-79.

⓮ Lambert, "Hindu Communal Groups", in Park and Tinker, eds., *Leadership and Political Institutions*, pp.211-224.

⓯ 同前書, p.219.

⓰ 若説法西斯主義是隔代遺傳, 並不足以區別它。革命運動亦如是, 一如我在下章中所將更詳細指陳的。

⓱ *Bread and Democracy*, pp.53, 55.

⓲ 鄉村投票的情形, 可參看標示 1932 年 7 月鄉村地區納粹投票情況的分配地圖, 此圖在 Loomis and Beegle," Spread of German Nazism", p.726. 就整個德國納粹得票的比例, 可參看 Dittmann 的 *Das politische Deutschland* 中所收集的 1919 到 1933 年的選舉統計資料。

⓳ 比較上列 Loomis-Beegle 的地圖與 Sering 出版社, *Deutsche Landwirtschaft* 中的插圖 VIII, VIII A 以及 I。

⓴ 以附錄印在 *Statistik des Deutschen Reichs* 中, 它較不詳細, 不過一如 Sering 出版社的 *Deutsche Landwirtschaft* 中的插圖, 亦在單一的一面上。

㉑ 特殊的研究也認爲在資本主義條件下有著困苦景況的"小市民", 是最能接受納粹的主張者。在史雷斯維克霍爾斯坦邦(Schleswig-Holstein)中, 納

粹贏得 80%至 100%選票的鄉村社區，都是在所謂的貧瘠土壤區（*Geest*），這些社區極度依賴小牛和豬的市場。此點可參看 Heberle, *Social Movements*, pp.226, 228. 漢諾威的一些地方也出現同樣的情況。靠近紐倫堡的地區，在土地比較沒有價值的地區，中型家庭農場和通常依賴城市市場的邊緣農業的地區，納粹的得票佔 71%到 83%之間。參看 Lommis and Beegle, "Spread of German Nazism", pp.727, 726. 大約支持同樣情況的證據，摘要在 Bracher Et Al 的 *Machtergrei fung*, pp.389-390 中。

❷ Bracher Et Al, *Machtergreifung*, pp.390-391.

❸ *Mein Kampe*, pp.151-152。納粹政策的主要實際層面，亦參看 Schweitzer, Nazification," in *Third Reich*, pp.576-594.

❹ 有關農業政綱的命運，可參看 Wunderlich, *Farm Labor*, 第III部, "The Period of National Socialism。"

❺ Silone, *Fascismus*, p.107.

❻ Schmidt, *Plough and Sword*, pp.34-38; Silone, *Fascismus*, p.109: Salvemini, *Fascist Dictatorship*, pp.67, 73.

❼ Schmidt, *Plough and Sword*, pp.39-40 中所引用。

❽ 數字和細節，可參照 Schmidt, *Plough and Sword*, V, pp.132-134, pp.66-67, 71, 113.

第 9 章

❶ Robinson, *Rural Russim*, p.206, 對這一點有很清楚的陳述。

❷ *Rural Russia*, p.144.

❸ 一如"immune"和"Vulnerable"兩個英文字所顯示的，其用在革命的分析上，具有保守的偏見：其暗示性的假設是，一個"健康"的社會應該是免於革命。因此，有必要對於作者爲何排斥這種假設，做個說明。革命之所以會或之所以不會發生的分析，並沒有應允或不應允的邏輯含意在內，雖然沒有一位研究者可以免於有個人的偏好。在此地，我想深入地探討這個論點，不過我還是懷疑一個問題叢生的病態社會是否眞能免除革命的可能。

❹ Hsiao, *Rural China*, p.462.

❺ 日本的暴動呈現出歐洲現代化早期的一些特徵，這是與日本更爲集權化的封建制度可以並存的事實，這種並存的現象，與歐洲人在維護特權和現狀的極權君主制度下所做的努力是類似的。參看 Sansom, *Histosy of Japan*, II, pp.208—210.

❻ 做爲現代革命的一個動因，印度農民社會的狀況或許是這個通則的一個例外。這有一部分要歸因於在印度前現代社會的結構中存有阻礙暴動和革命的因素，另一部分則要歸因於迄今爲止印度的現代化方式。但最重要的是，在印度鄉村，現代化幾乎沒有開始。這是認爲他不是一個例外的眞正理由。也許，將來他會變成一個例外。歷史的通則並非一如物理通則，是屬於不可變更的法則：歷史的過程主要是在反映掙脫那些歷史通則所做的努力。

❼ Carsten, *Origins of Prussia*, 第 I 部，特別是 pp.29—31, 41, 62, 64, 73—74, 有農民情況的詳細記載。Stein 的 *Agrarverfassung*, I, pp. 431, 434 以簡明的方式，增加了一些合法的資料。

❽ Carsten, *Origins of Prussia*, pp. 30-31.

❾ 同前書, pp.32, 34-35, 37-39.

❿同前書，p.115.

⓫同前書，第XI章，特別是 pp.149-150, 154, 163-164.

⓬ Aubin, *Geschichte des Gutsherrlich-Bäuerlichen Verhältnisses*, pp. 155-156.

⓭ Stein, *Agrarverfassung*, I, pp.437-439.

⓮同前書，I, pp.463-464.

⓯ Carsten, "Bauerkrieg", p.407. 德國對農奴制度的微弱抵抗，與同一時期的俄國，所產生的不安和暴動成強烈的對比。這種不同的理由，也許是由於我們先前所已注意到的事實：在俄國，農奴制度是因應政治情況而產生。屬於極權主義建立過程中的一部分，俄國的農奴制度是用來支持沙皇官員的生活。而且，在俄國的農奴制度，似乎比在普魯士的，對於農民鄉村的破壞，遠爲輕微。雖然喪失了許多自主權，不過俄國的鄉村社區(mir 或更正確的說 "sel'skoe obshchestvo") 仍然是很興隆的。十六和十七世紀，俄國的變動方面的論文，可參看 Blum, *Lord and Peasant*, 第8-14章；農民的騷動，參看 pp.258, 267-268；鄉村社區方面，參看 pp.510-512.

⓰參看 Franz, *Bauernkrieg* 後面的三個地圖。

⓱ Waas, *Grosse Wendung*, pp.13-15,19.

⓲ Franz, *Bauernkrieg*, pp.84,32,26.

⓳ Waas, *Grosse Wendung*, 中的論題。

⓴ Nabholz, "Ursachen des Bauernkrieg" pp.144—167, 很清楚地指陳出蘇黎世地區的這個關係。特別是 pp.162—163,165,167.

㉑例如：in the piper of Niklashausen。參看 Franz, *Bauernkrieg*, pp.45-52.

㉒ Franz, *Bauernkriez*, pp.1-40.

㉓ Waas, *Grosse Wendung*, pp.40-42.

❷❹ 這方面的證據，由蘇俄學者 Smirin，在 *Ocherki istorii politicheskoi bor'* *by v Germanii,* 第 II 章中提供。Smirin 極力證明"地主反動"(Seigneurial Reaction)的存在，而且有時候將證據牽強附會的引用至可笑的地步：例 如他引述(p.60)每年三天的勞動稅是重要性的指證。不過，他指出農民因 為他們的義務所具有的不穩定性和變化性，極感煩亂(p.85)則可能是對 的。

❷❺ Wiessner, *Sachinhalt und Wirtschaftliche Bedeutung der Weistümer*, pp. 26-29.

❷❻ Wiessner, "Geschichte des Dorfes", pp.43-44,60,63,70-71. 雖然這個記 載只限於奧國，不過，其它地方也可能存在著這種不同。

❷❼ 蘇黎世地區，參看 Nabholz, "Ursachen des Bauernkrieg", pp.158—159； 奧國，參看 Wiessner, "Geschichte des Dorfes", pp.49, 50, 67；德國， 參看 Waas, *Grosse Wendung*, pp.34-35.

❷❾ 比較 Franz, *Bauernkrieg*, pp.1-40.

❸⓿ 在前現代農村，市場無論如何是存在的。甚至於現代郊區的商人，都可以 為他在庭院中所栽種的一些蕃茄而自豪。假如不是因為有些反概念的學 者們致力於以提及這類瑣事來推翻歷史區別的話，也不需要提到這幾點。 很顯然的，重要的問題是市場在鄉間所扮演的質的角色(Qualitative Role)：它對於社會關係所造成的影響。

❸❶ 十七世紀的法國的關係，詳細的記載可參看 Porchnev, *Soulevements* *populaires*。

❸❷ 這種改進似乎又與客觀的剝削是暴動的原因的論題相矛盾。不過不必然 如此。地主和農民社區之間的關係，縱使農民沒有變得更窮，也能變得更 具剝削性，就算農民的物質情況改善了亦如是。只要在地主的收取增加而

他對鄉村安全福利的貢獻減少的地方, 都會發生。地主貢獻的減少以及他增加"收取"(Take)的努力和一般性的經濟改善, 將會引起巨大的憤恨。小心翼翼地將這種客觀剝削的觀念拿來和幾個其他的例子比較, 將會是一個困難不過卻是值得的工作。我沒有如此做; 我是在瞭解資料之意義的漫長奮力的過程中, 有了這個看法, 而且, 我將其視爲一個實用的假設, 希望能得到證據的支持。

㉝ Natarajan 的 *Peasant Uprisings*, 第Ⅳ章中有從激進觀點出發的具啓發性的陳述。

㉞ Robinson, *Rural Russia*, p.153 指出在 1905 年農民暴動期間, 地主損失最慘重的二十個 Guberniias 中, 有十六個呈現出個別農家對於遺傳地產, 再分配保有權佔優勢的現象。政府對農民團結的懼怕, 可參看同前書 p.264。

㉟ 做爲一個簡單的說明, 我們可以比較當一個大家庭籌劃到海邊沙灘舉行一個複雜的野餐時, 一個小孩搜集柴火, 另一個生火以及在早晨大家一窩蜂地搶用浴室等。

㊱ 參看 "Eighteenth Brumaire", p.415.

㊲ 參看 Banfield, *Moral Basis of a Backward Society*, 第 8 章, 特別是 p. 147, 150-154.

㊳ 這在投石黨(Fronde)之前和其期間的騷動中特別明顯。參看 Porchnev, *Soucevements populaires*, pp.118-131, 392-466. 作者令人信服地指出投石黨不僅僅是貴族災禍的一個。由於它們是我試圖指陳的整個論點中的一部分, 因此不擬在此重述, 我只想指出我反對他和其他馬克思主義作家將君主極權主義認同爲封建制度的用心。

㊴ Schwartz, *Chinese Communism*.

結　語

❶最後我希望能夠更仔細的研究激進評論得以出現和無法出現的情況。

❷Parsons, *Social System*, p.205 中，使得這個觀點變成一個明白而有系統的假設。

❸兩個引言均參看 Namier, *England*, pp.14-15.

❹對法國發展的深入且簡短並引發對較大問題注意的討論，可由"The Folk-lore of Royalism," *Times Literary Supplement*, 1962 年 9 月 7 日中找到。

❺加圖主義極度依賴反現代科學和現代工業文明的羅曼蒂克式的抗議。當然，並不是所有的這類抗議都屬於荒謬的。許多這類的觀念，發生在史賓格勒(Spengler)身上。不過史賓格勒對古語(Archaism)無法運作的認知，對加圖主義而言是完全陌生的。

❻中世紀的基督教義也許也將死亡置於生命之前，不過幾乎沒有另外強調暴力和破壞。在基督教義的實踐上，和藹、同情和寬厚的因素並非獨佔優勢，不過，它們確能用來與加圖主義做區分。

❼參看 Syme, *Roman Revolution*, 第 XXVIII-XXIX 章，特別是提到 Vergil 及 Horace 的 pp.460-468. 亦請注意 Petroxious 的耻辱，以及羅馬史學家對 Nero 和 Caligula 的藝術興趣的態度。史達林式的藝術呈現出我所冠予加圖主義的特徵或源出於加圖主義的事實，在整個此地所提出來的詮釋中，似乎引起了嚴重的懷疑。不過，若說社會主義特別是在史達林治下，借用了或納入了它的歷史敵對者中最具鎮壓性特徵中的一部份，是否可

笑呢？

❽ 日本可以視爲特例。也許這類工業化的阻礙只有在接近農場型態的農業經濟中才嚴重。德國的普魯士貴族區仍然是非常地鄉村的；當然，直到 1917 年整個俄國社會亦如是。在日本也有困難存在，而且許多鄉村的意識型態在實踐上都必須被放棄。

❾ 在中國，公地似乎不存在，不過中國的宗族制度，在某些程度內，也具有成員爲了達成某種社會功能必須要有資源的這個觀念。

❿ *Agrarian Problem*, pp.333-334,337-338.

⓫ 參看 James, *Social Problems,* pp.99-106；引言在 p.102. 整個文章和詮釋的完整收集，參看 Sabine 出版社，"Winstanley"其中 (pp.269-277)"A Declaration from the Poor Oppressed People of England" 特別與上述所討論到的幾點有關。

⓬ Lefebvre, *Paysans du Nord*, p.353;亦參看 X, pp.344, 350-351.

⓭ 參看 Lefebvre, *Etudes* ,pp.298-314.

⓮ 參看 *Grakkh Babeuf,*第三章中有關 Dalin 的 Picardy 的社會情況的詳細描述；以及 p.104 中，Babeuf 對於身爲一位封建法學者的經驗對他的意義所做的具啓發性的引述。

⓯ 在 *Institute of Marxism-Leninism* 的檔案中找到的巴貝夫 1786 年 6 月 1 日的信，可參看 *Dalin, Grakkh Babeuf*, pp.95-109；集體農場方面，參看 p.99, Dalin 肯定巴貝夫在 1785 年的一份備忘錄中，提倡集體農場(*fermes collectives*) 的觀念；於 1785 年 11 月 25 日在 Advielle, *Babeuf,* II,(pt 2) pp.1-14 中再做的備忘錄，我沒有找到這個觀念的任何蛛絲馬跡。這個用詞，在這本書後面 Babeuf 與 Dubois de Fosseux 的通訊之索引中，也沒有被提到。

⑯參看 Dommanget, *Babeuf*, 特別是 pp.103-121, 250-264. p.268 中, 巴貝夫提到財產權是人類最可悲的錯誤發明之一。他對這個簡短討論的其它看法見 pp.91, 96, 186, 209-211.

⑰來自 Postgate 翻釋自 "Maniteste des Égaux" (1796) 的 *Revolution from 1789 to 1906*, pp.54, 55.

⑱Berlin, 在 Venturi, *Roots of Revolution*, vii, ⅹ, ⅹⅵ, ⅹⅹⅵⅱ 的序文中。

⑲不論是國外或國內的研究者都不斷地暗示農民, 他們屬於地主, 而土地屬於他們的觀念。例子可參看 Venturi, *Roots of Revolution*, pp.68-69. 到底這個陳述有多少程度可以視爲農民真正的想法, 以及什麼程度內是貴族的曲解? 農民的行爲使我們懷疑農民是否真的認爲他們屬於地主。

⑳Venturi, *Roots of Revolution*, pp.211, 218.

㉑Yang, *Religion*, p.114. 參看同前書, 第Ⅸ章, "Religion and Political Rebellion"。

補　論

❶*Long Parliament*. 對內戰的事件只有模糊概念的讀者, 也許希望被提醒一下, 長期議會是從 1640 年 11 月 3 日開到 1660 年 3 月 16 日, 剛好是內亂時期。在國王於 1649 年 1 月 30 日被處極刑前幾週, Colonel Pride 整肅長期議會, 並減少了不少議會會員的人數。它的成員在處刑前後的事件和克倫威爾攝政期間, 人數變動不停, 這是我們此處毋需討論的問題。

❷Brunton and Pennington, *Long Parliament*, pp.19-20.

❸同前書，XIX，亦參看 XVIII.

❹ Trevelyan, *History of England*，II，pp.185-187，亦參看 Brunton and Pennington 在 Hill, *Puritanism*，pp.14-24 中的評論，p.16，Hill 注意到地理上的區別。

❺ Tawney, *Agrarian Problem*，p.8.

❻ Tawney, *Agrarian Problem*，p.8; Everitt, "Country Committee of Kent"，p.9.

❼ Everitt, *Suffolk*，pp.16-17.

❽ Mingay, "Siees of Farms"，p.470.

❾ Great Britain，1831 年的人口調查，*Parliamentary Papers*，XXXVI，ix.

❿ Great Britain，1851 年的人口調查，*Parliamentary Papers*，LXXXVIII，xci 以及 c。所有的數字，約近千。

⓫參看 Clapham, *Economic History*，II,pp.263—265.

⓬ *Incidence of the Terror*，pp.97-98. 被處刑的只是犧牲者中的少數，其他的我們沒有資料。由於相關的問題可以在已成立的事實的架構內討論，因而我們不需要提及這些資料是否會造成 Greer 論題的修正。

⓭ Greer, *Incidence of the Terror*，pp.35-37，115；亦參看附圖Ⅷ，p.165.

⓮為了簡潔，我不提取得可靠統計資料的問題。這是一個很嚴肅的問題。就我的看法，如果沒有仔細研讀提出具有收集統計資料進步方法的社會所有的困難的 Morgenstern 的 *Accuracy of Economic Observations* 以及為落後國家而提出它們的 Thorner 的 *Land and Labour in India* 時，最好不要依賴統計資料。

⓯就這一點，注意 Whitehead 的 *Modes of Thought*，p.195:「如是，在所有量的問題之外，還有模式的問題，這對了解自然方面是基本的。離開了先

假設的模式，量就不能決定事物。」Whitehead 對於自然科學和數學的程序所採取的保留態度，必須很嚴肅的被接受，因為他不像其他的評論一樣，他完全很清楚他在說什麼。

參考書目

一、德國

Aubin, Gustav, *Zur Geschichte des gutsherrlich-bäuerlichen Verhältnisses in Ostpreussen von der Gründung des Ordensstaates bis zur Steinschen Reform*. Leipzig, 1911.

Bracher, Karl Dietrich, Sauer, Wolfgang, and Schulz, Gerhard, *Die nationalsozialistische Machtergreifung*. Köln and Opladen, 1960.

Carsten, F.L., *The Origins of Prussia*. London, 1954, reprinted 1958.

———"Der Bauernkrieg in Ostpreussen 1525," *International Review for Social History*, III (1938), 389-409.

Dittmann, Wilhelm, *Das politische Deutschland vor Hitler*. Zürich, 1945.

Franz, Günther, *Der deutsche Bauernkrieg*. Darmstadt, 1956.

Gerschenkron, Alexander, *Bread and Democracy in Germany*. Berkeley, 1943.

Hamerow, Theodore S., *Restoration, Revolution, Reaction; Economics and Politics in Germany*, 1815-1871. Princeton, 1958.

Heberle, Rudolf, *Social Movements: An Introduction to Political Sociology.* New York, 1951.

Hitler, Adolf, *Mein Kampf.* 141 st ed., München, 1935.

Kehr, Eckart, *Schlachtflottenbau und Parteipolitik* 1894-1901. Berlin, 1930.

Krieger, Leonard, *The German Idea of Freedom.* Boston, 1957.

Loomis, Charles P., and Beegle, J. Allen, "The Spread of German Nazism in Rural Areas," *American Sociological Review,* XI (December, 1946), 724-734.

Nabholz, Hans, "Zur Frage nach den Ursachen des Bauernkriegs 1525," reprinted in *Ausgewählte Aufsätze zur Wirtschaftsgeschichte* (Zürich, 1954). First published in 1928.

Preradovich, Nikolaus von, *Die Führungsschichten in Österreich und Preussen* (1804-1918). Wiesbaden, 1955.

Rosenberg, Hans, *Bureaucracy, Aristocracy and Autocracy: The Prussian Experience* 1660-1815. Cambridge, Massachusetts, 1958.

Schorske, Carl E., *German Social Democracy* 1905-1917. Cambridge, Massachusetts, 1955.

Schweitzer, Arthur, "The Nazification of the Lower Middle Class and Peasants," in *The Third Reich,* a collection of essays published by the International Council for Philosophy and Humanistic Studies(London, 1955), 576-594.

Sering, Max, editor, *Die deutsche Landwirtschaft unter volks-und weltwirtschaftlichen Gesichtspunkten dargestellt……,* published as

Sonderheft 50, Neue Folge, *Berichte uber Landwirtschaft.* (Berlin, 1932).

Smirin, M. M., *Ocherki istorii politicheskoi bor'by v Germanii pered reformatsiei.* 2 nd ed., Moscow, 1952.

Stein, Robert, *Die Umwandlung der Agrarverfassung Ostpreussens durch die Reform des neunzehnten Jahrhunderts.* Vol. I, Jena, 1918.

Waas, Adolf, *Die grosse Wendung im deutschen Bauernkrieg.* München, 1939.

Weber, Max, "Entwickelungstendenzen in der Lage der Ostelbischen Landarbeiter," in *Gesammelte Aufsätze zur Sozial- und Wirtschaftsgeschichte* (Tübingen, 1924), 470-507.

Wiessner, Hermann, *Beiträge zur Geschichte des Dorfes und der Dorfgemeinde in Österreich.* Klagenfurt, 1946.

——*Sachinhalt und Wirtschaftliche Bedeutung der Weistümer im Deutschen Kulturgebiet.* Baden, 1934.

Wunderlich, Frieda, *Farm Labor in Germany* 1810-1945. Princeton, 1961.

二、俄國

Berlin, P. A., *Russkaya burzhuaziya v staroye i novoye vremya.* Moscow, 1922.

Blum, Jerome, *Lord and Peasant in Russia: From the Ninth to the Nineteenth Century.* Princeton, 1961.

Gitermann, Valentin, *Geschichte Russlands*. 3 vols. Zürich, 1944-1949.

Kliuchevskii, V., *Kurs russkoi istorii*. 5 vols. Moscow, 1937.

Levitskii, V., "Pravyya partii," in *Obshchestvennoye dvizheniye v Rossii v nachale XX-go veka*. III (St. Petersburg, 1914), 347-472.

Maynard, Sir John, *Russia in Flux: Before October*. London, 1946.

Miliukov, P., *Ocherki po istorii russkoi kultury*. St. Petersburg,1909.

Robinson, Geroid T., *Rural Russia Under the Old Regime: A History of the Landlord Peasant World and a Prologue to the Peasant Revolution of 1917*. New York, 1932.

Venturi Franco, *Roots of Revolution: A History of the Populist and Socialist Movements in Nineteenth Century Russia*. Translated by Francis Haskell. London, 1960.

三、英國

Ashton, T. S., *An Economic History of England: The Eighteenth Century*. London, 1955.

Aston, Trevor, editor, *Crisis in Europe* 1560-1660*: Essays from* PAST AND PRESENT. London, 1965.

Aydelotte, W. O., "The Business Interests of the Gentry in the Parliament of 1841-47," an appendix in Clark, *The Making of Victorian England*, 290-305.

Bowden, Peter J., *The Wool Trade in Tudor and Stuart England*. London, 1962.

Briggs, Asa, *The Age of Improvement*. London, 1959.

————editor, *Chartist Studies*. London, 1962.

Brunton, D., and Pennington, D. H., *Members of the Long Parliament*. London, 1954.

Cam, Helen M., "The Decline and Fall of English Feudalism," *History,* New Series, Vol. XXV, No.99(December, 1940), 216-233.

Campbell, Mildred, *The English Yeoman under Elizabeth and the Early Stuarts*. 2nd ed., London, 1960.

Carus-Wilson, E. M., editor, *Essays in Economic History*. Vol. I ː London, 1954.Vol.II: London, 1962.

Cecil, Lord David, *Melbourne*. Reprinted, New York, 1954.

Census of Great Britain in 1851ː *An Analytical Index*. London, 1854.

Chambers, J. D., "Enclosure and Labour Supply in the Industrial Revolution," *Economic History Review,* 2nd Series, Vol. V, No. 3(1953), 319-343.

Clapham, J. H., *An Economic History of Modern Britain*. 3 vols. Reprinted, Cambridge, 1950-1952.

Clark, G. Kitson, *The Making of Victorian England*. London, 1962.

Cole, G. D. H., and Postgate, Raymond, *The British People,* 1746-1946. New York, 1947.

Cooper, J. P., "The Counting of Manors," *Economic History Review,* 2nd Series, Vol. VIII, No.3(April, 1956), 377-389.

Davies, E., "The Small Landowner, 1780-1832, in the Light of the Land Tax Assessments," reprinted in Carus-Wilson, editor, *Es-*

says in Economic History, 270-294.

Deane, Phyllis, and Cole, W. A., *British Economic Growth* 1688-1959: *Trends and Structure.* Cambribge, 1962.

Everitt, Alan Milner, " The County Committee of Kent in the Civil War," *Occasional Papers,* No.9 (1957), published by the University College of Leicester, Department of English Local History.

————editor, *Suffolk and the Great Rebellion* 1640-1660. Ipswich, 1961.

Firth, C. H., *Cromwell's Army.* 3rd ed., London, 1921; reprinted 1962.

Gallagher, John, and Robinson, Ronald, "The Imperialism of Free Trade," *Economic History Review,* 2 nd Series, Ⅵ, No.1 (August, 1953), 1-15.

Gonner, E. C. K., *Common Land and Enclosure.* London, 1912.

Goodwin, A., editor, *The European Nobility in the Eighteenth Century.* London, 1953.

Great Britain, Census of 1831, *Parliamentary* Papers, Session: 29 January-29 August 1833, Vol. XXXVI, Accounts and Papers, Vol. 12.

————Census of 1851, *Parliamentary Papers,* Session: 4 November 1852-20 August 1853, Accounts and Papers, Vol. 32, Part Ⅰ. -20 August 1853, Accounts and Papers, Vol, 32, Part Ⅰ.

Habakkuk. H. J., "English Landownership, 1680-1740," *Economic History Review,* Vol. X, No.1 (February, 1940), 2-17.

Halévy, Elie, *A History of the English People in the Nineteenth Cen tury.* Translated by E. I. Watkin. 6 vols. 2 nd revised edition, London, 1949-52.

Hammond, J.L. and Barbara, *The Village Labourer* 1760-1832. London, 1911.

Hardacre, Paul H., *The Royalists during the Puritan Revolution.* The Hague, 1956.

Hexter, J. H., *Reappraisals in History.* Evanston, 1961.

Hill, Christopher, *Puritanism and Revolution.* London, 1958.

Hoskins, W. G., *The Midland Peasant: The Economic and Social History of a Leicestershire Village.* London, 1957.

James, Margaret, *Social Problems and Policy during the Puritan Revolution* 1640-1660. London, 1930.

Johnson, Arthur H., *The Disappearance of the Small Landowner.* Oxford, 1909, reprinted 1963.

Kerridge, Eric, "The Returns of the Inquisition of Depopulation," *English Historical Review,* Vol. LXX, No.275(April, 1955), 212-228.

Langer, William, "Europe's Initial Population Explosion," *American Historical Review,* Vol. LXIX(1963), 1-17.

Levy, Hermann, *Large and Small Holdings.* Translated with additions by the author. Cambridge, 1911.

Lipson. E., *The Economic History of England.* Vol. I : *The Middle Ages;* reprinted London, 1956, from the 7 th ed., 1937. Vols. II and III: *The Age of Mercantilism;* reprinted London, 1956,from the 3rd ed., 1943.

Manning, Brian, "The Nobles, the People, and the Constitution," in Aston, editor, *Crisis in Europe 1560-1660,* 247-269.

Mather, F. C., "The Government and the Chartists," in Briggs, editor, *Chartist Studies,* 385-394.

Mingay, G. E., *English Landed Society in the Eighteenth Century.* London, 1963.

————"The Land Tax Assessments and the Small Landowner," *Economic History Review,* 2nd Series, Vol. XVII, Vo.2 (December, 1964), 381-388.

————"The Size of Farms in the Eighteenth Century," *Economic History Review,* 2nd Series, Vol. XIV, No.3 (April, 1962), 469-488.

Namier, Sir Lewis, *England in the Age of the American Revolution.* 2nd ed., London, 1961.

Nef, John U., *Industry and Government in France and England 1540-1640.* Reprinted from 1940 edition, Ithaca, 1957.

Plumb, J. H., *England in the Eighteenth Century.* Penguin Books, 1950.

Power, Eileen, *The Wool Trade in English Medieval History.* Oxford, 1941.

Sabine, George H., editor, *The Works of Gerrard Winstanley.* Ithaca,1941.

Semenov, V. F., *Ogorazhivaniya i krest'yanskiye dvizheniya v Anglii XVI veka*. Moscow, 1949.

Stone, Lawrence, *The Crisis of the Aristocracy* 1558-1641. Oxford, 1965.

Tate, W. E., "Members of Parliament and the Proceedings upon Enclosure Bills," *Economic History Review*, Vol. XII(1942), 68-75.

Tawney, R. H., *The Agrarian Problem in the Sixteenth Century*. London, 1912.

————"The Rise of the Gentry 1558-1640," reprinted in Carus-Wilson, editor, *Essays in Economic History*, 173-214.

Thirsk, Joan, "The Restoration Land Settlement," *Journal of Modern History*, Vol. XXVI, No.4(December, 1954), 315-328.

————*Tudor Enclosures*. London, 1959.

Thompson, E. P., *The Making of the English Working Class*. London, 1963.

Thompson, F. M. L., *English Landed Society in the Nineteenth Century*. London, 1963.

Trevelyan, G. M., *History of England*. 3 vols. Reprinted from 2nd revised edition, New York, 1953-56.

Trevor-Roper, H. R., "The Gentry 1540-1640," *Economic History Review Supplement*, No.1(1953).

Turberville, A. S., *The House of Lords in the Age of Reform* 1784-1837. London, 1958.

Woodward, E. L., *The Age of Reform 1815-1870.* Oxford, 1949.

Yule, George, *The Independents in the History Civil War.* Cambridge, 1958.

Zagorin, Perez, "The English Revolution 1640-1660," *Journal of Wolrd History,* Vol. II, No.3 (1955), 668-681.

――"The Social Interpretation of the English Revolution," *Journal of Economic History,* Vol. XIX (1959), 376-401.

四、法國

Advielle, Victor, *Histoire de Gracchus Babeuf et du Babouvisme.* 2 vols. Paris, 1884.

Augé-Laribé, Michel, *La Politique agricole de la France de* 1880 *à* 1949. Paris, 1950.

Barber, Elinor G., *The Bourgeoisie in Eighteenth Century France.* Princeton, 1955.

Bloch, Marc, *Les Caractères originaux de l'histoire rurale française.* 2 vols. 2nd ed., Paris. 1955-1956.

――"La lutte pour l'individualisme agraire dans la France du XVIIIe siècle," *Annales d'histoire économique et sociale,* Vol. II, No.7 (15 July 1930), 329-381, and No.8 (15 October 1930), 511-556.

――"Sur le passé de la noblesse française; quelques jalons de recherche," *Annales d'histoire économique et sociale,* V III (July, 1936), 366-378.

Bois, Paul, *Paysans de l'Ouest.* Le Mans, 1960.

Bourgin, Georges, editor, *Le Partage des biens communeaux.* Paris, 1908.

Carré, Henri, *La Noblesse de France et l'opinion publique au XVIIIe siècle.* Paris, 1920.

Cobb, Richard, *Les Armées révolutionnaires.* 2 vols. Paris, 1961-1963.

Cobban, Alfred, "The *Parlements* of France in the Eighteenth Century," *History,* New Series, Vol. 35 (February-June, 1950), 64-80.

───── *The Social Interpretation of the French Revolution.* Cambridge, 1964.

Dalin, V. M., *Grakkh Babef.* Moscow, 1963.

Dommanget, Maurice, *Pages choisies de Babeuf.* Paris, 1935.

Duby, Georges, *L'Economie rurale et la vie des campagnes dans l'occident médiéval.* 2 vols. Paris, 1962.

"The Folklore of Royalism," *Times Literary Supplement* (London), September 7, 1962.

Ford, Franklin L., *Robe and Sword: The Regrouping of the French Aristocracy After Louis XIV.* Cambridge, Massachusetts, 1953.

Forster, Robert, *The Nobility of Toulouse in the Eighteenth Century.* Baltimore, 1960.

───── "The Noble Wine Producers of the Bordelais in the Eighteenth Century," *Economic History Review,* 2nd Series, XIV, No.1 (August, 1961), 18-33.

————"The Provincial Noble: A Reappraisal," *American Historical Review*, Vol. LXVIII, No.3(April, 1963), 681-691.

Göhring, Martin, *Die Ämterkäuflichkeit im Ancien Régime*. Berlin, 1938.

————*Die Frage der Feudalität in Frankreich Ende des Ancien Régime und in der französischen Revolution (bis 17 Juli 1793).* Berlin, 1934.

Goubert, Pierre, *Beauvais et le Beauvaisis de 1600 à 1730*. Paris, 1960.

Greer, Donald, *The Incidence of the Terror during the French Revolution*. Cambridge, Massachusetts, 1935.

Guérin, Daniel, *La Lutte de classes sous la première république*. 2 vols. Paris, 1946.

Hunter, Neil, *Peasantry and Crisis in France*. London, 1938.

Jaurès, Jean, *Histoire socialiste de la Révolution française,* édition revue par A. Mathiez. Vol. VI: *La Gironde* (Paris, 1923).

Labrousse, C. E., *La Crise de l'économie française à la fin de l'ancien régime et au début de la Révolution*. 2 vols. Vol. I (Paris, 1944).

————*Esquisse du mouvement des prix et des revenus en France au XVIII ͤ siècle*. Paris, 1932.

Lavisse, Ernest, editor, *Histoire de France illustrée depuis les origines jusqu'à la Révolution*. Vol. VII(Paris, 1911)

Lefebvre, Georges, *Etudes sur la Révolution française*. Paris, 1954.

————*La Grande Peur de* 1789. Paris, 1932.

————*Les Paysans du Nord pendant la Révolution française.* Bari, 1959.

————*Questions agraires au temps de la Terreur.* 2nd revised edition, La Roche-sur-You, 1954.

————*La Révolution française.* Paris, 1957.

Lhomme, Jean, *La Grande bourgeoisie en pouvoir* 1830-1880. Paris, 1960.

Mathiez, A., *La Révolution française.* 3 vols. 12 th ed., Paris, 1954-1955.

————*La Vie chère et le mouvement social sous la Terreur.* Paris, 1927.

Nef, John U., *Industry and Government in France and England* 1540-1640. Ithace, 1957, reprint of 1940 edition.

Porchnev, Boris, *Les Soulèvements populaires en France de 1623 à 1648.* Paris, 1963.

Postgate, R. W., editor, *Revolution from* 1789 *to* 1906. New York 1962.

Rudé, George, *The Crowd in the French Revolution.* Oxford, 1959.

Sagnac, Philippe, *La Formation de la société française moderne.* 2 vols. Paris, 1945.

Saint Jacob, P.de, *Les Paysans de la Bourgogne du Nord au dernier siècle de l'ancien régime.* Paris, 1960.

Sée Henri, *Evolution commerciale et industrielle de la France sous l'ancien régime.* Paris, 1925.

————*Histoire économique de la France.* 2 vols. Paris, 1939.

Soboul, Albert, *Les Sans-culottes parisiens en l'an II.* 2nd edition, Paris, 1962.

Soreau, Edmond, "La Révolution française et le proletariat rural," *Annales historiques de la Révolution française,* Vol. IX, No. 50(March-April,1932), 116-127.

Tilly, Charles, *The Vendée.* Cambridge, Massachusetts, 1964.

Usher, Abbot Payson, *The History of the Grain Trade in France 1400-1710.* Cambridge, Massachusetts, 1913.

Wright, Gordon, "Agrarian Syndicalism in Postwar France," *American Political Science Review,* Vol. XLVII, No. 2(June, 1953), 402-416.

————"Catholics and Peasantry in France," *Political Science Quarterly,* Vol. LXVIII, No. 4(December, 1953), 526-551

————*Rural Revolution in France.* Stanford, 1964.

五、美國

Andreano, Ralph, editor, *The Economic Impact of the American Civil War.* Cambridge, Massachusetts, 1962.

Aptheker, Herbert, *American Negro Slave Revolts.* New York, 1943.

Beale, Howard K., *The Critical Year: A Study of Andrew Johnson and the Reconstruction.* Republished New York, 1958; first published, 1930.

————"What Historians Have Said About the Causes of the Civil War," in *Theory and Practice in Historical Study,* A Report of the Committee on Historiography, Social Science Research Council(New York, 1946), 53-102.

Beard, Charles A. and Mary R., *The Rise of American Civilization.* 2 vols. in one; revised edition, New York, 1940.

Bennett, H. S., *Life on the English Manor: A Study of Peasant Conditions,* 1150-1400. Combridge, 1956; first published, 1937.

Cochran, Thomas C., "Did the Civil War Retard Industrialization?" reprinted in Andreano, editor, *Economic Impact of the American Civil War,* 148-160.

Conrad, Alfred H., and Meyer, John R., "The Economics of Slavery in the Ante Bellum South," *Journal of Political Economy,* Vol. LXVI, No.2(April, 1958), 95-130.

Craven, Avery O., *The Coming of the Civil War.* 2nd ed., Chicago, 1957.

————*The Growth of Southern Nationalism.* Baton Rouge, 1953.

Current, Richard Nelson, *Old Thad Stevens: A Story of Ambition.* Madison, 1942.

Davis, Lance E. *et al., American Economic History.* Homewood, 1961.

Elkins, Stanley M., *Slavery: A Problem in American Institutional and Intellectual Life.* Chicago, 1959; reprinted New York, 1963.

Foner, Philip S., *Business and Slavery: The New York Merchants and the Irrepressible Conflict.* Chapel Hill, 1941.

Gates, Paul W., *The Farmer's Age: Agriculture* 1815-1860. New York, 1962.

Gray, Lewis C., *History of Agriculture in Southern United States to* 1860. New York, 1941.

Hacker, Louis M., *The Triumph of American Capitalism.* New York, 1940.

Nevins, Allan, *The Emergence of Lincoln.* Vol. I : *Douglas, Buchanan and Party Chaos 1857-1859.* Vol. II: *Prologue to Civil War* 1859-1861. New York, 1950

———*Ordeal of the Union.* Vol. I , New York, 1947.

Nichols, Roy F., *The Disruption of American Democracy.* New York, 1948.

North, Douglass C., *The Economic Growth of the United States* 1790-1860. Englewood Cliffs, 1961.

Owsley, Frank L., *Plain Folk of the Old South.* Baton Rouge, 1949.

Phillips, Ulrich B., *Life and Labor in the Old South.* Boston, 1929.

Randall, J. G., and Donald, David, *The Civil War and Reconstruction.* 2nd ed., Boston, 1961.

Rayback, Joseph G., " The American Workingman and the Antislavery Crusade," *Journal of Economic History,,* Vol.III, No. 2(November, 1943), 152-163.

Schlesinger, Arthur M., Jr., *The Age of Jackson.* Boston, 1945.

Shannon, Fred A., *American Farmers Movements.* Princeton, 1957.

Sharkey, Robert P., *Money, Class, and Party: An Economic Study of Civil War and Reconstruction*. Baltimore, 1959.

Shortreed, Margaret, "The Antislavery Radicals: From Crusade to Revolution 1840-1868," *Past and Present*, No. 16 (November, 1959), 65-87.

Stampp, Kenneth M., *The Causes of the Civil War*. Englewood Cliffs, 1959.

———*The Era of Reconstruction 1865-1877*. New York, 1965.

———*The Peculiar Institution*. New York, 1956.

Stevens, Thaddeus, *Reconstruction, Speech of Hon. Thaddeus Stevens of Pennsylvania, delivered in the House of Representatives······ December 18, 1865*. Washington, 1865.

Woodward, C. Vann, *Reunion and Reaction*. Revised ed., New York, 1956.

Zahler, Helene S., *Eastern Workingmen and National Land Policy, 1829-1862*. New York, 1941.

六、中國

Agrarian China: Selected Source Materials from Chinese Authors. London, 1939.

Allen, G. C., and Donnithorne, A. G., *Western Enterprise in Far Eastern Commercial Development*. London, 1954.

Balázs, Etienne, " Les aspects significatifs de la société chinoise," *Etudes Asiatiques*, Vol. VI(1952), 77-87:

————Chinese Civilization and Bureaucracy: Variations on a Theme. Selections from his writings, translated by H. M. Wright, edited by Arthur F. Wright. New Haven, 1964.

Beal, Edwin George, Jr., The Origin of Likin (1853-1864). Cambridge, Massachusetts, 1958.

Berkov, Robert, Strong Man of China: The Story of Chiang Kai-shek. Cambridge, Massachusetts, 1938.

Bland. J. O. P., and Backhouse, E., China Under the Empress Dowager. London, 1911.

Brandt, Conrad, Stalin's Failure in China 1924-1927. Cambridge, Massachusetts, 1958.

————Schwartz, Benjamin, Fairbank, John K., A Documentary History of Chinese Communism. Cambridge, Massachusetts, 1952.

Buck, John Lossing, Land Utilization in China. Chicago, 1937.

Cameron, Meribeth E., The Reform Movement in China 1898-1912. Stanford, 1931.

Chang, Chung-li, The Chinese Gentry. Seattle, 1955.

————The Income of the Chinese Gentry. Seattle, 1962.

Ch'en, Jerome, Mao and the Chinese Revolution. London, 1965.

Chiang Kai-shek, China's Destiny. Authorized translation by Wang Chung-hui. New York, 1947.

Chiang, Siang-tseh, The Nien Rebellion. Seattle, 1954.

China-United States Agricultural Mission. Report (U.S. Office of Foreign Agricultural Relations, Report No. 2). Washington,

1947.

Ch'ü, T'ung-tsu, *Local Government in China under the Ch'ing*. Cambridge, Massachusetts, 1962.

Crook, David and Isabel, *Revolution in a Chinese Village: Ten Mile Inn*. London, 1959.

DeGroot, J. J. M., *Sectarianism and Religious Persecutions in China*. 2 vols. Amsterdam, 1903-1904.

Eberhard, Wolfram, *Chinas Geschichte*. Bern, 1948.

————*Conquerors and Rulers: Social Forces in Medieval China*. Leiden, 1952.

Fei, Hsiao-tung, *Peasant Life in China: A Field Study of Country Life in the Yangtze Valley*. New York, 1946.

————and Chang, Chih-i, *Earthbound China: A Study of Rural Economy in Yunnan*. London, 1948.

Feuerwerker, Albert, *China's Early Industrialization: Sheng Hsuan-huai* (1844-1916) *and Mandarin Enterprise*. Cambridge, Massachusetts, 1958.

————"China's History in Marxian Dress," *American Historical Review*, Vol. XLVI, No. 2 (January, 1961), 323-353.

Fitzgerald, C. P., *Revolution in China*. London, 1952.

Franke, Wolfgang, *The Reform and Abolition of the Traditional Chinese Examination System*. Cambridge, Massachusetts, 1960.

Freedman, Maurice, Book review of Chung-li Chang, *The Chinese Gentry, Pacific Affairs*, Vol. XXIX, No.1 (March, 1956), 78-80.

Fried, Morton H., *The Fabric of Chinese Society: A Study of the Social Life of a Chinese County Seat.* New York, 1953.

Gamble, Sidney D., *Ting Hsien: A North China Rural Community.* New York, 1954.

Hinton, Harold C., *The Grain Tribute System of China 1845-1911.* Cambridge, Massachusetts, 1956.

Ho, Ping-ti, *The Ladder of Success in Imperial China.* New York, 1962.

————*Studies on the Population of China 1368-1953.* Cambridge, Massachusetts, 1959.

Holcombe, Arthur N., *The Chinese Revolution.* Cambridge, Massachusetts, 1930.

Hsiao, Kung-chuan, *Rural China: Imperial Control in the Nineteenth Century.* Seattle, 1960.

Isaacs, Harold R., *Tragedy of the Chinese Revolution.* Revised ed., Stanford, 1951.

Jamieson, George, *et al.,* "Tenure of Land in China and Condition of the Rural Population," *Journal of the Royal Asiatic Society of Great Britain and Ireland,* North China Branch (Shanghai), n.s., XXIII (1888) (published Shanghai, 1889), 59-174.

Johnson, Chalmers A., *Peasant Nationalism and Communist Power: The Emergence of Revolutionary Power* 1937-1945. Stanford, 1962.

Khokhlov, A. N., "Agrarnye otnosheniya v Kitai vo vtoroi polovine

XVIII-nachale XIX v.," *Kratkie soobshcheniya narodov Azii*, No. 53(1962), 95-115.

Lamb, Jefferson D.H., *Development of the Agrarian Movement and Agrarian Legislation in China 1912-1930*. Peiping, 1931.

Lang, Olga, *Chinese Family and Society*. New Haven, 1946.

Lattimore, Owen, "The Industrial Impact on China, 1800-1950," in *First International Conference of Economic History, Stockholm, August, 1960* (Paris, 1960), 103-113.

Lee, Mabel Ping-hua, *The Economic History of China*. New York, 1921.

Levy, Marion J., Jr., and Shih, Kuo-shen, *The Rise of the Modern Chinese Business Class*. Mimeographed, New York, 1949.

Linebarger, Paul M., *The China of Chiang K'ai-shek*. Boston, 1941.

Liu, F. F., *A Military History of Modern China 1924-1949*. Princeton, 1956.

Liu, Hui-chen Wang, *Traditional Chinese Clan Rules*. Locust Valley, 1959.

Maspéro, Henri and Escarra, Jean, *Les Institutions de la Chine*. Paris, 1952.

Morse, H. B., *Trade and Administration of the Chinese Empire*. London, 1908.

North, Robert C.,, *Moscow and the Chinese Communists*. Stanford, 1953.

Schwartz, Benjamin I., *Chinese Communism and the Rise of Mao*.

Cambridge, Massachusetts, 1951.

Shen, N. C., "The Local Government of China," *Chinese Social and Political Science Review,* Vol. XX, No.2 (July, 1936), 163-201.

Tawney, R. H., *Land and Labour in China.* London, 1932. Reprinted, New York, 1964.

Weber, Max, "Konfuzianismus und Taoismus," *Gesammelte Aufsätze zur Religionssoziologie* , Vol. I (4th ed., Tübingen, 1947), 276-536.

Wittfogel, Karl A., *Oriental Despotism: A Comparative Study of Total Power.* New Haven, 1957.

Wright, Mary Clabaugh, *The Last Stand of Chinese Conservatism.* Stanford, 1957.

Yang, C. K., *The Chinese Family in the Communist Revolution.* Cambridge, Massachusetts, 1959.

———*A Chinese Village in Early Communist Transition.* Cambridge, Massachusetts, 1959.

———*Religion in Chinese Society: A Study of Contemporary Social Functions of Religion and Some of Their Historical Factors.* Berkeley, 1961.

Yang, Martin C., *A Chinese Village: Taitou, Shantung Province.* New York, 1945.

七、日本

Allen, G. C., *A Short Economic History of Modern Japan:* 1867

-1937. London, 1946. 2nd ed., London,1962.

Asakawa, K., "Notes on Village Government in Japan, Part I ," *Journal of the American Oriental Society,* Vol. XXX(1910), 259-300, and "Notes on Village Government in Japan, Part II," in Vol. XXX(1911), 151-216.

Beardsley, Richard K., *et al., Village Japan.* Chicago, 1959.

Beasley, W. G., "Feudal Revenue in Japan at the Time of the Meiji Restoration," *Journal of Asian Studies,* Vol. XIX, No.3(May, 1960), 255-271.

Bellah, Robert N., *Tokugawa Religion: The Values of Pre-Industrial Japan.* Glencoe, 1957.

Benedict, Ruth, *The Chrysanthemum and the Sword.* New York, 1946.

Borton, Hugh, *Japan Since 1931: Its Political and Social Developments.* New York, 1940.

————*Peasant Uprisings in Japan of the Tokugawa Period.* [New York] , 1937.

Brown, Delmar M., *Nationalism in Japan.* Berkeley, 1955.

Cohen, Jerome B., *Japan's Economy in War and Reconstuction.* Minneapolis, 1949.

Colegrove, Kenneth W., *Militarism in Japan.* Boston, 1936.

Courant, Maurice, "Les clans japonais sous les Tokougawa," *Conférences faites au Musée Guimet,* 15, Part 1(Paris, 1903-1905).

Craig, Albert M., "The Restoration Movement in Chōshū," *Journal of Asian Studies,* Vol. XVIII, No.2(February, 1959), 187-197.

————*Chōshū in the Meiji Restoration.* Cambridge, Massachusetts, 1961.

Crowley, James B., "Japanese Army Factionalism in the Early 1930' s," *Journal of Asian Studies,* Vol. XXI, No.3(May, 1962), 309-326.

Dore, R. P., "Agricultural Improvement in Japan: 1870-1900," *Economic Development and Cultural Change,* Vol. IX, No. 1, Part II (October, 1960), 69-91.

————*Land Reform in Japan.* Oxford, 1959.

————"The Meiji Landlord: Good or Bad?", *Journal of Asian Studies,* Vol. XVIII, No.3(May, 1959), 343-355.

————and Sheldon, C. D., letters in *Journal of Asian Studies,* Vol. XVIII, No.4(Aagust, 1959), 507-508 and Vol. XIX, No.2(February, 1960), 238-239.

Embree, John F., *Suye Mura: A Japanese Village.* Chicago, 1939.

Fukuda, Tokuzo, *Die Gesellschaftliche und Wirtschaftliche Entwickelung in Japan.* Stuttgart, 1900.

Hall, John W., "Feudalism in Japan——A Reassessment," *Comparative Studies in Society and History,* Vol. V, No.1(October, 1962), 15-51.

Harootunian, Harry D., "The Economic Rehabilitation of the Samurai in the Early Meiji Period," *Journal of Asian Studies,* Vol. XIX, No.4(August, 1960), 433-444.

Honjo, E., *Social and Economic History of Japan.* Kyoto, 1935.

Ike, Nobutaka, *The Beginnings of Political Democracy in Japan.* Baltimore, 1950.

Ladejinsky, W., "Farm Tenancy and Japanese Agriculture," *Foreign Agriculture* (issued by Bureau of Agricultural Economics, U.S. Department of Agriculture), Vol. I, No.9(September, 1937), 425-446.

La Mazelière, Antoine Rous de, *Le Japon, histoire et civilisation*······ 8 vols. Paris, 1907-1923.

Lockwood, William W., *The Economic Development of Japan.* Princeton, 1954.

Maruyama, Masao, *Thought and Behavior in Modern Japanese Politics.* Oxford, 1963.

Matsui, Shichiro, "Silk Industry," *Encyclopaedia of the Social Sciences* (New York, 1937), Vol. XIV, 52-57.

Morris, Morris D., "The Problem of the Peasant Agriculturist in Meiji Japan, 1873-1885," *Far Eastern Quarterly,* Vol. XV, No.3 (May, 1956), 357-370.

Murdoch, James, *A History of Japan.* 3 vols. London, 1925-1926.

Nasu, Shiroshi, *Aspects of Japanese Agriculture.* New York, 1941.

Norman, E. Herbert, "Andō Shōeki and the Anatomy of Japanese Feudalism," *Transactions of the Asiatic Society of Japan,* 3rd Series, Vol. II (December, 1949).

————*Japan's Emergence as a Modern State: Political and Economic*

Problems of the Meiji Period. New York, 1940.

——*Soldier and Peasant in Japan: The Origins of Conscription.* New York, 1943.

Ohkawa, Kazushi and Rosovsky, Henry, "The Role of Agriculture in Modern Japanese Economic Development," *Economic Development and Cultural Change,* Vol. IX, No.1, Part II (October, 1960), 43-67.

Ramming, Martin, "Die Wirtschaftliche Lage der Samurai am Ende der Tokugawa-periode," *Mitteilungen der Deutschen Gesellschaft für Natur und Völkerkunde Ostasiens,* Band XXII, Teil A (Tokyo, 1928), 1-47.

Reischauer, Edwin O., "Japanese Feudalism," in Coulburn, Rushton, editor, *Feudalism in History* (Princeton, 1956).

Reischauer, Robert K., *Japan: Government-Politics.* New York, 1939.

Sansom, Sir George, *A History of Japan.* 3 vols. Vol. I: *To 1334* (Stanford, 1958). Vol. II: 1334-1615 (Stanford, 1961). Vol. III: 1615-1867 (Stanford, 1963).

——*Japan: A Short Cultural History.* New York, 1943.

——*The Western World and Japan.* New York, 1950.

Scalapino, Robert A., *Democracy and the Party Movement in Prewar Japan.* Berkeley, 1953.

Scott, J. W. Robertson, *The Foundations of Japan.* New York, 1922.

Sheldon, Charles David, *The Rise of the Merchant Class in Toku-*

gawa Japan 1600-1868. Locust Valley, 1958.

Smith, Thomas C., *Agrarian Origins of Modern Japan.* Stanford, 1959.

————"The Land Tax in the Tokugawa Period," *Journal of Asian Studies,* Vol. VIIII, No.1(November, 1958), 3-19.

————"Landlords' Sons in the Business Elite," *Economic Development and Cultural Change,* Vol. IX No. 1, Part II (October, 1960), 93-107.

————*Political Change and Industrial Development in Japan: Government Enterprise, 1868-1880.* Stanford, 1955.

Storry, Richard, *The Double Patriots: A Study of Japanese Nationalism.* Boston, 1957.

Taeuber, Irene B., *The Population of Japan.* Princeton, 1958.

Takekoshi, Y., "Land Tenure, China and Japan," *Encyclopaedia of the Social Sciences*(New York, 1937), IX, 112-118.

Takizawa, Matsuyo, *The Penetration of Money Economy in Japan and Its Effects upon Social and Political Institutions.* New York, 1927.

Tanin, O., and Yohan, E., *Militarism and Fascism in Japan.* New York, 1934.

Totten, George O., "Labor and Agrarian Disputes in Japan Following Word War I ," *Economic Development and Cultural Change,* Vol. IX, No.1, Part II (October, 1960), 192-200.

Tsunoda, Ryusaku, *et al.,* compilers, *Sources of Japanese Tradition.*

New York, 1958.

八、印度

Anstey, Vera, *The Economic Development of India.* 4 th edition, London, 1952. First published 1929.

Baden-Powell, B. H., *The Indian Village Community.* London, 1896.

————*Land Systems of British India.* 3 vols. Oxford, 1892.

Bailey, F. G., *Caste and the Economic Frontier.* Manchester, 1959.

Beals, Alan R., *Gopalpur: A South Indian Village.* New York, 1963.

Blunt, E. A. H., *Caste System of Northern India.* London, 1931.

————"Economic Aspect of the Caste System," in Mukerjee, *Economic Problems,* 63-81.

Braibanti, Ralph, and Spengler, Joseph J., editors, *Administration and Economic Development in India.* Durham, 1963.

Brayne, F. L., *The Remaking of Village India.* 2 nd ed., Oxford, 1929.

Brecher, Michael, *Nehru: A Political Biography.* Oxford, 1959.

Brown, D. Mackenzie, "Traditions of Leadership," in Park and Tinker, editors, *Leadership and Political Institutions in India,* 1-17.

Buchanan, Francis, *An Account of the District of Bhagalpur in 1810-1811.* Patna, 1939.

————*An Account of the District of Purnea in 1809-1810.* Patna, 1928.

————*An Account of the District of Shahabad in* 1809-10. Patna, 1934.

————*A Journey from Madras through the Countries of Mysore, Canara, and Malabar*⋯⋯ 3 vols. London, 1807.

Cambridge History of India. 6 vols. Cambridge, 1922-1937.

Campbell, Sir George, *Modern India.* London, 1852.

Chattopadhyaya, Haraprasad, *The Sepoy Mutiny* 1857: *A Social Study and Analysis.* Calcutta, 1957.

Chaudhuri, S. B., *Civil Disturbances During the British Rule in India 1765-1857* Calcutta, 1955.

————*Civil Rebellion in the Indian Mutinies* 1857-1859. Calcutta, 1957.

Cohn, Bernard S., "The Initial British Impact on India," *Journal of Asian Studies,* Vol. XIV, No.4 (August 1960), 424-431.

Colebrooke, Sir Henry Thomas, *Remarks on the Husbandry and Internal Commerce of Bengal.* Calcutta, 1804.

Darling, Sir Malcolm, *The Punjab Peasant in Prosperity and Debt.* 4th ed., Oxford, 1947.

Davis, Kingsley, *The Population of India and Pakistan.* Princeton, 1951.

Dey, Sushil K., "Community Projects in Action in India," in Park and Tinker, editors, *Leadership and Political Institutions in India,* 347-357.

Dube, S. C., *India's Changing Villages,* Ithaca, 1958.

——*Indian Village*. London, 1955.

Dubois, (Abbé) Jean Antoine, *Hindu Manners, Customs and Cere-monies*. Translated and edited by Henry K. Beauchamp. 2 vols. Oxford, 1897.

Dumont, René, *Terres vivantes: Voyages d'un agronome autour du monde*. Paris, 1961.

Dupuis, Jacques, *Madras et le Nord du Coromandel*. Paris, 1960.

Dutt, Romesh, *The Economic History of India in the Victorian Age*. 7th ed., London, 1950. First published 1903.

——*The Economic History of India Under Early British Rule*. 7th ed., London, 1950. First published 1901.

Epstein, T. Scarlett, *Economic Development and Social Change in South India*. Manchester, 1962.

Far Eastern Economic Review (Hongkong). Issues of 1963 and 1960-1964 *Yearbooks*.

Ford Foundation, *Report*. See India: Agricultural Production Team.

Gadgil, D. R., *The Industrial Evolution of India in Recent Times*. 4th ed., Oxford, 1942. First published in 1924.

——*Notes on the Rise of the Business Communities in India*, a Preliminary Memorandum Not for Publication, by Members of the Staff of the Gokhale Institute of Politics and Economics, Poona, with Introduction by D. R. Gadgil. New York, 1951.

Gandhi, M. K., *Economic and Industrial Life and Relations*, compiled and edited by V. B. Kher. 3 vols. Ahmedabed, 1957.

————Speeches and Writings of Mahatma Gandhi. 4 th ed., Madras, 1933.

Gopal, S., The Permanent Settlement in Bengal and Its Results. London, 1949.

Gough, Kathleen, "The Social Structure of a Tanjore Village," in Marriott, editor, Village India, 36-52.

Great Britain: Indian Famine Commission, Report of the Indian Famine Commission······ Presented to Parliament. Parts I and II. London, 1880.

————:Indian Statutory Commission, Report of the Indian Statutory Commission····· Presented by the Secretary of State for the Home Department to Parliament······ May 1930. 17 vols. London, 1930.

————:Royal Commission on Agriculture in India, Report······ Presented to Parliament June, 1928. Abridged, London, 1928.

Griffiths, Sir Percival, The British Impact on India. London, 1952.

Habib, Irfan, The Agrarian System of Mogul India 1556-1707. London, 1963.

Harrison, Selig, India: The Most Dangerous Decade. Princeton, 1960.

Hutton, J. H., Caste in India. Cambridge, 1936.

India: Agricultural Production Team, Report of India's Food Crisis and Steps to Meet It. Sponsored by the Ford Foundation. Issued by the Ministry of Food and Agriculture and Ministry of

Community Development and Cooperation, April, 1959.

———:Cabinet Secretariat, Central Statistical Organisation, *Statisti-cal Abstract, India 1957-58*. New Series, No. 8, New Delhi, 1959.

———:Cabinet Secretariat, Indian Statistical Institute, *The National Sample Survey. Eighth Round: July 1954— March 1955. No.10: First Report on Land Holdings, Rural Sector*. Delhi, 1958.

———*Census 1951*. Several volumes, published in the different states, 1953. Vol. VI (West Bengal, Sikkim, and Chandernagore), Part IA-Report. Delhi, 1953.

———:Directorate of Economics and Statistics, *Studies in Agricultural Economics*, III, Third Issue (Delhi, 1960), containing "Food Statistics in India."

———Famine Inquiry Commission, *Final Report*. Delhi, 1945.

———:Ministry of Labour, *Agricultural Labour Enquiry*, Vol. I : *All India*. New Delhi, 1954.

———:Planning Commission, *Third Five Year Plan*. Delhi, 1961.

Indian National Congress, All-India Congress Committee. *Congress Bulletin*, January-February, 1959.

Kaye, John William, *A History of the Sepoy War in India 1857 -1858*. 3 vols. London, 1864-76.

Khan, N. A., "Resource Mobilization from Agriculture and Economic Development in India," *Economic Development and Cultural Change*, XII, No.1(October, 1963), 42-54.

Lamb, Helen, "The Indian Merchant," in Singer, editor, *Traditional India*, 25-35.

Lambert, Richard D., "Hindu Communal Groups," in Park and Tinker, editors, *Leadership and Political Institutions in India*, 211-224.

Lewis, Oscar, *Village Life in Northern India*. Urbana, 1958.

Madras in Maps and Pictures. Issued by the Director of Information and Publicity. Madras, 1959.

Majumdar, R. C., Raychaudhuri, H. C., and Datta, K., *An Advanced History of India*. London, 1950.

Marriott, McKim, editor, *Village India: Studies in the Little Community*. American Anthropological Association, Memoir No. 83, June, 1955.

Mayer, Adrian C., *Caste and Kinship in Central India*. London, 1960.

Mayer, Albert, *et al.*, *Pilot Project, India: The Story of Rural Development at Etawah, Uttar Pradesh*. Berkeley, 1958.

Mellor, Andrew, *India Since Partition*. London, 1951.

Metcalf, Thomas R., "Struggle over Land Tenure in India 1860-1868," *Journal of Asian Studies*, Vol. XXI, No.3 (May, 1962), 295-308.

———, "The British and the Moneylender in Nineteenth-Century India," *Journal of Modern History*, Vol. 34, No.4 (December, 1962), 295-307.

————"The Influence of the Mutiny of 1857 on Land Policy in India," *The Historical Journal,* Vol. 4, No.2 (1961), 152-163.

Misra, B. B., *The Indian Middle Classes.* Oxford, 1961.

Mitra, Ashok, "Tax Burden for Indian Agriculture," in Braibanti and Spengler, editors, *Administration and Economic Development in India,* 281-303.

Moreland, W. H., *The Agrarian System of Moslem India.* Cambridge, 1929.

————*From Akbar to Aurangzeb: A Study in Indian Economic History.* London, 1923.

————*India at the Death of Akbar.* London, 1920.

————and Chatterjee, A. C., *A Short History of India.* 4th ed., London, 1957.

Mukerjee, Radhakamal, editor, *Economic Problems of Modern India.* Vol. I : London, 1939.

Nair, Kusum, *Blossoms in the Dust.* Oxford, 1961.

Nanda, B. R., *Mahatma Gandhi: A Biography.* Boston, 1958.

Natarajan, L., *Peasant Uprisings in India 1850-1900.* Bombay, 1953.

Neale, Walter, C., *Economic Change in Rural India: Land Tenure and Reform in Uttar Pradesh 1850-1955.* New Haven, 1962.

O'Malley, L. S. S., *Popular Hinduism.* Cambridge, 1935.

Overstreet, Gene D., and Windmiller, Marshall, *Communism in India.* Berkeley, 1959.

Park, Richard L., and Tinker, Irene, editors, *Leadership and Political Institutions in India.* Princeton, 1959.

Patel, Govindlal D., *The Indian Land Problem and Legislation.* Bombay, 1954.

Patel, Surendra J., *Agricultural Labourers in Modern India and Pakistan.* Bombay, 1952.

Qureshi, Anwar Iqbal, *The Economic Development of Hyderabad.* Bombay, 1949.

Raghavaiyangar, S. Srinivasa, *Memorandum on the Progress of the Madras Presidency during the Last Forty Years of British Administration.* Madras, 1893.

Raju, A. Sarada, *Economic Conditions in the Madras Presidency 1800-1850.* Madras, 1941.

Retzlaff, Ralph H., *A Case Study of Panchayats in a North Indian Village.* Berkeley, 1959.

Rudolph, Lloyd I. and Susanne H., "The Political Role of India's Caste Associations," *Pacific Affairs,* XXXIII, No.1 (March, 1960), 5-22.

Rudolph, Susanne H., "Consensus and Conflict in Indian Politics," *World Politics,* X III, No.3 (April, 1961), 385-399.

Samra, Chattar Singh, "Subhas Chandra Bose," in Park and Tinker, editors, *Leadership and Political Institutions in India,* 66-86.

Senart, Emile, *Caste in India.* Translated by E. D. Ross. London, 1930.

Singer, Milton, editor, *Traditional India Structure and Change*. (American Folklore Society, "Bibliographical and Special Series," Vol. X.) Philadelphia, 1959.

Singh, Baij Nath, "The Impact of Community Development on Rural Leadership," in Park and Tinker, editors, *Leadership and Political Institutions in India*, 361-365.

Smith, Wilfred Cantwell, "Hyderabad: Muslim Tragedy," *Middle East Journal*, IV, No.1 (January, 1950), 27-51.

Spear, T.G., *Twilight of the Mughuls*. Cambridge, 1951.

Srinivas, M.N., *Caste in Modern India*. London, 1962.

Stokes, Eric, *The English Utilitarians and India*. Oxford, 1959.

Tavernier, Jean-Baptiste, *Travels in India*. Transl. by V. Ball. 2 nd ed., edited by William Crooke, Oxford, 1925.

Thirumalai, S, *Postwar Agricultural Problems and Policies in India*. New York, 1954.

Thorner, Daniel and Alice, *Land and Labour in India*. London, 1962.

Times of India: Directory and Year Book, 1960-61. Bombay, Delhi, Calcutta, and London, 1961.

Tinker, Hugh, "The Village in the Framework of Development," in Braibanti and Spengler, editors, *Administration and Economic Development in India*, 94-133.

Woodruff, Philip., *The Men Who Ruled India*. Vol. I : *The Founders*. Vol. II: *The Guardians*. London, 1953.

九、其他

Annuaire internationale de statistique agricole, 1937-38. Issued by the International Institute of Agriculture. Rome, 1938.

Banfield, Edward C., *The Moral Basis of a Backward Society*. Glencoe, 1958.

Coulborn, Rushton, editor, *Feudalism in History*. Princeton, 1956.

Foreign Agriculture, weekly publication of the U.S. Department of Agriculture, Washington, D.C.

Hintze, Otto, *Staat und Verfassung: Gesammelte A bhandlungen zur allgemeinen Verfassungsgeschichte*. Edited by Gerhard Oestreich. 2nd ed., Göttingen, 1962.

Homans, George C., *The Human Group*. New York, 1950.

Klein, Julius, *The Mesta: A Study in Spanish Economic History 1273-1836*. Cambridge, Massachusetts, 1920.

Lévi-Strauss, Claude, *La Pensée sauvage*. Paris, 1962.

Marx, Karl, *Selected Works*. Translation edited by C. P. Dutt. 2 vols. New York, n.d.

Morgenstern, Oskar, *On the Accuracy of Economic Observations*. 2nd revised edition, Princeton, 1963.

Parsons, Talcott, *The Social System*. Glencoe, 1951.

Pirenne, Henri, *Histoire économique de l'occident médiéval*. [Brussels], 1951.

Postgate, R. W., editor, *Revolution from 1789 to 1906: Documents selected and edited with Notes and Introductions.* London, 1920, reprinted New York, 1962.

Salvemini, Gaetano, *The Fascist Dictatorship in Italy.* London, 1928.

Schmidt, Carl P., *The Plough and the Sword: Labor, Land, and Property in Fascist Italy.* New York, 1938.

Schweinetz, Karl de, Jr., *Industrialization and Democracy: Economic Necessities and Political Possibilities.* New York, 1964.

Silone, Ignazio, *Der Fascismus.* Zürich, 1934.

Syme, Sir Ronald, *The Roman Revolution.* Oxford, 1956.

United Nations: Food and Agriculture Organization, *Production Yearbook,* XIV (1960) and XVI (1962).

Whitehead, Alfred N., *Modes of Thought.* New York, 1938; reprinted 1958.

專有名詞索引

五畫

六畫

八畫

九畫

十二畫

十六畫

國立中央圖書館出版品預行編目資料

民主與獨裁的社會起源/摩爾著;蕭純美譯.－－初版.
－－臺北市:遠流,民81
　冊 ;公分.－－(新橋譯叢:28-29)
譯目:Social origins of dictatorship and
democracy: lord and peasant in the making
of the modern world
參考書目 :面
含索引
ISBN 957-32-1584-5 (一套:平裝)

1. 社會-歷史 2. 經濟-歷史 3.革命 4.階級

540.9   81002386